Bettina Flitner

Meine Schwester

Der Telefonanruf kam abends gegen 22 Uhr. Eine Freundin aus Wien war zu Besuch, sie hatte gerade ihre Mitbringsel ausgepackt. Zwei Oberteile, von einer Modemacherin. Ich zog meins sofort über, ein hauchdünner moosgrüner Hoodie. Genau meine Farbe, extra für mich angefertigt. »Sie ist Fotografin«, hatte die Freundin der Designerin gesagt und etwas »schickes Sportliches« bestellt. Sie saß auf dem Sofa und betrachtete zufrieden mich und Alice, die etwas »elegantes Schwarzes« bekommen hatte, wie wir uns in der großen Wohnzimmerscheibe spiegelten. Während wir uns noch hin- und herdrehten – Wie fällt es? Was zieht man drunter? klingelte das Telefon.

Es war Thomas, der Mann meiner Schwester. Er schrie und schluchzte ins Telefon. Er hatte meine Schwester im Bad gefunden, als er um halb zehn nach Hause gekommen war. Sie lag da neben der Waschmaschine. Er hatte sofort den Notarzt gerufen. Aber die hatten nur noch das Fenster aufgemacht. Das machen sie immer so.

*

33 Jahre vorher. Ich halte den Hörer in der Hand. Mein Vater ist am Telefon, er sagt: »Tina, Mami ist tot.« Dann hat sie es also wirklich getan, denke ich.

*

Ich zog sofort den Hoodie aus, versuchte zu verhindern, dass er den Geruch der Erinnerung annahm. Seltsam, dachte ich, während ich den moosgrünen Stoff über den Kopf zog. Seltsam, dass ich in diesem Moment daran denke. Ich wusste im gleichen Augenblick, dass ich ihn nie wieder tragen würde.

Ich spürte, wie ich auf unterste Betriebstemperatur hinunterschaltete. Der Katastrophenmodus lief. Das geht automatisch. Diesmal war ich es, die bei meinem Vater anrufen musste. Es klingelte einmal, es klingelte zweimal, es klingelte dreimal, es klingelte viermal, es klingelte fünfmal, es klingelte sechsmal. Der Anrufbeantworter sprang an. »Ich bin im Moment nicht da, aber was Sie mir auf das Band sprechen, höre ich mir später an.« Ich hatte diese Ansage viele Male gehört. Mein Vater ist oft unterwegs, auch mit seinen 89 Jahren. Die Stimme war fröhlich. Ich bat ihn, mich zurückzurufen. Für meinen Vater war die Welt noch in Ordnung.

Wenn wir früher in unserem weißen VW Käfer zu meinen Großeltern fuhren – ich saß immer hinter meinem Vater, meine Schwester immer hinter meiner Mutter –, gab es manchmal auf der Gegenfahrbahn einen Unfall. Dahinter stauten sich bereits die ersten Autos. Wir fuhren an den stehenden Wagen vorbei, dann an denen, die gerade abbremsten, und dann kamen die, die noch unbeschwert unterwegs waren. Je weiter wir fuhren, desto mehr wurde ich zur Zeitreisenden. Ich konnte in die Zukunft der anderen blicken. Noch ahnen sie nichts, dachte ich, wenn uns die Unwissenden in voller Fahrt entgegenkamen. In 30 Sekunden werden sie es erfahren.

Ich rief Raffi an, den einzigen Freund und ehemaligen Lebensgefährten meiner Schwester. Er wohnte nicht weit von meinem Vater entfernt. Ich bat ihn, sich bereitzuhalten, um zu meinem Vater zu fahren, sollte es nötig sein. Der war noch genau eine Stunde lang auf der Gegenfahrbahn. Dann rief er zurück. Ich sagte: »Es ist etwas Furchtbares passiert.« Er schwieg. Und dann sagte er: »Das glaube ich nicht. Das muss ein Irrtum sein.« Ich sagte: »Nein.«

Wir packten ein paar Dinge für die morgige Reise zusammen. Die Freundin aus Wien stand im Bad. »Standet ihr euch nahe?«, fragte sie. Ich wusste nicht, was ich darauf antworten sollte. Nein, sagte ich. Und ja. Ich registrierte, dass sie bereits die Vergangenheitsform verwendete. So schnell ging das. Jetzt sprang der Seismograf an. Ich kannte ihn schon. Er ist zuverlässig und zeichnet alles haargenau auf: jede noch so kleine Bemerkung, jede noch so kleine Bewegung. Wer sagt was. Und wann. Ich registriere ganz genau, wie schnell sich jemand meldet. Mit welchen Worten. Die richtigen und die falschen Töne. »Wie traurig.« Oder »Herzliches Beileid.«

Alice war da. Sie brachte mich durch diese Nacht. Am nächsten Morgen fuhren wir um sieben Uhr früh mit dem Zug nach Hamburg. Wir saßen im letzten Wagen. Immer wieder stand ich auf, um mit Thomas, dem Mann meiner Schwester, zu telefonieren. Durch das Rückfenster sah ich die Schienen stetig kleiner werden und am Horizont verschwinden. Das Geräusch des Fahrens. Die vorbeiziehenden Bäume. Sie sind schon in der Gegenwart verschwommen. Die Gegenwart war nicht mal eine Sekunde lang.

Ein älterer Mann saß uns gegenüber. Er schaute mich immer wieder an. Sein Blick war mitfühlend.

Er hatte etwas gespürt und Alice gefragt, als ich hinten auf der Plattform stand. Er war Pfarrer, und als wir ausstiegen, sagte er: »Ich bete für Sie.« Ich winkte ihm durch die Scheibe zu. Er winkte zurück.

Wir saßen auf der Terrasse meines Vaters. In seinem Elternhaus, hier ist er aufgewachsen. Mein Vater hatte Kuchen gekauft und Tee gemacht und die Blaudruck-Tischdecke aufgelegt, die ich nur von Ostern kenne. Im Garten fingen die Wildblumen gerade an zu blühen. Thomas saß neben mir, auf der anderen Seite Raffi und seine Freundin Dana. Wir hatten niemanden informiert. Es gab niemand anderen. Wir fünf, mein Vater, Raffi, Thomas und ich mit Alice waren ihre einzigen engeren Kontakte.

Wir saßen da. Jeder von uns versuchte, sich zu erinnern. Was? Hätte man? Wann? Wissen? Müssen? Was war los in den letzten Tagen, Wochen, Monaten? Diese hoffnungslose Suche fängt immer mit einem Zuletzt an. Wer hat sie zuletzt gesehen? Wen hat sie zuletzt angerufen? Was hat sie zuletzt gesagt? Zuletzt. Das letzte Mal. Es ist endgültig.

Dann kamen mein Cousin Ansgar mit seiner Frau und eine weitere Cousine dazu. Beide aus der Familie meines Vaters. Ansgar ist Arzt. »Natürlich gibt es da eine familiäre Vorbelastung«, sagte er. »Das hat eine genetische Komponente. Und entweder man erbt dieses Gen oder nicht.« Mir schien, als wollte er uns trösten. Dass es sozusagen vorbestimmt gewesen sei, unausweichlich. Eine Krankheit.

»Du hast es offenbar nicht geerbt«, wandte sich mein Vater beschwörend an mich. Aber wie war es bei meiner Schwester?

»Ja«, sagte Thomas, »sie hatte immer im Frühjahr diese leichten Traueranfälle.« Mein Vater und ich sahen uns an. Vor uns hatte sie das in den letzten Jahren verborgen.

Da waren sie wieder. Die schwarzen Raben. Meine ganze Kindheit und Jugend über waren sie da. Sie kündigten sich nicht an. Sie näherten sich langsam, aber unaufhaltsam. Und dann waren sie da, ließen sich draußen auf den Bäumen nieder. Sie warteten, bis es so weit war. Und mit einem Schlag waren sie im Haus. Sie setzten sich überallhin, in die Küche, an den Esstisch, auf das Sofa. Sie waren im Flur, auf der Treppe und im Badezimmer. Sie saßen da, und sie blieben. Wie lange sie bleiben würden, wusste man nie. Einen Monat. Drei Monate. Oder länger?

Sosehr man sich auch bemühte, man konnte die schwarzen Raben nicht verscheuchen. Das konnte nur der Mensch, den sie umflatterten. Schaffte er es, waren sie eines Tages weg. Sie flogen genauso überraschend fort, wie sie gekommen waren. Dann schwirrten sie draußen noch eine Weile umher, bevor sie ganz verschwanden. Und man hoffte jedes Mal, dass man sie nie wieder sehen würde.

Ich weiß bis heute nicht, wie es sich anfühlt, wenn man von ihnen umflattert wird. Aber ich weiß genau, wie es aussieht. Wenn sie den anderen langsam und unaufhaltsam umzingeln. Wenn sie ihre Kreise immer enger ziehen. Wenn der andere Stück für Stück in dem schwarzen Schwarm verschwindet. Der Schwarm schluckt alles. Geräusche, Farben, Luft. Nichts dringt mehr rein, nichts mehr raus. Ich konnte es jahrelang sehen. Bei meinem Großvater. Bei meiner Tante. Bei meinem Onkel. Bei meiner Mutter. Später habe ich es oft fotografiert, bei anderen Menschen.

*

Es ist Mittagszeit. Alles schläft. Meine Schwester und ich schleichen über die Dielen. Meine große Schwester geht voran. Sie setzt vorsichtig einen Fuß vor den anderen, nach links und dann wieder nach rechts. Wir bewegen uns durch den Gang wie durch einen reißenden Bach, müssen die knarrenden Stellen vermeiden, hangeln uns von einem Stein zum anderen. Plötzlich hält meine Schwester an, sie hebt die Hand. Wie festgefroren steht sie vor mir. Auch ich erstarre. Wir lauschen. Nichts regt sich. Weiter, winkt sie. Und macht einen kleinen Satz nach links. Ich mache das Gleiche.

Sie weiß genau, welche Planken wir meiden müssen, wie wir unbemerkt und trockenen Fußes durch den Strom kommen. Wie ein kleinerer, schmalerer Schatten folge ich ihr. Hier müssen wir ganz dicht neben der Scheuerleiste an der Wand entlanggehen und dann wieder einen Sprung nach rechts. Meine Schwester vorweg, ich hinterher. Dann sind wir endlich an dem großen weißen Schrank angekommen.

Was jetzt kommt, ist Millimeterarbeit. Die Tür darf nur sehr langsam geöffnet werden, sodass weder Ami und Api, unsere Großeltern, aufwachen, noch Hedi in der Küche Verdacht schöpft. Das Knarzen und Quietschen der Türe muss sich ganz natürlich mit den alltäglichen Geräuschen vermischen, mit dem Atem und dem Räuspern des alten Hauses. Das Türenöffnen ist mein Part. Stück für Stück ziehe ich die linke Tür des Schrankes auf, im Gleichklang mit Hedis Schritten auf dem Steinboden unter uns. Wenn sie läuft, bewege ich die Tür, wenn die Geräusche stoppen, verharre auch ich.

Dann hören wir Hedis Schritte die Treppe hinunterlaufen. Sie geht einkaufen. Wir warten noch, bis wir die Eingangstür ins Schloss fallen hören, dann öffnen wir mit einem Schwung den Schrank. Wir setzen uns davor und schauen hinein in den großen dunklen Raum, in die Erinnerung der anderen. Der Schrank ist voll davon. Verstaut in Koffern und Kisten.

Ich greife ein grünes Fotoalbum und schlage es auf. Schwarz-weiße Bilder mit gezackten Rändern. Unsere Großeltern und andere, unbekannte Menschen mit weißen Sommerhüten sitzen an einer gedeckten Kaffeetafel und lächeln uns an, im Hintergrund das lang gestreckte Gebäude mit den vielen Giebeln und Balkonen, das Sanatorium unserer Großeltern in Schlesien. Unsere Mutter, ein dünnes Mädchen von sechs Jahren, auf einer sonnenüberfluteten Wiese. Ihre vier Brüder dahinter, daneben ihre acht Jahre ältere Schwester. Unsere Mutter in weißem Kleid und mit eingedrehten Locken, ihre Schwester streng mit Wollrock und Pullover. Die Schöne und die Kluge, wie unser Großvater, Api, immer sagt.

Alte Tennisschläger, Schlittschuhe, Kleidung. Meine Schwester angelt eine Mädchenbluse und hält sie vor sich. Wem gehörte sie? Unserer Mutter, ihrer Schwester?

Ganz hinten im Schrank steht ein Koffer. Ein kleiner Puppenkoffer, rot mit weißen Punkten. Das verrostete Schloss lässt sich nur schwer öffnen. Vier Gegenstände liegen darin. Ein kleiner grauweißer Stoffhund, Glasperlen, eine Schnur, ein Kaleidoskop aus Pappe. Was ist mit dem Stoffhund, den Glasperlen, der Schnur, dem Kaleidoskop verbunden? Wem gehört diese Erinnerung? Durch wessen Blick öffnet sich der Raum dahinter?

Ich nehme das Kaleidoskop und halte es an mein Auge. Der Schrank, der Koffer, meine Schwester. Alles zersplittert in viele kleine Scherben. Zwanzig Schränke, zwanzig Koffer, zwanzig Schwestern. Aus wie vielen Splittern setzt sich ein Leben zusammen, ein Mensch, eine Geschichte? Und wer hat die Dinge in den kleinen roten Koffer gepackt?

Es ist früher Abend. Ami, unsere Großmutter, ist mit dem Abendessen beschäftigt. »Es ist schon sechs Uhr, er wartet«, hatte sie gesagt und mich aus der Küche geschoben. Ich klopfe an Apis Schlafzimmertür. Herein. Ich betrete das Zimmer. Api, mein Großvater, steht am geschlossenen Fenster und schaut aus dem Dunkel hinaus in den Sommer. In dem Raum stehen immer noch die schweren Möbel seiner Mutter, die bis vor Kurzem hier lebte. Auf der Stirnseite der Schreibtisch aus der Gründerzeit mit den Geheimfächern. Zwischen den beiden hohen Fenstern die geschwungene Kommode aus Kirschholz, darüber der fleckige Spiegel.

Api wartet. Er wird mir und meiner Schwester gleich aus der Odyssee vorlesen, wie jeden Abend. Noch steht er reglos am Fenster. Auf der Kommode hatte meine Urgroßmutter Helene immer die Geleeeier liegen. Wenn wir nach einem Besuch abfuhren, stand sie oben an dem rechten efeuumwachsenen Fenster und warf erst Kusshände, dann grüne und gelbe Geleeeier nach unten. Sie war Hofdame in Potsdam gewesen, Hofschranze, wie meine Mutter sagte, und wurde von ihrem Sohn Mamazel genannt. Mamazel war stets perfekt geschminkt und frisiert, trug schwarze Seide mit Rüschenkragen bis zum Kinn. Dazu eine lange Perlenkette mit einem Knoten. Sie sprach am liebsten Französisch und war immer höflich und liebenswürdig. Meiner Schwester und mir brachte sie etwas bei, von dem sie der festen Überzeugung war, eine Dame sollte es in Perfektion beherrschen: den Hofknicks.

Dazu gehört eine ganze Inszenierung. Meine Schwester und ich stehen vor Mamazels Zimmer und klopfen. Von innen ruft sie »Entrez!«, worauf wir nacheinander das Zimmer betreten. Mamazel steht an der Kommode in kerzengrader Haltung, ihr roter Kirschmund lächelt uns huldvoll an. Sie nickt leicht. Das bedeutet, wir dürfen uns nähern. Gehen wir einfach auf Mamazel zu, ohne das Nicken abzuwarten, müssen wir erneut vor die Türe.

Erst ist meine Schwester dran, als die zweieinhalb Jahre Ältere. Sie streckt ihre Hand aus, sodass Mamazel die ihre darauf ablegen kann. Dann geht meine Schwester auf einem Bein mit tiefem Knicks nach unten, während das andere Bein einen Halbkreis nach hinten beschreibt. Als sie mit dem Kopf auf der Höhe von Mamazels Hand landet, haucht sie einen angedeuteten Handkuss. Auf keinen Fall darf der Mund die Hand berühren. Ich tue es ihr nach. Wenn wir die ganze Suite fehlerfrei bewältigt haben, klatscht Mamazel entzückt in die Hände und ruft: »Excellent!«

1968, während in Paris und Berlin die Barrikaden brannten, lernten meine Schwester und ich den Kratzfuß.

Seit Mamazel tot ist, schläft Api in diesem nahezu unveränderten Raum im ersten Stock des Hauses. Er steht jetzt am Fenster. Gleich links neben der Zimmertür befindet sich die mit einem weißen Vorhang abgetrennte Waschecke. Dahinter der Waschtisch und darüber der metallene weiße Medikamentenschrank. Normalerweise ist er verschlossen, nun steckt der Schlüssel in dem Schloss der mit einem roten Kreuz bemalten Türe. Er steht sperrangelweit auf und verströmt einen giftigen Geruch.

Der Medikamentenschrank ist im schnellen Wechsel voll, leer und wieder gefüllt mit: Cortison,

Schlafmitteln, Tranquilizern, Aufputschmitteln und Antidepressiva. Api ist Arzt, er hat lange das Sanatorim in Schlesien geleitet und hat jetzt eine Praxis in Celle. Er kann sich Rezepte selber ausstellen. Zum ersten Mal nehme ich diese Körperhaltung bei ihm wahr. Das Stehen und das Aus-dem-Fenster-Sehen. Ein Blick, der nicht nach außen und nicht nach innen geht, sondern ins Nichts. Von den Raben weiß ich da noch nichts. Ich hole Api zum Vorlesen ab.

Wenig später sitzen meine Schwester und ich in Apis Arbeitszimmer auf den hohen Stühlen. Die Sitzflächen sind aus hartem, eng gewebtem Stoff und kratzen, wenn man kurze Hosen anhat. In unseren Rücken haben wir bestickte steife Kissen, wir sitzen aufrecht. Api hat uns gegenüber Platz genommen und hält das Buch auf den Knien. Jeden Tag um sechs Uhr abends ein Kapitel aus der Odyssee. Jeden Tag um die gleiche Zeit sitzen meine Schwester und ich auf den hohen Stühlen und irren mit Odysseus über die Meere.

Wir treffen auf den Kyklopen, den einäugigen Polyphem. Wir sind dabei, wenn Odysseus sich an den Mast binden lässt und er seinen Gefährten die Ohren mit Wachs verschließt, damit sie nicht von dem Gesang der Sirenen verführt werden. Manchmal ist Api so gerührt von dem, was er liest, dass seine Stimme bricht. Meine Schwester schaut mich dann an und lässt ihr Kinn zittern. Ich muss ein Lachen unterdrücken.

Gestern hat mich Api vom Baum runtergeholt. Ich hatte hoch oben in der Abendsonne zwischen den grün-roten Zweigen gesessen und Kirschen gegessen. Beim Essen hatte ich mitgezählt, während ich auf den Garten, den kleinen Bach dahinter und das Landgericht schaute. Ich zähle oft. Auf Autofahrten rechne ich die Zahlen auf den Nummernschildern der vorbeifahrenden Wagen zusammen. So lange, bis sie sich durch vier teilen lassen. Ich hüpfe auf dem Gehsteig in jede vierte Platte. Ich packe in meinen Koffer genau 24 oder 28 oder 32 Gegenstände. Api hatte unten gestanden und besorgt nach oben geblickt. Er wartete, bis ich wieder unten auf der Erde ankam. Ich hatte 418 Kirschen gegessen und 418 Kerne nach unten gespuckt. 418. Jetzt wird alles gut. Die Vier ist meine magische Zahl. Vier Personen hat unsere Familie, meine Mutter, mein Vater, meine Schwester und ich. Das soll immer so bleiben. Und 418 kann man durch vier teilen. Es wird sich noch vieles ändern, das Einzige, das immer so bleiben wird, ist, dass ich nicht rechnen kann.

Meine Mutter und mein Vater waren in dem weißen VW Käfer mit meiner Schwester und mir nach Celle gefahren und hatten uns bei Ami und Api, den

Eltern meiner Mutter, abgegeben. Die beiden sind zu zweit in die Sommerferien gefahren, nach Griechenland. Sie versuchen, ihre Beziehung zu retten, ihre jahrelange Ehe-Odyssee. Vielleicht ist der Auslöser für diese Reise das hundertste »Kinder, jetzt reißt euch mal zusammen« meiner Großmutter Ami gewesen. Vielleicht war es auch eine beiderseitige Erschöpfung.

Hier bei Ami und Api ist die Welt noch in Ordnung. Die einzige Konstante, die sich auch über die Jahre nicht verändert. Meine Schwester und ich werden hier immer wieder zu einer unzertrennlichen Einheit, hier bringt uns nichts auseinander. Bei unseren Eltern ist es anders. Da muss man Position beziehen, mal für die eine, mal für die andere Seite.

Bei Ami und Api wohnen meine Schwester und ich zusammen in einem Zimmer, nicht getrennt wie zu Hause. Ein kleines Zimmer unter dem Dach. Die Etage teilen wir uns mit Hedi. Hedi war schon immer da. Seit 1913. Sie hat schon in Wölfelsgrund, in Schlesien, meine Großmutter und deren Geschwister aufgezogen und dann, später in Celle, meine Mutter mitsamt den fünf Geschwistern.

Der Tag beginnt mit einem ausgedehnten Frühstück mit Ami. Mein Großvater ist schon aus dem Haus und in seiner Praxis verschwunden. »Kinder, jetzt wird's gemütlich«, sagt Ami und holt die HB aus ihrem Versteck im Eckschrank. Ihre Finger mit den dunkelroten Nägeln ziehen eine Zigarette aus der orange-gelben Schachtel. Genüsslich inhaliert sie den Rauch und bläst ihn durch ihre Nasenlöcher wieder aus. Eingehüllt in den Qualm und mit ihrem scharfen Profil sieht sie aus wie Winnetou. Ihr einst dunkles Haar ist von grauen Fäden durchzogen und zu einem Knoten zusammengebunden.

Heute Morgen ist eine Karte von unseren Eltern gekommen. Die Postkarte aus Griechenland war eine Woche unterwegs und ist bedeckt mit der großen Handschrift meiner Mutter. Sie schreibt an den »lieben Vati und die liebe Mutti«, der Ton ist höflich. Unterschrieben, wie alle Briefe an ihre Eltern, mit »Eure dankbare Gisela«. Die Sonne scheint, und das Meer ist blau. »Das hört sich doch gut an«, ruft Ami aufgeräumt und klatscht in die Hände.

Sie greift zu Stift und Papier. Meine Schwester und ich schauen uns über den Tisch an. Jetzt kommt sie, die Frage: Was möchtet ihr heute Mittag essen? Kassler mit Sauerkraut und Sahnesoße! Das Schreiben des Einkaufszettels. Wir sehen zu, wie die altmodische steile Schrift langsam den Zettel mit unseren Essenswünschen bedeckt. Noch einen letzten Kaffee, noch eine letzte Zigarette. Dann kann es losgehen.

Ami setzt sich ihren grünen Turban auf, eine fertige Haube aus Baumwolle, die vorne geschlungen ist. Sie rückt ihn vor dem Spiegel am Eingang zurecht und überprüft den Sitz ihrer langen diamantenen Ohrgehänge. Sie steckt die längliche Brosche mit den beiden Vorderzähnen eines Hirsches aus den schlesischen Wäldern an, ihr Vater hat ihn vor 70 Jahren geschossen. Sie haben im Laufe der Jahre eine gelbliche Farbe angenommen. Die Schachtel HB landet in ihrer Handtasche. Sie klaubt den Autoschlüssel von der Ablage, und los geht's.

Wir warten vor der Garage, die beiden grünen Holztüren stehen auf. Wir hören den BMW starten. Meine Schwester zieht mich rasch beiseite. Da springt der BMW schon mit einem Satz aus seiner Hütte. Wir rollen durch die Einfahrt, vorbei an dem zerbeulten Schild: Arztausfahrt, bitte freihalten. Meine Schwester behauptet, Ami würde bei jedem zweiten Mal dagegenfahren. Und Api jedes Mal. Ami ist die zweitschlechteste, aber Api ist unbestritten der schlechteste Autofahrer der Welt.

Meine große Schwester hatte mich am Tag zuvor in ein von ihr erdachtes umfangreiches Sicherheitskonzept eingeweiht. »Das Schlimmste, das uns passieren kann«, hatte sie gesagt, »ist, dass bei einem eventuellen Aufprall das Glas splittert und unsere Gesichter zerschneidet.«

Sie hatte eine Schulung anberaumt, die während

des Mittagsschlafes unserer Großeltern in Apis Arbeitszimmer stattfinden sollte. Als ich Punkt 14.30 Uhr eintraf, hatte sie schon alles vorbereitet. »Willkommen zur Operation Hase«, sagte meine Schwester mit ernstem Gesicht. Sie hatte die beiden hohen Stühle so gestellt, dass sie einander gegenüberstanden, und wies mir den rechten zu. Ich setzte mich. Kerzengerade saß ich auf der Stuhlkante und schaute sie an. Was hatte meine große Schwester vor?

Sie nahm auf dem Stuhl gegenüber Platz und griff zu den steifen Kissen der Odyssee. »Diese beiden Kissen«, sagte sie und machte eine bedeutungsvolle Pause, »diese Kissen werden unsere Rettung sein.« Sie nahm eines und legte es auf ihren Schoß.

»Jede von uns hat ihr Kissen während der gesamten Autofahrt auf den Knien liegen«, sagte sie und wies mit der Hand auf das ihre wie eine Stewardess, die den Passagieren vor einem Flug die Sicherheitsbestimmungen erläutert. »Sobald eine von uns die Gefahr kommen sieht, löst sie sofort den Alarm aus. Dann gehen wir beide in Hockstellung und pressen die Kissen auf unsere Gesichter.«

Was mit Gefahr gemeint war, brauchte sie eigentlich nicht zu sagen. Der Wagen von Ami und Api war ständig zerbeult. Irgendetwas stand zu ihrer beider Entrüstung immer im Weg. Aber meine Schwester fuhr trotzdem fort, als müsse sie die Sicherheitsbestimmungen ordnungsgemäß zu Ende führen: »Egal, ob es ein anderes Auto, eine rote Ampel, ein Baum oder ein Hirsch ist, der Alarm muss mittels Codewort rechtzeitig ausgelöst werden.«

Ich nickte. Alles, was meine Schwester sagte, war einleuchtend. So war es immer gewesen, so war es auch jetzt. »Und wie lautet das Codewort?«, fragte ich. »Hase«, sagte meine Schwester bestimmt. Sie stand auf und stellte ihren Stuhl neben meinen. Eine erste Übung sollte gleich jetzt stattfinden. »Wir sitzen jetzt auf den Rücksitzen des Autos«, führte mich meine Schwester ein. Und dann fuhren wir auf einer Landstraße. »Hase!«, rief meine Schwester unvermittelt. Ich beugte mich nach unten und drückte mein Gesicht auf das harte kratzige Kissen. »Sehr gut!«, befand sie. Das Training war beendet.

Die Fahrt heute ist nur kurz, und meine Schwester entscheidet, dass für die innerstädtischen Fahrten keine Kissen nötig sind. Fünf Minuten später sind wir in der Stadt. Wir spazieren nacheinander in alle Celler Stammläden meiner Großmutter. In der Fleischerei wird das Kassler eingepackt, und die Enkelinnen von »Frau Doktor« bekommen eine Fleischwurstscheibe in die Hand gedrückt. Danach geht es zu Huth. In dem 1851 gegründeten »Colonialwarenladen« steht Herr Schwanitz in seinem blütenweißen Kittel vor den bis zur Decke reichenden Holzregalen. »Herr Schwanitz, mein Bester«, sagt Ami zu dem unbeweglich soignierten Herrn mit den akkurat nach hinten gekämmten grauen Haaren. Und dann lässt sie sich von Herrn Schwanitz Kaffee, Schokolade und Kekse einpacken. Die Enkelinnen bekommen an der Kasse je ein Sahnebonbon.

Danach geht es zu Kaffee Kiess am Großen Plan. Wir nehmen auf grün gestreiften Samtsitzen Platz und bestellen Königin-Pastete und Kakao mit Sahne. Ami zündet sich eine HB an. Von den Fensternischen hat man eine gute Sicht auf den Großen Plan, den Hauptplatz von Celle mit den malerischen Fachwerkhäuschen und dem geruhsamen Vormittagstreiben einer Provinzstadt.

Ami sitzt mit dem Rücken zu dem großen herrschaftlichen Haus gegenüber, mit weißen Säulen und rosa Anstrich. In diesem Haus lebte Viva, die langjährigen Geliebte unseres Großvaters. Viva, die einige Monate vor unseren Großeltern aus Schlesien geflohen war, hatte dieses stattliche Haus erworben. Als im März 1946 Ami und Api mit Hedi und den Kindern nach vielen Wochen Flucht in abgerissener Kleidung und voller Läuse in Celle ankamen, zogen sie bei Viva in ein großes Zimmer ein. Api scheint mit Viva zusammengewohnt zu haben, Ami und Hedi mit den Kindern, so erzählte es uns später unsere Mutter. Die uns Kindern so stark scheinende Ami hat das anscheinend stoisch hingenommen.

Für Ami war die Flucht aus Schlesien ein Abschied von allem. Sie ließ ihr Elternhaus zurück. Das Sanatorium ihres Vaters mit Villen und Parks und auch das Tafelsilber blieben im dunklen Tal von Wölfelsgrund am Fuße des Riesengebirges zurück.

Es war der Besitz ihrer Familie gewesen, bevor Api sie, eine Cousine zweiten Grades, geheiratet hatte. Er hatte das Sanatorium im »Luftkurort Wölfelsgrund« zuletzt geleitet. Bei Kriegsende war das große Gelände Unterkunft und Lazarett für 2.000 geflohene Menschen geworden. Und Api hatte die medizinische und alltägliche Versorgung sichergestellt. Erst spät waren unsere Großeltern ausgewiesen worden und in den Westen gegangen.

Ami sprach noch in unserer Zeit vom »Zusammenbruch«. Es hieß in der Familie, dass sie früh in die Partei eingetreten sei. Dass sie beim Einmarsch der Nazis in die Tschechoslowakei mit Blumen an der Grenze am Straßenrand gestanden und gejubelt habe. Im Gegensatz zu Api. »Kümmerlich.« Das war sein Wort für die Nazis. »Da stand der kümmerliche Gauleiter in seiner kümmerlichen Uniform.« Jetzt sitzt Ami vor uns, mit ihren roten Fingernägeln, dem roten Lippenstift und dem grünen Turban. Wie eine »deutsche Frau« sieht sie nicht gerade aus. Sie zieht eine weitere HB aus der Schachtel, zündet sie an und bläst den Rauch durch ihre Winnetou-Nase wieder aus.

Am Nachbartisch sitzen zwei ältere Damen mit kleinen Hüten auf dem Kopf und großen Tortenstücken auf den Tellern. Als Ami kurz aufsteht, um zu »verschwinden«, schaut meine Schwester erst mich an und wirft dann einen schnellen Seitenblick auf die beiden Damen. Ich beginne zu kichern, zwischen gespannter und ängstlicher Erwartung. Was hat meine Schwester vor? Sie steht auf und geht zum Nachbartisch. »Entschuldigen Sie die Störung, könnte ich mir vielleicht den Zuckerstreuer ausleihen?« Die Damen sind erfreut über das höfliche kleine Mädchen und reichen das Gewünschte mit einem Lächeln herüber.

Meine Schwester setzt sich mit dem Zuckerstreuer in der Hand wieder an unseren Tisch und grinst mich an. Blitzschnell dreht sie den Glasbehälter auf und entleert den gesamten Inhalt des Salzstreuers hinein. Dann reicht sie die Zucker-Salz-Mischung mit einem Lächeln zurück. »Auf Wiedersehen«, sagen wir im Chor, als wir uns mit Ami auf den Weg machen. »Und weiterhin guten

Appetit«, ruft meine Schwester den Damen zu, die sich gerade noch einen Kaffee bestellt haben.

Auf der Rückfahrt schauen wir noch bei der Autowerkstatt vorbei. Irgendwie schließt die Kühlerhaube nicht mehr richtig, Api hatte den Wagen zuletzt im Einsatz. Der Meister will gerade in die Mittagspause. »Herr Heitmann, mein Bester«, sagt Ami, zieht die Schachtel HB aus der Tasche und schüttelt dem Mechaniker eine Zigarette entgegen. »Können Sie sich das mal rasch ansehen?« Der Beste kann.

Wir sind erleichtert, als Ami den BMW endlich in die heimische Garage bugsiert hat. Heute hat sie es geschafft, in dieser kurzen Zeit eine rote Ampel zu überfahren und einen Zebrastreifen zu übersehen. Dem empörten, zur Seite spritzenden Fußgänger hat sie bei hastig heruntergekurbelter Scheibe entgegengeschleudert: »Himmel, Arsch und Zwirn, können Sie nicht aufpassen!« »Aber Ami«, hat meine Schwester von hinten gerufen, »da war ein Zebrastreifen.« »Ja, und?«, knurrte meine Großmutter, als sei sie ganz allein im Riesengebirge unterwegs. Dann hat sie noch ein »Rotzlöffel« hinterhergebellt und Gas gegeben. Meine Schwester und ich haben uns auf dem Rücksitz auf die Unterlippe gebissen. Wir halten zusammen wie Pech und Schwefel.

Am Mittag schließt Api die Praxis, sie liegt im Zentrum von Celle, nur 15 Fußminuten vom Haus meiner Großeltern entfernt. Er betritt Punkt 13 Uhr das Haus. Der Tag ist geordnet, die Regeln sind klar. Regeln, die meine Schwester und ich zufrieden akzeptieren. Gleichzeitig setzen wir uns immer wieder darüber hinweg, machen uns über sie lustig. Bei unseren Eltern gibt es keine festen Regeln. Da sind es eher wir, die versuchen, mit Bambusstäben ein wankendes Haus zu stabilisieren.

Hedi hat den runden Tisch im Esszimmer gedeckt, weiße Tischdecke, Stoffservietten, Silberbesteck und Messerbänkchen. Das Weinlaub-Porzellan, weiß, am Rand mit grünen Blättern verziert. Ich muss mich überwinden, die Stoffserviette auf meinen Schoß zu legen. Die Spuckeflecken gehen nicht raus, und sie riechen schlecht. Hedi geht mit der Suppenschüssel um den Tisch und füllt die Teller. Zuerst mein Großvater, dann meine Großmutter, dann wir Kinder. Hedi ist nun 70 Jahre alt und hat ihr ganzes Leben bei Ami verbracht. Sie ist bei deren Heirat selbstverständlich in den neuen Haushalt mit eingezogen. Ab diesem Tag hat sie darauf bestanden, Annemarie zu siezen – und erst in den letzten Lebensjahren ist sie auf Drängen meiner Großmutter wiederstrebend zum Du zurückgekehrt.

Hedi verlässt geräuschlos das Esszimmer. Api faltet die Serviette auseinander und legt sie sich über die Beine. Er beginnt das Gespräch. Jeden Mittag sucht er ein Thema für das Tischgespräch aus. Heute wird die Odyssee rekapituliert. Bei der ersten Antwort dreht er meistens an seinem Hörgerät, so lange, bis ein helles durchdringendes Pfeifen ertönt. Und so können meine Schwester und ich unsere Antworten noch schnell gegenseitig korrigieren. Meine Schwester schaut mich an. »Der einäugige Riese heißt Kyklop«, wispere ich unter dem Pfeifen her.

Hedi betritt nach zehn Minuten wieder das Zimmer und räumt die Teller ab. Unseren Großvater fragt sie: »Suppt der Herr Doktor noch?« Sie hat ihn ihr Leben lang in der dritten Person angesprochen. Api legt den Löffel ab: »Es ist gut, Hedi, danke«, sagt er etwas matt. Er hat sich eine ganze Armada von Tabletten neben den Teller gelegt. Meine Schwester und ich springen auf, um Hedi beim Reintragen des zweiten Gangs zu helfen. Kassler mit Sauerkraut und Sahnesoße, solide schlesische Küche. Meine Schwester und ich schauen uns zufrieden über das Weinlaub-Porzellan hinweg an.

*

Es kamen noch zwei, drei Menschen vorbei. Mal mit Blumen, mal einfach so. Die Blumen schienen mir seltsam, zu früh, irgendwie. Wir saßen in der warmen Frühlingssonne und versuchten diesem nicht Begreifbaren etwas Begreifbares abzuringen. Wir versuchten, uns zu erinnern, legten die Details in die Mitte des Tisches, Wichtiges neben Unwichtiges. Die letzte kleine Erinnerung. Dieses Zusammensitzen und Reden hatte etwas Tröstliches. Und doch war jeder mit sich allein. Ich suchte, wie alle am Tisch, den Moment, an dem ich die Zeitmaschine in den Rückwärtsgang hätte schalten können. Was? Hätte man? Wann? Tun? Müssen? Da war es wieder, fast auf den Tag genau wie vor 30 Jahren. Bei dem Tod meiner Mutter. Jetzt also meine Schwester.

Das letzte Mal. Ich. Vor acht Tagen. Ich hatte mit ihr telefoniert, ich war im Auto, und die Verbindung riss immer wieder ab. Das Telefonat dauerte lange, sehr lange, wie immer mit ihr. Es dauerte die ganze 60 Kilometer lange Strecke und war noch nicht zu Ende, als ich ankam. Ich stand in der Garage, und wir redeten weiter. Ich sagte: »So, jetzt bin ich da.« Wir legten auf. Ich rief fünf Minuten später noch mal bei ihr an. Ich hatte ein schlechtes Gewissen. Jetzt hing ich wieder am Telefon. Ich war genervt, dass das Gespräch sich im Kreis drehte. »Warum habe ich nicht genauer hingehört? Warum war ich so ungehalten?«, fragte ich mich jetzt.

Das letzte Mal. Mein Vater. Er hatte sich vor sieben Tagen mit ihr zum Mittagessen getroffen, in einem chinesischen Restaurant, um die Ecke von ihrer Wohnung. Sie hatte es ausgesucht. Der Laden war leer und das Essen »sehr schlecht«. Der Abschied voneinander war flüchtig. »Ich bin einfach zur U-Bahn gegangen, ohne mich noch mal umzudrehen«, sagte er. »Ich hätte doch erkennen müssen, dass sie neben sich stand. Warum habe ich sie nicht einfach eingepackt und mitgenommen?«

Das letzte Mal. Raffi. Er hatte sie vor fünf Tagen in ein kleines tunesisches Restaurant eingeladen, dem er gerade eines seiner Bilder verkauft hatte, ein kleines Boot, das vor der Silhouette eines gigantischen Dampfers schaukelt. Raffi hatte einen Freund dazu geladen. Der hatte eine Creperie. Hatte er nicht einen Job für sie? »Ich wollte ihr eine Arbeit organisieren, irgendeine, damit sie nicht zu Hause herumsitzt.« Meine Schwester lehnte die angebotene Arbeit ab. »Warum habe ich nicht weiter versucht, etwas für sie zu finden ...?«

Das letzte Mal. Thomas. Er war gestern Morgen, vor 32 Stunden, aus dem Haus gegangen. Sie hatte ihn gefragt, ob er nicht dableiben kann, bei ihr. Aber Thomas ist trotzdem zur Arbeit gegangen. Ein neuer Job, er wollte nicht zu spät sein. »Warum bin ich nicht noch geblieben?«, sagte er.

Die Gäste saßen bis zum frühen Abend mit uns zusammen. »Ich habe mich gefragt, wie es wäre, wenn du es gewesen wärst«, murmelte mein Vater, als wir das Geschirr spülten. Ein seltsames Gedankenspiel. Wäre es ihm lieber gewesen, wenn ich statt ihrer tot wäre? »Aber andersherum wäre es auch furchtbar«, fügt er dann doch noch hinzu. Ich lasse das Wasser über den weißen Teller mit den blauen Blumen laufen. Das Familiengeschirr, das noch meine Mutter gekauft hatte.

Entweder man wird geliebt, oder man wird geachtet. Das war ein Satz, den mein Vater früher oft gesagt hat. Liebe und Achtung schlossen sich in seiner Vorstellung aus. Man konnte nicht beides haben, man musste sich entscheiden. Wie musste man sein, um von ihm geliebt zu werden? Hilflos und abhängig? Und wie musste man sein, um von ihm geachtet zu werden? Selbstständig und unabhängig?

Warum bin ich hier, und meine Schwester ist nicht mehr da?

*

Wir sind wieder in Hannover, in unserem Reihenhaus, das von dem Arbeitgeber unseres Vaters zur Verfügung gestellt worden war. Unser Vater hat den kürzesten Arbeitsweg der Welt. Er geht aus dem Haus und ist drei Minuten später in seinem Büro. Er ist Jurist und arbeitet bei der Stiftung eines großen Autokonzerns, die sich für die Förderung von Forschung und Kultur einsetzt. Unsere Mutter ist Kindergärtnerin und arbeitet halbtags in einem städtischen Kindergarten.

Jeden Morgen werden wir von unserer Mutter oder unserem Vater mit dem weißen VW Käfer zum Maschsee gefahren. Wir gehen dann durch das Tor mit den abgerundeten Ecken. Die Ecken in der Waldorfschule dürfen auf keinen Fall eckig sein, sogar die Fenster von manchen Häusern sind abgeschrägt. Sie nennen es organische Architektur.

Auf dem Schulhof trennen sich unsere Wege. Meine Schwester geht nach links zu dem mehrstöckigen Gebäude für die Großen, sie ist schon in der dritten Klasse. Ich biege nach rechts ab zu dem Flachbau. Da sind die erste und die zweite Klasse untergebracht, auch meine, die Klasse 2a.

Ich gehe den Gang entlang, und da steht dann auch schon Frau Gallop an der Tür. Die Lehrerinnen und Lehrer begrüßen uns jeden Tag mit Handschlag, jeden Einzelnen. Ich habe eindeutig mehr Glück mit meiner Klassenlehrerin als meine Schwester. Frau Gallop ist mit einem Briten verheiratet und spricht ein Englisch, das von Ironie und Humor durchzogen ist. »Good morning, my dear«, sagt sie und zwinkert mir zu. Sie unterrichtet mich auch in Englisch, man lernt es in der Waldorfschule ab der ersten Klasse. Meine Schwester wird zur gleichen Zeit von Herrn Timm begrüßt. Herr Timm ist ein 100-prozentiger. 100 Prozent deutsch und 100 Prozent Waldorf. Er trägt jeden Tag den gleichen blauen selbst gewebten Kittel, mit weiß-roten Bündchen an Ärmeln, Schultern und Kragen. Er ist Anthroposoph. Er macht keine Witze.

Meine Schwester kann Herrn Timm bis ins Detail nachahmen. Sie hat ein sehr feines Gespür für Bigotterie. Manchmal gibt sie mir am Nachmittag eine Privatvorstellung. Dann steht sie am Eingang des imaginären Klassenraumes. »Guten Morgen«, sagt sie mit einem bedächtigen Tonfall, hinter dessen Freundlichkeit die pure Aggression lauert. Sie streift sich den blonden Seitenscheitel aus dem Gesicht und reicht mir zähnefletschend die Hand. »Guten Morgen, Herr Timm«, erwidere ich glucksend.

Meine Schwester geht langsam, die Hände auf dem Rücken verschränkt, durch die Reihen der imaginären Schüler. Sie nickt nach rechts und nach links mit einer lauernden Ruhe. Sie wandert hin und her, ihr Körper strahlt eine angespannte und bedrohliche Güte aus. Dann beginnt sie zu sprechen. In getragenem Ton deklamiert sie ein Gedicht von Christian Morgenstern, dem Lieblingsdichter der Anthroposophen. Sie hat es ein wenig verändert. »Vom Zauber umweht, ein Knäckebrot geht ganz still in den Morgen hinab, der Mist, den ich sage, der Scheiß, den ich frage, er zieht uns alle herab.« Meine Schwester lächelt mich noch mal zähnefletschend an.

In der großen Pause treffen wir uns auf dem Schulhof. Meine Schwester steht mit ihren Freundinnen mitten im Gewühl, immer an der gleichen Stelle des großen Hofes. Heute komme ich zu spät, Frau Gallop hatte mir mein rosafarbenes Schreibheft am Schluss der Stunde fast als Letzte zurückgegeben. Ich hatte nichts Gutes erwartet, aber als sie mich aufrief und ich nach vorne ging, blickte sie mir freundlich entgegen. »Well done«, hatte sie gesagt und mich angelächelt.

»Als er vor die Fleischbank kommt, fragt ihn der Hirtenhund, wie er das Gebell leiden könne und warum er nicht einen beim Kamm nehme. ›Nein‹, sagte der Hirtenhund, ›es zwackt und beißt mich ja keiner, ich muss meine Zähne für die Wölfe haben.‹« Unter das Diktat hat Frau Gallop einen Stern gemalt. Normalerweise bekomme ich nur einen roten Haken, denn oft verstehe ich die Texte nicht. Auch den Text vom Hirtenhund hatte ich nicht verstanden, aber mich zum ersten Mal gezwungen, es einfach aufzuschreiben, ohne einen Sinn dahinter sehen zu wollen. Meine beste Freundin Susanne hat auch einen Stern, und so hüpfen wir zusammen in die große Pause.

Meine große Schwester ist schon da. Ich erzähle von dem roten Stern. »Hmm«, macht sie und rückt etwas von ihren Freundinnen ab. »Das ist schön, aber hier ist dir wirklich was entgangen.« »Was denn?« Meine Schwester macht eine Pause, dann schaut sie hinauf in den Himmel. »Vor einer Minute habe ich Petrus gesehen.« »Was?«, rufe ich atemlos und reiße den Kopf in den Nacken. Aber da ist nichts, nur der graue Himmel über Hannover. »Wie sah er denn aus?«, frage ich. »Er stand in einem langen blauen Umhang auf einer Wolke und hatte einen großen goldenen Schlüssel in der Hand«, sagt meine Schwester. Der rote Stern von Frau Gallop verblasst augenblicklich. Von nun an laufe ich pünktlich zu Beginn der großen Pause hinaus auf den Schulhof und schaue sofort zum Himmel hoch. Aber Petrus zeigt sich nie wieder.

Der Schulalltag in der Waldorfschule besteht für mich aus undurchdringlichen Ritualen. Dass man das Schreiben durch Malen lernt, das leuchtet mir noch ein. Dass der Anfangsbuchstabe der Schlange eine S ist, mit Augen, einer Schlangenhaut und einer großen roten Zunge, finde ich plausibel. Aber ich verstehe nicht, nach welchem Prinzip ich nach vorne gerufen werde für meinen Monatsspruch. »Aller Anfang ist schwer, alles Ende ist leicht ...«, so fängt er an, und ich verstehe weder, wann ich das aufsagen muss, noch warum. Und ich verstehe auch nicht, warum aller Anfang schwer, alles Ende leicht sein soll. 418 Kirschen zu essen, war am Anfang leicht, am Ende schwer gewesen. Die Schlange am Anfang des Wortes zu malen, war leicht, das Wort Schlange zu schreiben schon bedeutend schwerer. Zumindest in der Richtung, die verlangt wird.

Ich soll von links nach rechts schreiben. Aber ich schreibe von rechts nach links. Mit links und in Spiegelschrift. Ich verstehe nicht, warum ich das ändern soll, denn ich kann es bestens lesen. Frau Gallop bringt einen Spiegel mit, um mir zu zeigen, dass ich angeblich verkehrt herum schreibe. Ich finde, dass es genau umgekehrt ist. Aber es scheint meiner Lehrerin wichtig zu sein. Also drehe ich die Schrift um und gewöhne mir an, mit rechts zu schreiben. Und weiß bis heute nicht, wo rechts und links ist.

Die Waldorfschule hat einen großen Saal mit einer Bühne. Die hat oben abgeschrägte Ecken und einen roten Stoff als Hintergrund. Einmal im Monat stehen wir nach Klassen sortiert auf den hellen Holzbrettern und führen den anderen Klassen und den Eltern etwas vor. Dann sind die abgeschrägten Doppeltüren weit geöffnet, und die Eltern und Geschwister strömen herein. Hinter der Bühne kann man durch einen Spalt im Vorhang den ganzen Saal sehen.

Wenn sich alle gesetzt haben und das Licht ausgegangen ist, wird es ruhig, und Herr Timm schreitet gemessenen Schrittes in dem blauen Gewand von Petrus auf die Bühne. Ich sehe ihn von schräg hinten, sein blondes Haar ist dünn und lässt eine beginnende Glatze durchscheinen. Herr Timm macht eine lange Pause und lässt seinen Blick von links nach rechts über das Publikum gleiten, bis auch das letzte Räuspern, der letzte Huster im Saal verklungen ist.

»Liebe Eltern, liebe Kinder«, deklamiert er in dem getragenen Ton, den ich von meiner Schwester bestens kenne. »Erntedank«, sagt er und macht eine Kunstpause, »Erntedank steht vor der Tür.« Wieder schaut Herr Timm ins Publikum, in der Gewissheit, dass die Spannung spätestens jetzt ins Unerträgliche steigt. »Das Fest im Rhythmus der Erde und der Sonne, an dem uns Mutter Erde mit reichen Gaben beschenkt und uns teilhaben lässt an dem immer wiederkehrenden Kreislauf der Natur.«

An den Seiten der Bühne sammeln sich jetzt zehn Ähren, eine Sonne, ein Mond, drei Kobolde, fünf Feen und ein Bächlein. Das Bächlein erkennt man daran, dass es eine grüne Hose und eine blaue Mütze aufhat. Ich verstehe den Aufbau der Eurythmie-Stücke nicht und kann mir die Abfolge der Auftritte nicht merken. Und so bekomme ich in keinem Stück eine tragende Rolle. Ich spiele vier Jahre lang den Wind.

Mein Kostüm besteht aus einem dünnen blauen Stoff, der mir an einer Mütze und an den Ärmeln meines blauen Gymnastikanzuges angeheftet wird. Meistens, eigentlich immer, verpasse ich mein Stichwort »Der Wind, der Wind«, sodass Frau Gallop mich jedes Mal sanft anschieben muss. Dann laufe ich los, mit ausgestreckten Armen und flatterndem Stoff über die Bühne, vorbei an den Ähren, die sich bei meinem Anblick nach vorne und nach hinten biegen, ich laufe mitten durch die drei Kobolde und die fünf Feen, die mich alle hasserfüllt ansehen, weil ich da gar nicht laufen soll. Und dann lande ich wieder bei Frau Gallop, die mir aufmunternd zulächelt. »Well done«, sagt sie.

Meine Schwester dagegen ist der Star ihrer Klasse, ja der Star der Schule. Sie kann sich alle Bewegungsabläufe merken. Sie betritt die Bühne genau im richtigen Moment. Sie ist die Fee und die

Alraune, die Ähre und der Kosmos. Sie bewegt sich so grazil und bestimmt durch den Raum, als hätte sie nie etwas anders gemacht. Alle Augen ruhen auf ihr. Es gibt keinen Zweifel: Meine Schwester ist für die Bühne bestimmt. Unsere Eltern sitzen im Publikum, und mein Vater sagt anschließend zu ihr: »Du hast wirklich großes Talent.« Meine Mutter nimmt mich dann in den Arm und sagt: »Du hast das auch gut gemacht.« Ich bin sehr stolz auf meine Schwester. Aber auch ein bisschen neidisch.

Wir fahren im VW Käfer und machen einen Sonntagsausflug. Meine Schwester und ich sitzen auf der Rückbank aus schwarzem gelöchertem Leder, das an unseren Oberschenkeln kleben bleibt. In letzter Zeit sprechen meine Eltern auf diesen Ausflügen zum Wildpark eine fremde Sprache. Es ist die gleiche Sprache, die sie auch sprechen, wenn sie aus einem Wahllokal kommen und wieder in das Auto steigen. »Qu'est-ce que tu as voté?«, fragt mein Vater. »SPD«, antwortet dann meine Mutter. Das ist für uns Kinder keine Riesenherausforderung.

Jetzt aber ist es komplizierter. Da gibt es ein Zischen, ein Drohen, ein Ausweichen, eine greifbare und dennoch unverständliche Wut. Und dann ein:

»Pas devant les enfants.« Von meiner Mutter hervorgestoßen. Was als Schutzwand gedacht ist, wird zum Stichwort für die Rückbank. Sofort steigt die Aufmerksamkeit. Und ein Name bohrt sich immer wieder durch die französische Wand: Frau Tasch.

Seltsam, wie diese Sätze der Erwachsenen, die sie mühsam verstecken, verkleiden und grau pinseln, als leuchtende und funkelnde Raumschiffe direkt auf dem Schoß der Kinder landen. Unverständliche Worte, aber sie werden mit allergrößter Aufmerksamkeit in die Hand genommen und betrachtet. Und dann eingesteckt und aufbewahrt für spätere Zeiten.

Da ist etwas in der Art und Weise, wie der Name ausgesprochen wird, das mich sofort hochwachsam zuhören lässt. Ein Name, der meine Mutter zu einem Ton veranlasst, den ich bisher nicht kannte. Ein Name, auf den mein Vater mit Ausweichmanövern reagiert, die ich sehr genau wahrnehme. Etwas signalisiert mir, dass Frau Tasch jemand ist, der nicht da sein sollte.

Im Wildpark fahren wir mit geschlossenen Fenstern durch das Gehege. Der Wärter hat gesagt, dass wir nicht aussteigen dürfen, und die Geschichte vom kleinen Mädchen erzählt, das vor zwei Tagen von einem Wildschwein angegriffen worden sei. Ich schaue mit aufgerissenen Augen nach draußen.

Auch auf den beiden Vordersitzen hat diese Warnung für einen Moment der Ruhe gesorgt. Später dürfen wir das Auto verlassen. Da sitzt ein Kamel auf dem karstigen Boden, das wir streicheln dürfen.

Unsere Eltern stehen etwas abseits. Mein Vater zieht den Fotoapparat aus der braunen Lederhülle und macht ein Foto von meiner Schwester und mir, wie wir das Kamel besteigen, ich vorne, meine Schwester hinten. Meine Mutter steht etwas entfernt, mit verschränkten Armen. Ich sehe über den Höcker des flauschigen Kamelfells hinweg ihre schmale Gestalt. Ihre toupierten Haare sind vom Wind zerzaust. Es ist warm, aber ich sehe, dass sie friert. Sie schaut uns an. Sie sieht verloren und einsam aus.

Frau Tasch kam und blieb. Sie ist von nun an nicht nur bei unseren Ausflügen dabei, sondern sitzt auch mit am Abendbrottisch. Ihr Name fällt fast täglich, vor allem abends, hinter der nur schlecht dämmenden Wohnzimmertür. Der ruhige, fast spöttische Ton meines Vaters, die sich immer höher schraubende Stimme meiner Mutter. Meine Schwester und ich auf der Treppe.

Ein Sonntagsspaziergang am Maschsee. Auf dem See stecken die Enten die Köpfe ins Wasser. Sie ziehen sie wieder raus und schütteln sich so, dass das Wasser von ihnen abperlt. Mein Vater tut das Gleiche. Er versucht die Worte meiner Mutter abzuschütteln, als wären sie nie gesagt worden. Sie hinterlassen bei ihm keinerlei Spuren. Meine Schwester und ich laufen am Ufer entlang. Wir versuchen Abstand zu gewinnen. Es gibt keine Schutzmauer mehr, auch meine Mutter hat uns aus den Augen verloren.

Mit einem Mal gehen meine Eltern getrennt. Mein Vater vorne, meine Mutter hinten. Ich stehe in dieser Zeit unverbrüchlich an der Seite meiner Mutter, meine Schwester an der meines Vaters. Später wird sich das umdrehen. Jetzt gehe ich zu meiner Mutter, meine Schwester geht zu meinem Vater. Es trennen uns 50 Meter. Dann gibt mir meine Mutter eine Nachricht auf. Ich merke mir die schwierigen Sätze. Ich laufe nach vorne und spucke sie 50 Meter weiter wieder aus. Die Antwort. Ich nehme sie auf und galoppiere zurück. Irgendwann übermittele ich offenbar so ein Kauderwelsch, dass meine Eltern anfangen zu lachen. Und die Versöhnung glückt auf eine andere Art, als sie sich das vorgestellt haben. Sie wird nur vorübergehend sein.

Manchmal vermisse ich die Zeit vor Frau Tasch. Da wohnten wir noch in einem kleinen Reihenhaus am Ende des Plattenwegs mit einem großen Garten. Darin hohe Bäume und ein kleines Planschbecken aus Stein. In diesem Haus am Ende der Straße schien zwischen meinen Eltern noch alles in Ordnung zu sein. Meine Mutter lag in dem roten Liegestuhl im Garten, und mein Vater pflanzte Johannisbeersträucher neben unserem Sandkasten. Am Sonntag machte mein Vater ein großes Frühstück, im Radio lief klassische Musik.

Es gab nur einen Außenfeind: Oma und Opa Babkowski. Die wohnten gleich nebenan. Ich weiß nicht mehr, wie dieser Krieg entstanden ist. Ich weiß aber noch, wie ungern ich auf dem Plattenweg an dem Haus vorbeiging. Denn ich hatte Angst, dass Oma Babkowski das Küchenfenster öffnet. Dass sie sich mit ihrem immer gleichen ärmellosen blau-weiß-orange gemusterten Haushaltskittel hinauslehnt und mir mit dem Finger droht. Ich hatte Angst, dass ich auf die toten Mäuse trete, die Opa Babkowski in das Planschbecken warf.

Als mir einmal mein Fahrrad vor der Tür von Babkowskis hinfiel, stürzte Opa Babkowski augenblicklich raus. »Du machst die Platten vor unserem Haus kaputt!«, rief er und drohte mir mit der Faust. Am Abend ging mein Vater rüber und klingelte bei Babkowskis. Als er wiederkam, standen meine Mutter, meine Schwester und ich erwartungsvoll im Flur. Mein Vater sah aus, als hätte er gerade einen Bären getötet. »Was hast du gemacht?«, fragte meine Mutter. »Ich habe ihn geschüttelt«, sagte er stolz. Meine Mutter lächelte. So etwas hatte er noch nie gemacht. Normalerweise mied er Konflikte. Und nun hatte er Opa Babkowski am Hemdkragen genommen und geschüttelt.

Opa Babkowski blies jeden Samstagabend ins Waldhorn. Die Klänge bohrten sich durch die Backsteinmauer in unser Wohnzimmer. »Waldhorn!«, stieß meine Mutter aus. »Das ist ein untrügliches Zeichen, dass er Nazi ist.« Manchmal spielte er auch Heimatweisen auf der Quetschkommode. Das trug nicht zu seiner Entlastung bei. »Das Blümelein auf der Heide«, sagte mein Vater, der reglos und aufmerksam horchend auf der Treppe stand, »da besteht jetzt kein Zweifel mehr.« Meine Eltern klopften um zehn Uhr abends mit einem Besenstiel gegen die Wand. Das hinterließ kleine Dellen auf der Raufasertapete, aber half gar nichts. Opa Babkowski spielte »Das Blümelein auf der Heide« unverdrossen bis nachts um halb zwölf.

Meine Eltern begannen, am Sonntag den Wecker zu stellen. Dann standen sie, die eigentlich gerne lang schliefen, um sechs Uhr auf und warfen schlaftrunken das am Abend bereitgelegte Kehrblech die Steintreppe hinunter. Es machte einen ohrenbetäubenden Lärm. Nach einer kleinen Pause ging mein Vater die Treppe hinunter, holte das Blech wieder hoch, und meine Mutter warf es erneut scheppernd nach unten. Das ging so lange, bis Oma und Opa Babkowski gegen die Wand hämmerten. Dann legten sich meine Eltern wieder ins Bett und schliefen weiter. Eines Sonntags steckte Opa Babkowski eine Karte in unseren Briefkasten. Darauf stand nur ein Satz: Das Kirchenamt ist schon benachrichtigt. Dann warf er einen toten Vogel über den Gartenzaun.

Am Sonntagmittag aßen meine Schwester und ich Spiegelei mit Bratkartoffeln, unser Lieblingsgericht. Ich aß langsamer als meine Schwester, sodass sie jedes Mal schneller fertig war als ich. Sobald ich sah, dass sie ihre letzten Bissen nahm, pikste ich so rasch wie möglich meine Bratkartoffeln auf und stopfte sie in den Mund. Denn ich wusste, was jetzt kommen würde. Meine Schwester schaute mich über ihren leeren Teller hinweg mit großen Augen an. »Hunger«, sagte sie mit schwacher Stimme. Ich wusste, ich würde nicht lange standhalten können. Noch hatte ich mein Eigelb auf dem Teller. »Hunger …«, wiederholte meine Schwester dringlicher und blickte dabei auf das Eigelb. Ich stopfte es schnell in den Mund.

Aber für meine Schwester war das Spiel noch nicht verloren. »Hunger …«, flüsterte sie mit ersterbender Stimme und öffnete den Mund. Ich gab auf und beugte mich dicht über sie. Dann öffnete ich den Mund und ließ das Eigelb aus meinem Mund in den ihren tropfen.

Den kleinen Anbau neben unserem Haus hatten meine Eltern untervermietet. Dort wohnte das Fräulein Tapfer. Meine Schwester und ich mochten Fräulein Tapfer, denn sie war zwar erwachsen, aber so klein wie wir. In dem Gartenhaus hatte sie alles auf ihre Maße eingerichtet, und wenn sie die Tür öffnete und uns hereinbat, nahmen wir auf Stühlen Platz, die unsere Größe hatten, und saßen an einem Tisch, der für uns gemacht schien. Manchmal kam ihre Freundin Gundi zu Besuch. Sie war so groß, dass sie den Kopf einziehen musste, wenn sie den Anbau betrat. Gundi wirkte wie ein Braunbär, der mit seiner Tatze in ein Puppenhaus langt.

Eines Morgens, wir waren spät dran und eilig, hätte mein Vater das Fräulein Tapfer um ein Haar überfahren. In dem Moment, in dem er den VW Käfer aus der Parklücke setzen wollte, ging sie hinten am Auto vorbei und war im Rückfenster nicht zu sehen. Im letzten Moment würgte mein Vater den Motor ab. Das Fräulein Tapfer hatte von allem nichts bemerkt und schritt ungerührt weiter.

*

Wo war ich an dem Morgen, zwischen acht und neun Uhr, als es passiert sein muss? Hatte ich etwas gespürt? Immer wieder ging ich zu diesem Zeitpunkt zurück. Ich hatte den Badezimmerschrank ausgeputzt. Aspirin und Pflaster, Paracetamol und Ohrenstäbchen, Zahnseide und Zahnpasta sortiert und Shampoo, das ich von meinen Reisen aus Hotelbadezimmern mitgenommen habe.

Meine Schwester war auch im Badezimmer gewesen. Sie hatte ihre schwarze Haushose angehabt und ein T-Shirt, in der Hand ein Trainingsband aus elastischem Gummi. Sie hatte ein Küchenmesser mit ins Bad genommen.

Ich entsorgte vertrocknete Seife in den kleinen metallenen Papierkorb. Ich wischte mit dem Schwammtuch die Zahnpastaflecken weg und rieb mit Ata eine Minute lang an der festgebackenen Kruste irgendeiner Lotion. Ich ärgerte mich über den hellen Fleck, den ich dabei auf dem Holz verursachte. Ich sprühte den Badezimmerspiegel mit Glasreiniger ein.

Meine Schwester stand zur gleichen Zeit vor dem Spiegel. Sah sie hinein? Und was sah sie? Die schöne strahlende Frau, als die sie ihr ganzes Lebens lang bewundert worden war? Oder die 57-jährige Tochter einer Mutter, die ihr Leben lang zu uns gesagt hatte: »Ich werde nicht älter als 47«?

Ich tat mir Tagescreme ins Gesicht. Ich öffnete das kleine silberne Gefäß, das mir meine Schwester vor 35 Jahren aus Tunesien mitgebracht hatte, und tauchte den Stift in das schwarze Pulver. Ich ging ganz dicht heran an das Glas, um den Kajal auf das untere Lid der Augen zu tupfen. Dann warf ich einen letzten Blick in den Spiegel.

Wir gingen los, zum Gedenkgottesdienst für einen gestorbenen Kölner Bürger. Wir saßen im Dom. Der Mädchenchor hatte weiße lange Gewänder an und sang glockenhell. Der Kardinal eröffnete die Messe. »Meine Schuld, meine Schuld, meine übergroße Schuld«, sagte er und klopfte mit der rechten Hand auf sein Herz.

Dann sprach die Enkelin des Verstorbenen. Dazwischen gab es Pausen. Jedes Geräusch, jedes Husten, jedes Räuspern war in dieser Stille überdeutlich hörbar, in der gewaltigen Kirchenhalle um ein Vielfaches verstärkt. Jeder einzelne Mensch, auch wenn er in der letzten Reihe saß, war noch mit seiner kleinsten Regung für alle wahrnehmbar.

Nach dem Gottesdienst fuhr Alice in die Redaktion. Ich ging über den Wallraffplatz und bog in die Hohe Straße ein. Die Fußgängerzone war voller Menschen, es war ein milder Tag. Ich muss sie anrufen, dachte ich. Sie oder ihr Mann hatte gestern versucht, mich zu erreichen. Da hatte ich in einem Restaurant gesessen, in das wir von einer Freundin eingeladen worden waren. Die Freundin, eine Regisseurin, hatte uns eine seltsame Geschichte erzählt. Ihr Leben lang hatte sie das Gefühl gehabt, eine Schwester zu haben. Sie hatte in vielen Filmen das Schwesternthema behandelt. Eines Tages meldete sich eine Frau bei ihr. Die Stimme klang weit entfernt, sie rief aus Sankt Petersburg an. Sie sei ihre Schwester, hatte die Unbekannte gesagt. Unsere Freundin hatte sich in Paris auf das Sofa fallen lassen, und die Frau am anderen Ende der Leitung hatte ihr die Geschichte erzählt.

Ihre gemeinsame Mutter hatte die erste Tochter bei Bombenangriffen auf die Stadt zurücklassen müssen. Erst spät erfuhr diese Tochter, dass sie eine Halbschwester hatte. Unsere Freundin hatte es immer geahnt. Wir stießen vermutlich gerade auf die neue Schwester an, als mein Handy geklingelt haben musste. Gegen Mitternacht sah ich, dass ich einen Anruf verpasst hatte, die Telefonnummer von Thomas und meiner Schwester leuchtete auf. Es war zu spät. Ich nahm mir vor, sie am nächsten Morgen anzurufen.

Es war schon später Vormittag. Ich muss sie anrufen, dachte ich und ließ mich weiter in dem Menschenstrom treiben. Ich wusste, sie würde mich mit ihrer Angst überfallen, und ich würde hier, zwischen all den Straßenmusikanten und den shoppenden Menschen, nur die Hälfte von dem verstehen, was sie auf mich hinabprasseln lassen würde. Sollte ich nicht besser warten, bis ich zu Hause war? Ich zog das Handy aus der Tasche und schaute auf das Display. Da war nichts, kein Anruf und keine Nachricht. Ich steckte das Handy in die Tasche zurück. Vielleicht hatte sie einen Termin mit dem Berater des Jobcenters, wie das Arbeitsamt jetzt hieß. Jobcenter, wie billig das klang, da gab es keine Arbeit mehr zu vergeben, sondern nur noch Jobs zu verhökern.

Ich schaute in das Schaufenster eines Kleidergeschäftes. Alles in der Auslage war braun, es schien die Farbe der Saison zu sein. In so einem Laden hatte meine Schwester gestanden. Zehn Jahre lang hatte sie die Filiale einer Modekette geleitet, bevor ihr gekündigt worden war. Ich hatte sie ein Mal in ihrem Laden besucht. Sie hatte sich gefreut. Und ich hatte mich dafür geschämt, dass ich gedacht hatte: Diesen Schrott dreht sie den Leuten an. Warum war ich eigentlich nur ein Mal da gewesen? Ich trieb weiter durch den Menschenstrom. Am Ende der Fußgängerzone bog ich nach links ab, ging zum Auto und fuhr in mein Atelier.

*

Nun wohnen wir seit einem Jahr in Hannover-Döhren. Oma und Opa Babkowski fehlen mir nicht, wir können am Sonntag wieder länger schlafen. Aber ich vermisse das Fräulein Tapfer. Unsere Nachbarn rechts und links haben keine Kinder. Doch dann, eines Tages, entdecken wir das Jesuskind.

Das Jesuskind wohnt gleich gegenüber. Es heißt Kirsten. Die Eltern des Jesuskindes haben leider gar nichts von unserer Vorstellung von Maria und Josef. Die Mutter des Jesuskindes ist nicht dunkel, durchscheinend und zart wie in unserer Kinderbibel, sondern eine resolute, ziemlich dicke Frau mit kurzen blonden Haaren und rosafarbener Haut. Josef hat eine Halbglatze und ist schon mindestens 50.

Aber das Jesuskind selber ist dünn und zerbrechlich und schutzbedürftig. Meiner Schwester ist die Ähnlichkeit zuerst aufgefallen. Nachdem wir es zum ersten Mal im Vorgarten gesehen haben, schlägt meine Schwester die Kinderbibel auf und zeigt bedeutungsvoll auf die Abbildung, Seite 8. »Sie sieht genauso aus«, sagt sie, »wenn das mal nicht das echte Jesuskind ist.«

Sie beschließt, bei Maria und Josef zu klingeln. »Einfach klingeln?«, frage ich. »Bei den fremden Menschen?« »Ja«, sagt meine Schwester und geht vorweg. Ich bleibe ihr dicht auf den Fersen. Wir überqueren die Straße und gehen durch den Vorgarten. Meine Schwester erklimmt die drei Stufen zur Eingangstür. Ich bleibe unten stehen. Sie klingelt.

Von nun an sind wir fast jeden Tag vor der Tür des Jesuskindes. Wir stehen an der Pforte und klingeln und fragen: »Ist es da? Kommt es raus zum Spielen?« Meist prallt unser Ansinnen an Maria ab, die unüberwindbar den Türrahmen ausfüllt. Oft sagt sie: »Nein, im Moment kann sie nicht kommen.« Aber manchmal haben wir Glück. Dann dreht sie sich überraschend nach hinten zum Wohnzimmer und ruft: »Kirsten!« Dann kommt das kleine blasse Jesuskind an die Tür und folgt uns die drei Stufen hinunter auf die Straße.

Man hat mit dem Jesuskind keine allzu große Auswahl. Auf die Bäume klettern geht nicht, Ball spielen geht nicht, Fangen geht nicht und Gummitwist geht auch nicht. Denn das Jesuskind hat ein

Auge aus Glas und kann die Abstände nicht einschätzen. Am Anfang haben wir den Ball auf kurze Distanzen geworfen, aber auch da greift das Jesuskind zu oft daneben. Also setzen wir uns zusammen mit dem Jesuskind in den Vorgarten auf die Wiese. Meine Schwester und ich haben unsere Puppen mitgebracht, die beide Fräulein Tapfer heißen.

Das Jesuskind ist genauso alt wie ich, sieben Jahre. Aber wir wissen, dass es unheilbar krank ist, dass es etwas Schlimmes innen drin hat, das seine Augen auffrisst und sein Leben, ein Gehirntumor. Ich finde, dass die Mutter sich zwar um das Jesuskind sorgt, aber ich finde auch, dass sie eine Spielverderberin ist. Manchmal haben wir gerade angefangen zu spielen, da steht die Mutter vom Jesuskind plötzlich und unerwartet im Türrahmen und ruft es ins Haus zurück. Wenn unsere Zeit mit dem Jesuskind mal wieder abrupt beendet wurde, führen wir das Spiel bei uns zu Hause zu Ende. Wir setzen uns in das Zimmer meiner Schwester, und sie gibt Regieanweisungen: »Du bist jetzt das Jesuskind.« Wenn meine Schwester das Wort an mich richtet, schaue ich mit traurigen unbeweglichen Augen knapp an ihr vorbei, den milchigen Blick in die Ferne gerichtet. Sie winkt mit der Hand vor meinen Augen, und ich zucke nicht mit der Wimper. Sie reicht mir eine der beiden Fräulein Tapfers an, ich greife leicht daneben. Ich mache das so täuschend echt, dass meine Schwester das nicht lange durchhält und mich tröstend in den Arm nimmt. So wie sie es gern mit dem Jesuskind getan hätte.

Der achte Geburtstag vom Jesuskind wird überwältigend gefeiert. Wir sind zusammen mit ein paar anderen Kindern zum ersten Mal im Haus des Jesuskindes. Da steht ein großer Tisch mit vielen Geschenken, und es gibt Erdbeertorte mit Schlagsahne. Und eine ganze Schüssel mit Süßigkeiten. Nippon, Puffreis, Lakritzschlangen, Ahoj-Brause, Caramac-Karamellriegel, Leckmuscheln, Bazooka-Kaugummi. Meine Schwester und ich bekommen runde Augen. Diese Fülle überwältigt uns. Unsere Schultüten waren nur mit Äpfeln und Nüssen und ein paar selbst gebackenen Keksen gefüllt.

In unserem Gästezimmer wohnen manchmal Messegäste, allein reisende Herren, die frühmorgens das Haus verlassen und spätabends die Treppe hinaufschleichen. Dabei bleibt ihr Geruch nach dynamischer Frische wie ein Geist noch eine Zeit lang auf der Treppe stehen. Sie haben sehr kleine Koffer dabei, und ihre gebügelten Hemden hängen nebeneinander auf der Stange, abgezählt nach Tagen. Meine Mutter stellt ihnen abends ein Frühstück auf den Küchentisch, mit Wurst und Käse und Brot, das sie mit einem zweiten Teller abdeckt, damit es nicht über Nacht vertrocknet.

Wenn unsere Eltern nicht da sind und auch kein Messegast, dann können wir in Ruhe unseren Beobachtungsposten einnehmen. Wir hocken uns im Gästezimmer auf den Boden, vor die Heizung, über die ein marmoriertes steinernes Fensterbrett läuft. Wir haben von hier aus direkte Sicht in das erleuchtete Esszimmer des Jesuskindes. Da sitzt es in der Mitte zwischen der großen, blonden, dicken Maria und dem alten Josef und bekommt einen dampfenden Teller vorgesetzt. Maria und Josef beugen sich von rechts und links zu ihm, um ihm die Serviette umzubinden. Das Jesuskind muss jetzt viel essen, damit es bei Kräften bleibt. Maria streicht ihm über das Haar.

Meine Schwester und ich sitzen in dem dunklen Gästezimmer gegenüber und schauen mit einer Mischung aus Spott und Sehnsucht in die von Tragik umflorte Idylle hinüber. Wir zählen die Kartoffeln, die Maria dem Jesuskind auf den Teller tut.

Vor uns steht eine starre grüne Pflanze. Sie ist das einzige Zimmergewächs in unserem Haus, aber das fällt uns erst später auf. Jetzt hocken wir dahinter, und während wir auf die Szenerie gegenüber blicken, stechen wir mit grauen langen Schulstricknadeln in die fleischigen dicken Blätter. Das gibt ein schönes schmatzendes Geräusch, wenn die Nadel den ersten Widerstand der Außenhaut überwindet und durch das glatte Fleisch gleitet. Und die Pflanze sieht hinterher auch interessanter aus.

Ein Abend kurz vor dem Schlafengehen. Meine Schwester und ich sind in unseren Schlafanzügen im Bad und putzen die Zähne. Plötzlich stehen mein Vater und meine Mutter nebeneinander im Flur. Mein Vater hält die Topfpflanze aus dem Gästezimmer in der Hand. Meine Schwester und ich haben schon länger nicht mehr zum Jesuskind heruntergeschaut und sind selber erstaunt über den Zustand der Pflanze. Sie ist nur noch ein Schatten ihrer selbst, die Blätter sind braun und hängen an den Seiten herunter.

Etwas ist anders als sonst. Meine Eltern stehen zusammen da, meine Mutter in ihrem Nachthemd, mein Vater im Schlafanzug. Sie bilden eine klare gemeinsame Front. Seit Frau Tasch in unserem Leben ist, haben wir sie nicht mehr so gesehen. Als Einheit. Meine Mutter trägt ihre weiße Gesichtsmaske für die Nacht, ein wütender, verzweifelter Clown. Sie sind beide außer sich. Mit finsterer Miene schauen sie zwischen uns und der Topfpflanze hin und her.

Meine Schwester und ich sind ratlos. Wir verstehen nicht, was an der Topfpflanze mit einem Mal so wichtig ist. Mein Vater geht wortlos in das Zimmer meiner Schwester und holt ihren neuen weißen Stoffhasen, der erste Gegenstand, den sie sich vor ein paar Wochen von ihrem Taschengeld gekauft hat. Er legt den Hasen auf den Boden und trampelt auf ihm herum. Mein Vater trägt einen rot-weiß-blau gestreiften Schlafanzug und trampelt im Flur auf einem weißen Hasen herum.

Als er von dem Hasen ablässt, hebt er ihn auf und übergibt ihn meiner Schwester. Die Ohren des Hasen, die vorher steif auf dem Kopf saßen, wackeln jetzt hin und her. Ich sehe meinem Vater an, dass er schon jetzt ein schlechtes Gewissen hat.

Die Topfpflanze. Unsere Eltern hatten die Agave vor zehn Jahren als keimendes Pflänzlein in Italien ausgegraben und sie mit nach Deutschland genommen. Die stachelige Pflanze hat erlebt, wie meine Schwester in Hamburg auf die Welt kam, war mit von der Partie, als ich zwei Jahre später in Köln geboren wurde. Sie machte die wechselnden Posten meines Vaters mit und zog geduldig mit um, von einer Wohnung in die nächste, von einer Stadt in die nächste.

Aber in Wahrheit war sie keine Pflanze, sondern ein Versprechen. Unsere Eltern hatten sie von ihrer Hochzeitsreise mitgebracht. Sie hätte groß und stark und alt werden müssen. Aber seit einem Jahr stand sie im Gästezimmer und ist ganz langsam vertrocknet. Meine Schwester und ich haben ihr den Todesstoß versetzt. Sie kann nicht mehr gerettet werden.

Meine Schwester und ich sitzen uns in der Badewanne gegenüber. Zwischen uns schwimmt eine rote Wärmflasche. Die Flasche hat auch in einem halben Jahrhundert weder ihre Form noch ihr Material noch ihre Farbe verändert. Sie hat eine große Lasche mit einem Loch darin, zum Aufhängen. Mit dieser Lasche kitzeln wir uns gegenseitig zwischen den Beinen und entdecken, dass das ein schönes Gefühl ist. Manchmal geht unser Spiel nach dem Baden weiter. Dann hocke ich mich unter ihr Nachthemd, das Licht wird gedämpft von dem hell geblümten Stoff, ein schützendes und leicht muffiges Zelt. Ich berühre sie. Dann tauschen wir die Rollen. Es bleibt unser Geheimnis.

Abends werden wir von unserer Mutter ins Bett gebracht, jede in ihrem Zimmer. Dann gibt es noch ein Nachtgebet. Die Liste der Menschen, die ich in meine guten Wünsche einschließe, wird immer länger. »Beschütze Mami, Papi, meine Schwester, mich, Ami, Api. Und lass unsere Familie immer zusammenbleiben …«

Wenn die Tür zu ist, warte ich noch eine Weile und steige dann aus dem Bett. Ich öffne das Fenster und taste mit meinen nackten Füßen so lange an der Hauswand entlang, bis ich den leicht hervorspringenden Sims spüre. Ich stütze mich darauf ab, lasse den Fensterrahmen los und greife blitzschnell um an das rettende Balkongeländer. Unter mir sind etwa drei Meter Luft. Ich schwinge mich auf den Balkon meiner Schwester. Ich klopfe an der Scheibe, und sie öffnet mir die Tür. Dann setzen wir uns auf ihr Bett. Ich erzähle eine weitere Folge von Isabelle und Dirk. Das sind die beiden Protagonisten meiner vor zwei Jahren erdachten Serie, die nur für meine Schwester läuft.

Isabelle, die ältere Schwester, und ihr kleiner Bruder Dirk leben allein in einem großen Haus. Sie arbeiten in einer Reinigung und säubern die Kleidung auf unkonventionelle Art. Der von meiner Schwester mit Spannung erwartete Höhepunkt jeder Folge ist der Anruf von Isabelle bei einem Kunden und die Frage: »Sollen wir den Flecken rausbrennen oder rausschneiden?« Irgendwann hangle ich mich zu meinem Zimmer zurück und schlafe ein.

Meine Mutter steht nun manchmal am Fenster. Ihr Blick geht nicht nach außen und nicht nach innen. Er geht ins Nichts. Wenn ich ins Wohnzimmer komme, sehe ich sie immer öfter so stehen. Am Fenster, mit einem Blick ins Nirgendwo. Dann stelle ich mich neben sie und werde zu Oma Babkowski. Ich laufe durch unser Wohnzimmer, an den blauen Sesseln, dem Bücherregal, dem blauen Sofa vorbei, und wenn ich unter der Bauernuhr angekommen bin, strecke ich den Bauch raus, rolle die Zunge unter die Unterlippe und drohe mit dem Zeigefinger. Ich sage: »Das Kirchenamt ist schon benachrichtigt.« Meistens schaffe ich es dann, meine Mutter zum Lachen zu bringen und wieder ins Jetzt zu holen. Die Bauernuhr wurde früher von meiner Mutter abends aufgezogen, und das Pendel schlug hin und her. Seit einem Jahr ist sie stehen geblieben. Auf drei Minuten nach acht.

Eines Tages fangen die Magenschmerzen an. Meine Mutter liegt am Nachmittag auf dem blauen Sofa und macht Rollkuren. Dafür zählt sie die Tropfen einer bitter riechenden Flüssigkeit. Sie fallen wie träge Tinte in das Wasserglas, wo sie sich auflösen. Meine Mutter trinkt die farblose Tinte in kleinen Schlucken und rollt sich von einer Seite auf die andere. Während sie sich rollt, landet Apollo 11 auf dem Mond. Der Fernseher steht gleich neben dem Sofa. Neil Armstrong, im weißen Raumanzug, setzt an zum großen Schritt für die Menschheit. Meine Mutter rollt sich auf dem 80 Zentimeter breiten Sofa einmal um sich selbst. Der Magen krampft, und meine Mutter krümmt sich.

Sie fährt nach Celle in die Praxis ihres Vaters. Wir verabschieden sie, und ich denke, das es so sein wird, wie es bei uns immer ist, wenn Api uns Impfungen verpasst. Er wird seinen weißen Kittel anziehen und sagen: »Na, dann wollen wir mal.« Dann wird sich meine Mutter auf die Liege setzen, und Api wird das kalte Metall des Stethoskops auf ihren Brustkorb und ihren Rücken legen. Er wird die Augen schließen und ihrem Atem lauschen. Meine Mutter wird Luft holen und ganz tief atmen. Ein und aus, ein und aus. Die ganze frische Luft wird ihren Körper durchströmen, und die ganze schlechte Luft wird verschwinden. Und dann wird Api sagen: »Wenn Se nüscht hörn, hörn Se nüscht«, und meiner Mutter einen leichten Klaps auf den Rücken geben. Sie wird sich wieder anziehen, und alles wird in Ordnung sein.

Nach drei Tagen kommt sie zurück. Es ist ein Magengeschwür. Ich sehe das Erschrecken meines Vaters. Ich denke an das Jesuskind.

Meine Mutter fährt zur Kur. Von nun an bringt uns unser Vater jeden Morgen zur Waldorfschule und setzt uns am Tor mit den runden Ecken ab.

Es ist Montag, und am Hintereingang staut es sich. Aus einigen der Autos entsteigen Prinzessinnen wie aus Kutschen. Sie tragen strahlend weiße Blusen und glitzernde Reife im Haar. Sie haben frisch gestochene Löcher in den Ohrläppchen, darin goldene Ohrringe in Herzform. Gestern war erste heilige Kommunion, und die katholischen Mädchen sind neu eingekleidet. »So viele kitschige Schneewittchen«, höhnt mein Vater, als er den Käfer in den Wendehammer vor dem Tor steuert. »Tina, den Part der Zwerge musst du übernehmen«, ruft er mir hinterher, als wir unsere Lederranzen greifen und aussteigen.

Auch meine beste Freundin trägt ihre Festtagskleidung. Und auch sie trägt nagelneue Schuhe. Sie sind aus schwarzem, glänzendem Lack, werden mit einem Druckknopf verschlossen, darüber schimmert eine steife Samtschleife. In der großen Pause auf dem Schulhof werden die Prinzessinnen von den anderen Mädchen umringt und ihre Kleider und Lackschuhe bestaunt.

Meine Schwester und ich stehen hinter Herrn Timm, der, wie immer, in dem blauen, selbst gewebten Kittel steckt. Er hat die Hände hinter dem Rücken verschränkt, der Mittelfinger der linken Hand zuckt unaufhörlich, wie ein defektes Signal. Die Prinzessinnen stecken die Köpfe zusammen, die Herzohrringe und die Haarreife glänzen in der Frühlingssonne. Sie haben sich viel zu erzählen, gestern war ihr Krönungstag.

Mit einer Mischung von Spott und Neid schauen wir zu ihnen hinüber. »So viele kitschige Schneewittchen«, sage ich und grinse. Meine Schwester grinst auch. Die Schneewittchen kümmern sich nicht um uns und auch nicht um Herrn Timm. Sie stehen da, stolz in ihren festlichen Kleidern, den weißen Kniestrümpfen, den glänzenden Schuhen, geschmückt mit funkelnden Diademen und goldenen Ohrringen. Meine Schwester schaut auf Herrn Timm, auf die Prinzessinnen, auf mich. Ihr Blick hat plötzlich jegliche Herablassung verloren. »Weißt du, was wir machen, wenn wir groß sind?«, sagt sie und nimmt meine Hand. »Wenn wir groß sind, dann schenken wir uns Herzohrringe und Lackschuhe.«

Unsere Mutter bleibt einige Wochen lang weg. Unser Vater kauft ein und bringt uns das Abendessen von der Arbeit mit. Wir putzen zusammen das Haus. Am Nachmittag sitzen meine Schwester und ich vor dem Fernseher. Den besitzen wir erst seit ein paar Monaten, seit der Sommerolympiade 1968. Wir schauen Daktari, der Dschungeldoktor und die Kinderstunde. War bisher alles verboten, jetzt haben wir freie Bahn.

Wenn mein Vater abends nicht da ist, gucken wir eine ganz verbotene Sendung: Aktenzeichen XY … ungelöst. Dann setzen wir uns zusammen auf einen der blauen Sessel und rücken schon beim Vorspann ganz eng aneinander. Und dann geht es los. Ingeborg und Walter Schreier haben bei ihrem sonntäglichen Spaziergang in einem Waldstück bei Lehrte einen grausigen Fund gemacht, und Eduard Zimmermann bittet um unsere Mithilfe. Meine Schwester und ich schauen gebannt auf das Phantombild. Ein Mann im Rollkragenpullover mit schmalen Augen und hohen Wangenknochen. Plötzlich ruft meine Schwester: »Den kenne ich, der wohnt nebenan in der Kastanienallee.« Sofort springe ich auf und lasse die Rollläden herunter. Wir sitzen mit gesträubten Haaren vor dem blauen Fernsehlicht, bis mein Vater nach Hause kommt.

Eigentlich dürfen wir nur einmal die Woche fernsehen, wie fast alle Kinder in der Waldorfschule. Das hat bei Ami und Api in Celle zur Folge, das wir manchmal den ganzen Nachmittag den Fernseher laufen lassen, wir sitzen dann davor und schauen zwei Stunden lang auf das Testbild und danach das ganze Nachmittagsprogramm bis zum frühen Abend.

Dann müssen wir ihn unbedingt ausschalten. Wenn nicht, droht Unheil. Um halb sieben legt meine Schwester dem klobigen Telefunken-Fernseher wie einem Fieberpatienten die Hand auf die Vorderfront und sagt: »Wir müssen ihn jetzt ausschalten, er muss abkühlen.« Und die nächsten 20 Minuten sitzen wir hinter dem Gerät, aus dem der Geruch nach angeschmortem Plastik dringt, und fächeln der heißen Röhre mit der Celleschen Zeitung Luft zu.

Doch oft nutzt auch das nichts mehr. Das alte Gerät ist am Abend völlig erschöpft von dem ungewohnten Dauerbetrieb, und die rote Farbe streikt. Wenn Api Punkt 19 Uhr zum Abendbrot die Heute Nachrichten einschaltet, hat der Nachrichtensprecher dann eine fahl-grünliche Hautfarbe. Und Api bekommt einen Wutanfall.

Das kann uns zu Hause nicht passieren, wir besitzen nur einen Schwarz-Weiß-Fernseher. Und so können wir nun am Nachmittag fernsehen, so viel wir wollen. In den Wochen, in denen meine Mutter im Krankenhaus bleibt, ist alles viel entspannter. Abends machen wir Spiegelei mit Bratkartoffeln, oder mein Vater öffnet die drei Komponenten der Miracoli-Packung und mischt sie zusammen. Am

Wochenende sind wir nicht mehr zu fünft, sondern nur zu dritt unterwegs. Ohne meine Mutter und Frau Tasch ist es plötzlich ruhig.

*

Ich schloss die Tür zu meinem Atelier auf und öffnete die hohen Fenster. Die Frühlingsluft strömte in den Raum. Ein Papagei, der auf dem großen Baum gegenüber saß, schaute zu mir herein. Diese grünen Vögel mit den roten Schnäbeln wohnten zu Hunderten im Park gegenüber. Angeblich waren sie vor ein paar Jahren aus dem Kölner Zoo ausgebrochen und hatten sich in einer rasenden Geschwindigkeit vermehrt. Zum Schlafen wechselten sie den Ort, sie übernachteten auf drei Bäumen an der Rheinuferstraße. Bei Dämmerung stieg eine grüne, schwatzende Wolke aus dem Park auf und flog Richtung Nordosten davon.

Mein Vater hatte in seinem Garten schon einige Male Besuch von Vögeln gehabt, die er alle sofort erkannte. Nach dem Tod seiner Mutter tauchte ein Rotkehlchen auf. Es kam bis auf die Terrasse und schien keinerlei Scheu vor ihm zu haben. »Das war Mutter«, sagte er und lachte, »da gibt es für mich keinen Zweifel.« Auch seine Frau, meine Mutter, hatte ihn schon mehrfach besucht, in Gestalt eines Buchfinken.

Ich setzte mich an den Schreibtisch und schaltete den Laptop an. Ich atmete durch. Dann wählte ich ihre Nummer. Meine strahlende Schwester leuchtete auf dem Display auf, mit dem Telefonhörer am Ohr. Ich hatte das Foto vor ein paar Jahren nach einem Essen bei Giorgio, ihrem Lieblingsrestaurant bei ihr um die Ecke, aufgenommen.

Sie und Thomas gingen dort essen, immer sonntags. Als ich in Hamburg war, hatte sie mich eingeladen. »Wir essen immer das Gleiche«, sagte sie. »Trüffelspaghetti.« Als wir das Restaurant betraten, stürzte Giorgio augenblicklich hinter der Theke hervor. »Finalmente!«, rief er und breitete die Arme aus. Die Gäste schauten von ihren Tellern hoch. »Ciao, Giorgio!«, rief meine Schwester von der Eingangstür. Sie stand auf der Bühne. Sie legte ihren Arm um meine Schultern und rief: »Das ist meine berühmte Schwester!« Jetzt drehten sich alle Gäste nach uns um. »Ah«, sagte Giorgio jetzt etwas leiser, »Susanna atte schon viiiiellle erzählte vonne diere.« Er bugsierte uns zu einem reservierten Ecktisch. Wir setzten uns. Meine Schwester und Thomas nebeneinander, ich gegenüber. Eine kleine Frau mit einem gerollten Spültuch um den Kopf kam durch die Schwingtür aus der Küche. »Mariiiiiaaaaa!«, rief meine Schwester und sprang wieder auf. Maria steuerte auf unseren Tisch zu und wischte sich die

Hände an ihrer Schürze ab. »Maria, das ist meine kleine, große Schwester!«, rief meine Schwester. »Jetzt lernt ihr euch endlich kennen!«

Die Gäste schauten wieder auf. »Ah«, sagte Maria, »schon viiiiellle gehörrrte vonne diere.« »Von euch habe ich auch schon viel gehört«, murmelte ich. »Ihr seid ja das Lieblingsrestaurant meiner Schwester«, setzte ich nach. Maria schaute mich kurz an. Ich hatte das ungute Gefühl, dass ich eine Enttäuschung für sie war. »Ah, Susanna«, rief Maria, drückte meiner Schwester zwei dicke Küsse auf die Wangen, die meine Schwester mit vier Küssen erwiderte, und warf Thomas einen freundlichen Blick zu. »So, iche muuuss«, sagte Maria und ging zurück in die Küche.

Ich ließ es weiter klingeln, das Foto meiner Schwester an Giorgios Ecktisch lachte mich immer noch an. Aber sie nahm nicht ab. Vielleicht saß sie gerade dem Jobcenter-Berater gegenüber. Sie hatte mir gesagt, dass sie Angst vor ihm hatte. Angst vor seinen Vorschlägen oder, wie sie sagte, »Anordnungen«. Ich kriegte es einfach nicht zusammen. Meine strahlende Schwester und die Frau, die Angst vor dem Mann vom Arbeitsamt hatte. Warum nur ließ sie sich immer so einschüchtern?

*

Am Freitagmittag steht unser Vater plötzlich in der Tür und ruft: »Packt eure Wintersachen, wir fahren übers Wochenende mit den Großeltern nach Oberstdorf.« Es ist die Idee seiner Mutter. »Kommt doch mit uns ein paar Tage ins Allgäu«, hatte sie aus Tübingen geschrieben. »Das ist für die Kinder eine schöne Abwechslung, solange Gisela noch in Kur ist.« Und alle, auch meine Schwester und ich, wissen, dass es sich gut trifft, dass wir nur zu dritt kommen können. Denn unsere Mutter ist angespannt mit ihren Schwiegereltern. Sie fürchtet sich ein bisschen vor ihnen, die so anders sind als ihre eigenen Eltern. Großmutter und Großvater sind in allem das genaue Gegenteil von Ami und Api.

Dr. Elisabeth und Prof. Wilhelm. Sie erwarten uns an der Tür ihrer Wohnung in Tübingen. Elisabeth, klein und zierlich, mit ihrem freundlich-strengen, aufmerksam-durchdringenden Blick. Sie hat, wie immer, die grauen Haare hochgesteckt, trägt ein dunkelblau-graues Kleid, an dem die Bernsteinbrosche ihrer Mutter steckt. Hinter ihr, sie um mehrere Köpfe überragend, steht Wilhelm. Mit seinem Gesicht, dem man ansieht, dass er viel nachgedacht hat in seinem Leben, und das von schlohweißem, dichtem, halblangem Haar umrahmt ist. Er trägt, wie immer, einen dunkelgrauen Anzug und eine rot-blau gestreifte Krawatte. »Da seid ihr«, sagt Großmutter lächelnd. »Ihr müsst Hunger haben.«

Dr. Elisabeth und Prof. Wilhelm. Sie ist Nationalökonomin und Sozialwissenschaftlerin und war lange Vizepräsidentin des Deutschen Kinderschutzbundes. Eigentlich hatte Großmutter Ärztin werden wollen, aber das war Frauen damals verwehrt. Also hatte sie den einzigen für Frauen zugelassenen Studiengang genommen. Sie hatte promoviert, doch ihr Leben lang nur nebenher gearbeitet, in Ehrenämtern. Großmutter war überwiegend für ihren Mann und ihre Kinder da gewesen. Ihre brachliegende Energie ist immer auf der Suche nach neuen Betätigungsfeldern.

Wilhelm ist Erziehungswissenschaftler und Philosoph, einer der Begründer der Reformpädagogik. Die beiden waren aktiv in der Jugendbewegung und haben sich im Serakreis kennengelernt: Frauen und Männer mit blumenbekränzten Haaren, die Männer in weiten Hemden und die Frauen in gürtellosen Reformkleidern. Junge Menschen, die sich zu Beginn des 20. Jahrhunderts gegen Einengungen durch Konventionen stellten.

Seit 1917 sind Elisabeth und Wilhelm verheiratet. Was nicht immer einfach war, vor allem nicht für sie. Im Nachhinein verstehe ich. In der Nazizeit ist es für Elisabeth als »Halbjüdin« eine Frage auf Leben und Tod, dass ihr arischer Mann bei ihr bleibt. Dafür musste sie offenbar so einiges wegstecken, zum Beispiel die Sache mit den Frauen. Noch an seinem 100. Geburtstag – 20 Jahre später, da ist meine Großmutter seit zwei Jahren tot – musste eine Geliebte von Großvater von seiner Schwiegertochter an der Tür abgewiesen werden. Die in der Familie gefürchtete Strenge meiner Großmutter hatte also viele Gründe.

Elisabeths Mutter war in Paris aufwachsen, ihr Vater kam aus Posen. Er stammte aus einer nicht religiösen jüdischen Familie und war Physiker bei den Zeiss-Werken. Er starb früh, viele Jahre bevor die Nazis an die Macht kamen. Großmutter hingegen geriet mitten hinein in den nationalsozialistischen Terror, die Bedrohung hat die ganze Nazizeit über ihr geschwebt. Sie wurde 1933 aus der Volkshochschule entlassen, an der sie unterrichtete. Bei jedem Türklingeln sei sie zusammengezuckt, erzählte mein Vater später.

Und auch für Wilhelm und die vier Kinder war es nicht ganz einfach. Großvater drohte, als mit einer »Halbjüdin« Verheirateter, permanent die Entlassung aus der Hamburger Universität. Und Anne, die älteste Schwester meines Vaters, durfte nicht Musik studieren und sondierte ab 1938 die Möglichkeiten einer Emigration nach London. Aber alles war kompliziert und teuer, und irgendwie ging es ja auch noch. Und so blieben sie in Deutschland.

Später, als Jugendliche, bin ich mal in den Osterferien zu Großmutter gefahren, mit einem Kassettenrekorder im Gepäck. Ich wollte genauer wissen, wie das war, in der Nazizeit. »Stimmt es, dass du einen Strick am Balkon befestigt hattest, damit du dich aus dem Fenster runterlassen kannst, wenn sie vor der Tür stehen?«, fragte ich, ein klein wenig sensationsgierig. Aber Großmutter winkte immer nur ab. »Ich war doch blond und blauäugig und sah gar nicht jüdisch aus. Da drohte mir doch gar keine Gefahr«, sagte sie. Und damit war das Thema für sie erledigt.

Nicht so für meinen Vater, ihren Jüngsten. Jedes Mal, wenn ich später umzog und er meine neue Wohnung betrat, fragte er als Erstes nach den Fluchtwegen. »Du brauchst eine Strickleiter von zirka drei Metern Länge«, sagte er und schaute aus dem Fenster, die Höhe abzuschätzend, »falls es mal brennt.« Und sehr viel später, auf meine Nachfrage, sagte er noch etwas: »Ami und Api haben es nie erfahren, Mutters Herkunft. Ich habe es vor ihnen verborgen. Aber es spielte ja eigentlich auch keine Rolle.«

Wir kommen an in Tübingen und betreten die moderne Wohnung mit dem weiten Blick über die Stadt.

Geradeaus das Herzstück, das Arbeitszimmer von Großvater. Er hat es eben erst verlassen, durch das bodenlange schmale Glasfenster sieht man noch die Schreibtischlampe brennen. Rechts die Bücherwand und die Bauhausmöbel. Diese Möbel und den dazu passenden Teppich hatte Großmutter in den 1920er-Jahren in Auftrag gegeben. Sie hatte lange mit den Entwerfern vom Bauhaus korrespondiert, ihr entschiedener Ton dringt noch heute durch in dem erhaltenen Briefwechsel, und der Entwurf war eigens an die Bedürfnisse von Großvater angepasst worden. Die Möbel haben ihn sein ganzes Lebens lang begleitet.

»Habt ihr denn heute schon ürschendetwas gegessen?«, fragt Großvater in seinem weichen thüringischen Singsang. »Da müsst ihr euch jetzt aber erst mal gräftisch stärken.« Er ist der Sohn eines Eisenbahners aus Weimar, der Einzige von vier Brüdern, der studieren durfte.

Meine Schwester und ich schauen wenig erwartungsvoll hinüber zum gedeckten Tisch. Schwarzbrot und Quark. Und eine Kanne Pfefferminztee. Im Hintergrund steht der Fernseher. Er ist, wie immer, mit einer selbst gewebten Decke verhängt. Sie wird nur abgenommen, wenn etwas im Fernsehen kommt, das Großmutter und Großvater interessiert. Also nie.

Großmutter kommt mit einer Gemüsebrühe aus der Küche. Sie hat die letzten Worte von Großvater gehört. Erst schaut sie zu ihm, dann zu uns. »Abends sollte man nicht so viel zu sich nehmen«, sagt sie, »das tut dem Magen nicht gut.«

»Abends sollte man nicht so viel zu sich nehmen, das tut dem Magen nicht gut.« Den Satz muss ich mir einprägen. Er muss unbedingt heute Abend eingebaut werden, in meine Nachtvorstellung. Gleich nach dem Essen werden wir zu Andreas, dem Bruder meines Vaters, und seiner Familie gehen. Andreas wohnt mit seiner Frau Sonia und sieben Kindern fünf Minuten von hier, bei ihnen werden wir heute übernachten. Unsere Cousinen, die Zwillinge Ursula und Gabriele, warten schon auf uns. Auf uns und die Nachtvorstellung des Stückes, das in vielen Varianten immer wieder gespielt wird. Erfunden wurde es in den gemeinsamen Skiferien, die wir einmal im Jahr auf der einsamen Schweizer Berghütte mit Tante Sonia, den Zwillingen und unserem Vater verbringen.

In dieser Hütte gab es keinen Strom, nur Kerzen und Taschenlampen. Hier, in der Dunkelheit der nächtlichen Berge, wurden sie geboren, die Geschichten von »Wilhelm und Lisi«. Jeden Abend, wenn wir im Kinderraum nebeneinander in unseren Schlafkojen liegen, hole ich die beiden Taschenlampen raus: Die schwache Lampe mit dem weichen Licht ist Großvater, die mit dem starken und spitzen Licht Großmutter. Und die Geschichten haben stets den gleichen Ablauf.

Zu Beginn wandert das große weiche Licht gemütlich über die Holzdecke. Es bleibt in der Mitte stehen und lässt sich in einen Kaffeehaussessel plumpsen. »Hmmm«, sagt das weiche Licht und nimmt einen ersten Schluck von seinem dicken Sahnekaffee mit Rum und Zucker. Plötzlich und unerwartet springt das kleine helle Licht hinter einem Hüttenbalken hervor. »Wilhelm!«, ruft das spitze Licht empört, »Kaffee? Um diese Uhrzeit?« Das weiche Licht beginnt unruhig zu flackern. »Wilhelm! Wir wollen jetzt keinen Kaffee mehr trinken! Schon gar nicht mit Rum! Und Zucker!« Eilfertig antwortet das weiche Licht: »Aber natürlich, Lisi, wie konnte ich nur.« Der letzte Satz wird am Ende von uns allen vieren im Chor wiederholt: »Aber natürlich, Lisi, wie konnte ich nur.«

Als wir nach dem Essen bei Onkel Andreas und Tante Sonia eintreffen, steht Tante Sonia schon an der Tür. »Ach«, sagt sie mit ihrem freundlichen Schweizer Tonfall. Und: »Schön.« Sie trägt einen handgewebten Wollrock und eine Bernsteinkette. Tante Sonia sieht wie immer erleuchtet aus. Ihr krauses Haar steht wie ein Strahlenkranz um ihren

Kopf. Hinter ihr, um viele Köpfe größer, steht Onkel Andreas. »Herein«, sagt er in seiner bedächtig liebenswürdigen Art. Wie sein Vater ist auch er Pädagogik-Professor. Die Ehe ist gut, die große Familie, alles stimmt. Von oben blitzt der weiche Lichtkegel einer Taschenlampe auf. Ursula und Gabriele kommen die Treppe herunter und grinsen meine Schwester und mich an.

»Ihr geht jetzt sicher raus, bei diesem herrlichen Wetter«, sagt Großmutter, als wir am nächsten Mittag im Hotel in Oberstdorf ankommen. Die freundlichsten Sätze klingen bei ihr immer ein bisschen ermahnend. Aber Großmutter hat recht, wie immer. Es ist wirklich das allerschönste Winterwetter. Blauer Himmel und frischer Schnee. Wir greifen unseren Holzschlitten und steigen den Rodelhang hinauf.

Die Sitzverteilung auf dem Schlitten ist von jeher festgelegt. Hinten mein Vater, ich in der Mitte und vorne meine Schwester. Ihr kann es gar nicht steil genug sein, sie hat die Schlittenzügel in der Hand und lacht schon nur beim Anblick des hinunterstürzenden Hangs. Ich hingegen schaue mit einem Auge vorsichtig an ihrem Rücken vorbei in die Tiefe.

Schnell ziehe ich mich auf meinen sicheren warmen Platz zwischen den beiden zurück und klammere mich an den Rücken meiner großen Schwester. Manchmal ziehe ich mir die Mütze über beide Augen und schiebe sie erst wieder hoch, wenn unser Vater im Tal seine Hacken in den Schnee gerammt hat und wir mit einer großen Schneewolke zu Stehen gekommen sind.

Großvater sitzt im Zimmer und schreibt, aber Großmutter erwartet uns schon, als wir am frühen Abend zurückkehren. »Nachher, zum Abendessen, tut sicher eine warme Gemüsesuppe gut«, sagt sie. Aber mein Vater hat eine bessere Idee. Er schleicht sich hinaus in den Flur, auf Zehenspitzen vorbei an dem Zimmer der Großeltern. Wenig später taucht er wieder auf, in den Händen zwei duftende Tüten. »Heute bleibt die Küche kalt, wir gehen in den Wienerwald«, flüstert er und öffnet die festen Papiertüten. Gebratene Hähnchen, dazu Fritten mit Mayonnaise. Meine Schwester und ich klatschen in die Hände. Das Signal für meine elektrische Eisenbahn, das ich zu Ostern bekommen hatte, war keine schönere Überraschung gewesen.

Wir haben fast alles vertilgt. »Hunger«, sagt meine Schwester mit versiegender Stimme und schaut mich an. Meine letzte Fritte verschwindet in ihrem Mund. Jetzt muss nur noch der verräterische Hühnchenduft verschwinden. Mein Vater reißt das Fenster auf. Ich wedele mit dem Erfrischungstuch vom Wienerwald. »Nein, Tina«, stöhnt meine Schwester und entreißt mir den kleinen Viskoselappen, »diesen Geruch kennt doch jeder!« Mein Vater sammelt derweil die Knochen in der Papiertüte. Mit dreimaligem Falten versucht er, sie luftdicht zu verschließen. Aber wohin damit? Er schaut sich rasch im Zimmer um, wie ein Juwelendieb mit seiner Beute. Sein Blick fällt auf das Bett, auf den Schrank. Auf das offenen Fenster.

Er beugt sich hinaus. Der Nagel hinter dem Fensterladen. Er reckt sich und hängt die Papiertüte an die Fassade des Hotels. Die leuchtend weiße Tüte mit dem großen grünen Aufdruck »Wienerwald« und dem dicken neongelben Huhn daneben. Nein, das geht auch nicht, murmelt mein Vater, das ist ja kilometerweit zu sehen. Er greift sich die Tüte, öffnet vorsichtig die Tür und schleicht erneut über den Flur. Wenig später ist er wieder da, er hat eine Mülltonne hinter dem Hotel gefunden. Die Erleichterung ist ihm anzusehen. Das Fenster bleibt, trotz der Kälte, sicherheitshalber geöffnet.

Eine Stunde später klopft Dr. Elisabeth an die Tür, sie kommt uns abholen, zum Abendessen. »Ja, Mutter«, ruft mein Vater, »komm herein.« Großmutter verharrt einen Moment an der offenen Türe und schaut im Zimmer umher. »Habt ihr ein bisschen geruht?«, fragt sie. »Aber ja«, rufen wir alle drei zusammen. »Schön«, sagt sie und lächelt. »War ja auch wirklich ein herrlicher Tag.« Sie hat die Hand schon auf der Klinke, da dreht sie sich noch mal um und sieht meinen Vater geradewegs an. »Wenn du findest, dass die Kinder nicht genug zu essen bekommen, sag einfach in der Küche Bescheid.« Dann schließt Großmutter hinter sich die Türe.

Am Abend sitzen Mutter und Sohn oft noch lange zusammen. »Sie kann sich doch durchaus eine Auszeit nehmen«, höre ich Großmutter sagen, als meine Schwester und ich in den Salon kommen, um Gute Nacht zu sagen. Es geht um unsere Mutter. »Warum aber hat sie diese Erschöpfung?«, fragt Großmutter und schaut meinen Vater mit ihrem durchdringenden Blick an. Sie macht sich Sorgen, um ihn, um meine Mutter, um uns. Großmutter kann man nichts vormachen, sie riecht einfach alles.

Meine Mutter kommt von der Kur zurück. Wir stehen an der Tür und erwarten sie. Sie sieht erholt aus und wirkt zufrieden. Kurz darauf sind wir wieder zu fünft. Frau Tasch ist auch wieder da. Mein Vater bringt Zeitungsartikel mit nach Hause. Ein

Bericht über eine Ausstellung im Kunstverein Hannover und eine Sonderbeilage der Hannoverschen Allgemeinen Zeitung. »Alles für das Kind« steht in großen Buchstaben über einem Foto von konzentriert lernenden Kindern in meinem Alter. Darunter ein Bild der Autorin. Es zeigt eine Frau mit großer Brille und langen Haaren: Frau Tasch.

In Frühjahr 1970 bitten unsere Eltern meine Schwester und mich zu einem offiziellen Gespräch ins Wohnzimmer. Jetzt ist es also so weit, denke ich angstvoll. Die magische Vier. Ich hätte vier statt drei Stifte in mein Federmäppchen tun müssen, die Treppe in vier statt in fünf Sprüngen schaffen müssen, im Garten länger nach dem vierblättrigen Kleeblatt suchen müssen. Wir setzen uns bang auf die Armlehne der Stühle. Mein Vater sagt: »In ein paar Monaten ziehen wir nach New York.« Meine Mutter sieht zum ersten Mal seit Langem glücklich aus.

Ich bekomme neue Schuhe und muss nicht mehr die abgetretenen Latschen meiner Schwester auftragen. Aber mich quälen viele Fragen: Wird meine Freundin Susanne noch meine beste Freundin sein, wenn ich nach einem halben Jahr zurückkomme? Werde ich wieder in die Klasse von Frau Gallop kommen? Wird das Jesuskind noch da sein?

Der letzte Schultag. Frau Gallop zwinkert mir zu und prophezeit, dass ich fließend Amerikanisch sprechen werde, wenn ich zurück bin. Meine Schwester wird unter Anleitung von Herrn Timm von der ganzen Klasse mit einem Gedicht von Christian Morgenstern verabschiedet.

Vorher verbringen wir noch eine Ferienwoche bei Ami und Api in Celle. Wir fahren über schmale Landstraßen von Hannover nach Celle, vorbei an großen alten Bauernhöfen aus Ziegelstein. Und sind schon kurze Zeit später da. Wenn man bei Ami und Api ankommt, ist es immer so, als hätte man eine wochenlange Reise mit der Postkutsche hinter sich. »Kinder, endlich!«, ruft Ami und läuft mit ausgebreiteten Armen auf uns zu. Und Api sagt anerkennend: »Ihr seid ja gut durchgekommen.« So als habe der Weg von Hannover nach Celle durch das Riesengebirge geführt. Er drückt uns lange und gibt uns dicke Küsse auf beide Wangen.

Unsere Mutter wird dann immer sofort zur Tochter, kaum hat sie die Schwelle des Hauses überschritten. »Vati, wie geht es dir?«, fragt sie höflich. Und dann stellt sie meistens gleich ganz direkt die eine Frage: »Verträgst du das Antidepressivum jetzt besser?« Die Depressionen in der Familie. Es wird ganz offen über sie gesprochen, auch vor uns Kindern. Irgendjemand hat sie immer. Und Api testet an sich selber die verschiedensten Medikationen, die er dann als Empfehlungen an die Familie weitergibt. »Es ist gut verträglich«, sagt er, halb Arzt, halb Patient, »aber es macht doch müde. Ich werde die Dosis verringern und noch ein weiteres, neues Medikament austesten.«

Als Gudrun, die ältere Schwester meiner Mutter, viele Jahre später einen runden Geburtstag hat, plante sie ihn wochenlang, mit großer Vorfreude. Sie mietete eine Restaurant am See und lud die ganze Familie ein, rund 50 Menschen. Einen Tag vor dem großen Ereignis stürzte sie in eine tiefe Depression. Das Fest wurde trotzdem gefeiert. Am Kopfende saß ein versteinertes Geburtstagskind, auf das fröhliche Reden gehalten wurden: »Wie wir alle wissen, geht es dir heute nicht so gut. Aber wir lassen dich trotzdem hochleben und freuen uns, dass du – trotz der Depressionen – mit uns feierst.« Es wurde nicht versteckt. Das hätte auch keinen Zweck gehabt. Denn in fast jedem Zweig der Familie meiner Mutter gab es Menschen, die sie hatten. »Was ist das, eine Depression?«, habe ich Api einmal gefragt. »Eine Scheiß-Krankheit«, antwortete er.

Wir sind wieder da, in der anderen Welt. Einer Welt der Geborgenheit in unerschütterlichen Strukturen. Morgens um zehn Uhr sitzen wir auf der Terrasse, und Ami zündet sich eine HB an. Sie gießt sich noch eine Tasse Kaffee ein und sagt: »Kinder, jetzt wird's gemütlich.« Dann holt sie Zettel und Stift hervor. Ich schaue meine Schwester zufrieden über den Frühstückstisch hinweg an. Doch ihr Lächeln ist anders als früher. Sie bestellt sich keinen Kassler, sondern Gemüse.

Schon seit ein paar Monaten ist das Essen meiner Schwester ein Thema. Sie hat plötzlich zugenommen. Obwohl sie bisher immer das Gleiche gegessen hat wie ich. Meine Mutter kauft jetzt ein seltsames Pulver für sie und Fleisch, das ganz flach und zäh ist. »Schuhsohle«, hat meine Schwester gesagt und mich traurig angelächelt. Meine Mutter hat Ami Esseninstruktionen gegeben.

Es ist Nachmittag. Ami hält ihren Mittagsschlaf, und Api ist wieder in der Praxis. Meine Schwester und ich schleichen uns in Apis Arbeitszimmer. Ich, wie immer, hinter der großen Schwester her. Mit pochendem Herzen und in der Gewissheit, dass ich mich im Fall der Fälle hinter ihr verstecken kann. Dunkle Holzregale bis zur hohen Decke, gefüllt mit Büchern, am Fenster ein dunkler schwerer Holzschreibtisch. Darauf liegt eine grüne Schreibunterlage aus Gummi, eine Briefwaage, ein Brieföffner aus Messing. Ein Zettelkasten, ein Bleistiftbecher, Kugelschreiber. Sie tragen lange komplizierte Namen die auf ...pharm enden. Oder ...sol. Oder ... cin. Kleine Aufmerksamkeiten, die Vertreter von Pharmaunternehmen in der Praxis von Api hinterlassen haben.

Neben dem Schreibtisch ein brauner ovaler Papierkorb, der aus fester, leicht glänzender Pappe gepresst und mit Jagdszenen aus dem letzten Jahrhundert verziert ist. Dramatische Szenen spielen sich hier ab. Männer auf Pferden toben um das Oval des Papierkorbs herum, sie schießen mit langen Flinten auf einen sich hochbäumenden Hirsch. Die Papierfetzen in der Mitte der Schlacht eignen sich hervorragend zum Drehen von kleinen länglichen Rollen, die den Zigaretten von Ami ähnlich sehen. Und schon bald sitzen meine Schwester und ich auf den grünen Samtsesseln und paffen mit übereinander geschlagenen Beinen. Die Schritte von Hedi schrecken uns hoch.

Hastig werfen wir die glimmenden Stengel in den Papierkorb und reißen ein Lesebuch aus dem Regal. Was erwartet uns, ein Donnerwetter oder ein milder Blick? Nach einem völlig undurchschaubaren Prinzip ist Hedi mal auf unserer Seite, mal auf der Seite von »Frau Doktor«. Uns gegenüber würde sie nie von Ami sprechen. Die Tür fliegt auf, und wir schauen erstaunt von unserer Lektüre auf. Erst als wir Hedis geweiteten Blick wahrnehmen, drehen wir uns um. Aus dem Papierkorb schlagen helle Flammen, aus den Jagdgewehren kommt echter Rauch.

Nach dem Mittagsschlaf wird Frau Doktor informiert. »Himmel, Arsch und Zwirn!«, flucht sie, »musste das denn sein!« Dann setzt sie sich an den Esstisch und zündet eine HB an. Ihre dunklen Augen schauen unbestimmt in Richtung Fenster. Sie zieht den Rauch ein und bläst ihn wieder aus. Sie denkt über eine Strategie nach.

»Also«, sagt sie nach einigen Minuten, »wir stellen uns der Größe nach auf und sagen im Chor: ›Api, wir entschuldigen uns!‹« Meine Schwester und ich, wir sehen uns an. Uns ist klar, dass es jetzt nur um eins geht: um die totale Unterwerfung. Uns ist klar, dass Ami ein Teil dieser Selbstdemütigung sein muss. Sie ist es, die von ihm zur Verantwortung gezogen werden wird. Wenig später stehen wir dem angeschmorten Papierkorb gegenüber und üben: »Api, wir entschuldigen uns!«

Api betritt um Punkt halb sieben das Haus. Wir hören ihn summen, als er die Schlüssel auf den kleinen Tisch unten am Eingang legt. Wir sind nervös. Wir haben keine Gewalt zu befürchten. Es äußert sich anders. Wenn Api beleidigt ist, dann ist er sehr beleidigt. Dann kann es passieren, dass er den ganzen Abend nicht mit uns spricht und uns seine Enttäuschung über unser Fehlverhalten durch stundenlange Nichtbeachtung und bleiernes Schweigen demonstriert.

Wir hören ihn summend die Treppe hochkommen. Wird Amis Strategie aufgehen? Wir stehen dem verkohlten Papierkorb gegenüber, als er das Zimmer betritt. Api ist klein, kleiner als Ami. Das sehe ich erst jetzt, in diesem Augenblick. Ami zählt leise den Einsatz an: eins, zwei, drei. Wie aus einem Mund schallt es: »Api, wir entschuldigen uns!« Meine Schwester erklärt, dass »wir hier dummerweise ein kleines Feuer entfacht haben, weil uns ein Streichholz in den Papierkorb gefallen ist.« Keine Rede von den Zigaretten. Ich bin starr vor Bewunderung über diesen Coup. Ich nicke eilfertig. »Es tut uns sehr leid, wir werden dir den Papierkorb ersetzen.« Meine große Schwester, was für ein Verhandlungsgeschick. Großartig. Ich nicke. Als die Vorstellung zu Ende ist, entsteht eine kleine Pause. Api schweigt. Schaut von einem zum anderen. Dann sagt er: »Na, dann wollen wir mal essen.« Der Abend ist gerettet.

Es sind unsere letzten Tage, bevor wir nach Amerika abreisen. Wir lassen am Ende des Gartens Schiffe in den Bach gleiten und schauen ihnen zu, wie sie, unaufhörlich kreiselnd, hinter der Biegung verschwinden. Wir klingeln bei den Nachbarn und laufen kichernd weg. Meine Schwester hat einen neuen Spruch aufgeschnappt. Wir hocken uns in den Vorgarten hinter die Rhododendron-Sträucher. Ich bin der Beobachtungsposten. Wenn ich jemanden nahen sehe, husche ich hinter meinen Strauch. Dann zählen wir bis drei und sagen im Chor: »Hast du Haschisch in den Taschen, hast du immer was zu naschen.« Es dauert zwei Sekunden. Dann kommt mürrisches Gemurmel. Manchmal aber auch schallendes Gelächter.

Nach einer Woche holen uns unsere Eltern ab. »Kinder, endlich!«, ruft Ami, als die Postkutsche eintrifft. Nach dem Kaffee, der sich bis in den Abend hinzieht und Kirschkuchen, Baiser mit Schlagsahne, Bienenstich, Butterhörnchen, gefüllte Pralinen, Salzgebäck und einen Cognac für die Herren beinhaltet, brechen wir auf. »Müsst ihr denn wirklich schon fahren?«, ruft Ami. Die Abschiede werden noch stärker zelebriert als die Ankünfte. Ami und Api stehen auf dem Bürgersteig, und wir rollen im VW Käfer auf die Straße, vorbei an dem zerbeulten Schild »Arztausfahrt, bitte freihalten«.

Unsere Mutter hat das Fenster heruntergekurbelt, und Ami reicht eine Schachtel »Erfrischungsstäbchen« nach hinten durch, Schokoladenstäbchen, mit klebriger Zuckermasse gefüllt, die meine Schwester und ich sofort öffnen. Dann streichelt sie meiner Mutter den Arm. »Passt gut auf euch auf und fahrt vorsichtig und ruft an, wenn ihr da seid, es war schön, dass ihr da wart, und habt ihr auch alles?« Der Abschied am offenen Fenster, er braucht auch noch mal seine Zeit. Denn das wirklich Wichtige wird in diesen letzten Minuten gesagt. »Und Kinder, vertragt euch, reißt euch jetzt mal zusammen, mit ein bisschen gutem Willen wird das ja wohl möglich sein, Himmel, Arsch und Zwirn, und gute Fahrt und passt auf euch auf und fahrt vorsichtig und ruft an, wenn ihr da seid.«

Unsere Mutter winkt mit der Hand aus dem geöffneten Fenster. Ami und Api stehen jetzt mitten auf der Straße, damit sie uns länger sehen können. Ami wirft uns Kusshände hinterher, und Api hat sein Stofftaschentuch aus der Hosentasche gezogen. Da stehen die beiden nebeneinander und werden kleiner, immer kleiner. Meine Schwester und ich schauen durch das Rückfenster. Wir winken und winken und winken, bis Ami und Api am Horizont verschwunden sind.

*

Mittlerweile war es Mittag. Seltsam, dass sie sich immer noch nicht gemeldet hatte. Hatte das Jobcenter denn den ganzen Tag geöffnet? Saßen den ganzen Tag Menschen vor ihren Arbeitsberatern und fürchteten sich?

Wann hatte es eigentlich begonnen? Wann hatte ich das erste Krisengespräch mit meiner Schwester gehabt? Es war im Oktober vergangenen Jahres gewesen, fünf Monate zuvor. Da hatte ich hier an meinem Schreibtisch gesessen, und meine Schwester hatte mich angerufen. »Mir ist gekündigt worden«, hatte sie gesagt und schnell hinzugefügt: »Es ist nicht so schlimm wie beim letzten Mal.«

Das letzte Mal war 2005 gewesen, vor elf Jahren. Auch da war sie gerade arbeitslos geworden. Sie war Trainerin in einem Fitnessclub gewesen und hatte ihren Job verloren, weil sie Stundenzettel zu ihren Gunsten ausgefüllt hatte. Den Arbeitsprozess hatte sie gewonnen. Aber sie war voller Scham, noch Jahre danach. Ihre Angst hatte sich von Tag zu Tag gesteigert und war schließlich turmhoch geworden. Damals war sie nach Eppendorf in die Klinik gekommen. Mein Vater hatte sie dorthin gebracht.

Ansgar, mein Arzt-Cousin, hatte sie gleich übergeben an seinen Kollegen von der Psychiatrie.

Ich hatte damals an der Stationstür der Psychiatrie geklingelt. Ich hatte den behandelnden Arzt um eine Unterredung gebeten. Eine Krankenschwester öffnete und führte mich in einen Raum. Kurz darauf kam der Arzt. Er trug einen weißen Kittel und setzte sich hinter seinen Schreibtisch. Er sah mich an und wartete. Ich schwieg. Er hatte seine Hand auf einer Mappe abgelegt, die links auf dem Schreibtisch lag. Er fragte mich nach unserer Kindheit. Ich bemühte mich, einen festen und stabilen Eindruck zu machen. Ich wollte auf keinen Fall verrückt wirken. Ich antwortete präzise, ich hatte mich vorbereitet. Ich sagte, dass meine Schwester früher Blusen zerschnitten hat, dass sie Essstörungen hatte. Ich fühlte mich schlecht, dass ich so viele negative Dinge über meine Schwester erzählte.

Meine Mutter, sagte ich, hat uns Kindern immer gesagt, dass sie nicht älter als 47 werden wird. Mit dieser Zahl, 47, sind meine Schwester und ich aufgewachsen. Warum gerade die 47? Ich weiß es nicht. Meine Schwester war jetzt 47 Jahre alt.

Der Arzt machte sich keine Notizen. Er schaute mich weiter aufmerksam an. Sein Kugelschreiber steckte in der Brusttasche, es stand ein Name auf dem Clip, der mit ...pharm endete. Er sagte, dass er meiner Schwester weiter Medikamente geben möchte, aber dass sie die schlecht annimmt. Er hatte einen Platz für sie in einer psychosomatischen Klinik besorgt. Er schaute mich weiter an.

Die Selbsttötung, sagte der Arzt, sei für meine Schwester eine Möglichkeit der Konfliktlösung geworden. Diesen Korridor habe meine Mutter für sie geöffnet. Er nahm seine Hand von der Mappe und begann, darin zu blättern. Dann sah er mich wieder an. »Vor 21 Jahren«, sagte er, »habe ich auch Ihre Mutter behandelt.«

Ich ging den Flur entlang und klopfte an der Zimmertür meiner Schwester. Sie saß auf dem Bett und sah klein und blass aus. Von hier oben sah man die Bäume, die Dächer der Häuser, die Menschen und Autos, die sich wie langsame Käfer vorwärtsbewegten. Meine Schwester hatte einen fantastischen Blick über ganz Hamburg. Es ging sehr tief runter.

»Lass uns rausgehen«, sagte ich. Wir fuhren mit dem Fahrstuhl nach unten und gingen in den Park. Ein kleines Stück, groß wie eine Verkehrsinsel im Kreisverkehr, das wir wieder und wieder umrundeten. Dann setzten wir uns auf die einzige Bank. »Ich habe da gestern am Fenster gestanden«, sagte sie, »aber es ging nicht auf.« Ich schaute zu dem Hochhaus hinauf. »Warum wolltest du es öffnen?«, fragte ich. Sie schwieg. »Ich wollte runterspringen«, sagte sie schließlich. »Ich wollte es wirklich tun.« Sie schien selber bestürzt über ihre eigenen Worte. Sie hatte es zum ersten Mal ausgesprochen.

»Wir hatten uns versprochen, dass wir uns vorher anrufen, sollten wir das jemals vorhaben«, sagte ich. Das hatten wir, nach dem Tod unserer Mutter. Sie sah mich seit Stunden zum ersten Mal an. Sie schwieg. Ich blickte hoch zu den Bäumen, die die kleine Rasenfläche umstanden. Die allerersten Knospen zeigten sich an den kahlen Ästen.

»Der Arzt sagt, du willst die Medikamente nicht mehr nehmen«, sagte ich. Der Mann mit dem Kugelschreiber in der Brusttasche, der sich keine Notizen gemacht hat. Der Mann, der auch unsere Mutter behandelt hatte. Wusste meine Schwester das? Er hatte es damals nicht verhindern können.

»Ich will keine Medikamente«, sagte meine Schwester nur. »Warum nicht?«, fragte ich. Sie gab keine Antwort. Der Arzt hatte von einer psychosomatischen Klinik auf der anderen Seite der Elbe gesprochen. Er hatte gesagt, das wäre eine Chance für sie. Er hatte einen Platz reserviert. »Das hat doch alles keinen Zweck«, sagte meine Schwester. Ich sagte: »Es ist eine Chance für dich.« Ich sagte es immer wieder. Nach drei Stunden willigte sie ein.

*

Wir beziehen eine kleine Wohnung im Hotel Alden, Central Park West, 82. Straße. Sie ist vollständig eingerichtet, zwei Zimmer und eine Küchenecke im 16. Stock. Eigentlich ist es der 15., aber man hat die 13. Etage kurzerhand zur 14. erklärt. Die Zahl 13 bringt Unglück. Und so springt der Fahrstuhl von 12 auf 14. Unten am Eingang steht ein Portier hinter dem Empfangstresen. Und es gibt Postfächer, in die die Briefe einsortiert werden. Die Wohnungen werden einmal die Woche geputzt. Es heißt Hotel Alden, aber es ist kein Hotel, es sind möblierte Apartments auf Zeit.

An unseren ersten Tagen laufen wir alle zusammen durch die Stadt, die Fifth Avenue hinunter. Sie quillt über mit Menschen, an den Ecken werden Würstchen in langen weichen Brötchen verkauft, die sie Hotdog nennen, aus den U-Bahn-Schächten steigt Dampf. Die gelben Taxis hupen, die Polizeiwagen heulen mit rot-weißen Lichtern an uns vorbei, und die bunten Menschen aller Hautfarben vermischen sich wie Wasserfarben, die man alle zusammen in ein Glas gerührt hat. Mein Nacken tut weh vom Hochsehen. Werden die Wolkenkratzer oben schmaler, oder sieht es nur so aus?

Am Morgen durchqueren meine Schwester und ich mit unserem Vater den Central Park. Die Rudolf Steiner School liegt gleich auf der anderen Seite des Parks. Mein Vater gibt uns am Eingang ab und geht weiter zur Ford Foundation, wo er in den kommenden Monaten arbeiten wird. Meine Mutter hat nur wenig Kleidung für uns eingepackt, das Gepäck war limitiert. Für mich sind zwei Hosen drin, eine für gut und eine für jeden Tag. Die für jeden Tag ist eine rote Latzhose aus Plastik. Die muss man nicht waschen, man kann den Schmutz einfach abwischen. Ich finde das cool.

An meinem ersten Schultag stehe ich vorne, und mein neuer Klassenlehrer, Mr. Peening, stellt mich vor. Ich trage meine rote Latzhose und sage: »Hi, my name is Betty and I am from Germany.« Die Mädchen kichern, die Jungen flüstern miteinander. Ich werde auf den einzigen freien Platz gesetzt, neben Curtis. Er ist der erste schwarze Mensch, den ich in meinem Leben aus der Nähe sehe. Curtis verzieht das Gesicht.

Die Wachsmalstifte sind die gleichen wie in Hannover, aber sonst ist alles anders. Die Schule ist klein, mit wenigen Schülern. Es gibt keine Aula, keine Monatsfeier, keinen Christian Morgenstern. Der Unterricht geht bis nachmittags, meine Schwester und ich sehen uns nur von ferne, wenn wir in der fensterlosen Kantine zu Mittag essen.

Zum Sportunterricht wird die 4th Grade mit gelben Schulbussen in eine nahe gelegene öffentliche Turnhalle gefahren. Meine Schwester aus der 5th Grade geht schon allein mit ein paar anderen Mädchen zu Fuß. Eines Tages wird sie von größeren Jungs umringt. Sie rufen: Money! Die Freundin meiner Schwester muss ihre Schuhe ausziehen. Unter der Einlage finden die Jungs die erwarteten paar Dollar. »Und dann haben sie eine Waffe gezogen«, erzählt meine Schwester abends, und ich reiße die Augen auf. »Danach?«, frage ich. »Ja«, sagt meine Schwester, »und da habe ich ihnen gesagt: ›We do not have more money.‹ Und da sind sie weg.« Unglaublich. Meine Schwester hat die Räuber verjagt. Meine Mutter schaut besorgt.

In der Turnhalle spielen wir ein seltsames Spiel. Vor Beginn werden zwei Mannschaften gebildet. Die erste Mannschaft führt Mark, die zweite Alison. Sie stehen vor uns und wählen. Sarah, Michael, Osiris, Debbi, David. Ich bleibe am Schluss übrig und werde als Beifang der Mannschaft von Alison zugeschlagen. Ich habe dieses Spiel noch nie gesehen. Einer aus Marks Mannschaft steht mit einem überdimensionalen Handschuh in der Mitte des Feldes. Die Spieler unserer Mannschaft bekommen nacheinander einen dicken Holzschläger in die Hand gedrückt. Er sieht aus wie eine große Zucchini. Damit muss man einen Ball ins Feld schlagen. Und dann losrennen.

Rennen kann ich. Ich schlage den Ball und laufe los. Zum ersten Stopp. Da bleibe ich stehen. »Go go go!«, ruft meine Mannschaft. Ich laufe zum zweiten Stopp. Zum dritten Stopp. Ich höre den Jubel meiner Mannschaft. Und dann habe ich das ganze Feld umrundet. Meine Mannschaft johlt und klatscht. Sie schlagen mir auf die Schultern. Ihr spürbares Erstaunen kränkt mich nicht, ich bin sehr stolz.

Endlich bin ich wieder dran. Ich schlage den Ball, werfe den Schläger weg und laufe. Ich laufe und laufe und laufe. Und habe wieder das ganze Spielfeld umrundet. Das gelingt sonst nur noch zwei anderen. Die sind Jungs. Meine Mannschaft jubelt. Beim nächsten Spiel werde ich von Curtis als Zweite ausgesucht. Von jetzt an freue ich mich auf den Sportunterricht und das seltsame Spiel, das sie Baseball nennen.

Und ich freue mich noch auf etwas: auf die Umkleidekabine. Nach uns ist immer eine Gruppe von Frauen da, sie ziehen sich für ihr Training um. So viele verschiedene Farben, fast jede Haut hat einen anderen Ton. Ganz schwarz, dunkelbraun, ockerfarben, gelb und weiß. Wie Erde, wie Sand, wie Schnee.

Keine der Frauen kümmert sich um ein achtjähriges Mädchen, das auf der Holzbank sitzt und sie anstarrt. Sie reden miteinander und stecken sich die Haare hoch. Ich brauche donnerstags lange, um meine Schuhe zuzubinden und meine Sportsachen in den selbst genähten blauen Turnbeutel zu verstauen, auf dem in großen, roten, schiefen Stichen mein Name steht.

Nach dem Überfall auf meine Schwester dürfen wir nicht mehr allein auf die Straße. Meine Mutter hat jetzt noch mehr Angst als vorher. Einmal darf ich allein einen Brief an Ami und Api in den Briefkasten vor der Tür des Hotel Alden einwerfen. Ich gehe an dem Portier vorbei, durch die Drehtür und trete auf die Straße. Ich spüre den Wind in den Haaren, ich höre das Hupen der Autos, und das Klingeln des Eisverkäufers am Eingang des Central Parks weht zu mir herüber. Auf der anderen Seite der Straße, gleich vorne im Central Park, ist mein Spielplatz, da wartet Deborah. Ich könnte jetzt zu ihr laufen.

Deborah hat lange dunkle Zöpfe und wohnt in dem Haus gegenüber vom Hotel Alden, ein paar Stockwerke unter uns. Sie kommt immer allein zum Spielplatz, ich werde von meiner Mutter begleitet. Ich hatte sie an der Rutsche angesprochen und mich mit auf ihr Kleid gesetzt, weil meine Plastikhosen die Fahrt stark verlangsamten. Deborah und ich verabreden uns fast täglich. Meine erste amerikanische Freundin. Wir können uns von unseren Wohnungen zuwinken. Deborah steht morgens schräg gegenüber im 10. Stock am Küchenfenster und ich im 16. Stock im Wohnzimmer.

Nach ein paar Monaten lädt sie mich zu ihrem Geburtstag ein. Die Mutter von Deborah setzt den Neuankömmlingen an der Haustür kleine bunte Hütchen auf den Kopf. Und so betreten wir alle schon sehr fröhlich das große Wohnzimmer. Deborah packt mein Knetgummi aus, das Standard-Mitbringsel zu allen Waldorf-Kindergeburtstagen. Sie legt es auf den Tisch und lächelt mich an. Dann nimmt sie mich an der Hand und stellt mich den anderen Kindern vor.

Wir spielen den ganzen Nachmittag, Deborahs Mutter läuft hin und her und legt selbst gebackenen Kuchen nach, die Großeltern sitzen am Tisch und schauen uns zu. Am Abend holt mich mein Vater ab. Er ruft mir quer durch den Raum auf Deutsch zu: »Kommst du?« Da gibt es auf einmal einen Tumult. Die Großeltern stehen plötzlich im Flur. »Get out!«, rufen sie. Ich muss mich beeilen, die Schuhe schnell anziehen, wo ist die Jacke, wo meine Tasche? Sie rufen noch mal »Get out!«. Ihr deutscher Akzent ist noch härter als der meines Vaters. Mein

Schnürsenkel ist offen, ich bin an der Tür. Mein bunter Geburtstagshut sitzt noch auf dem Kopf. Ich blicke mich um. Deborah steht an der Wohnzimmertür. Wir sehen uns zum letzten Mal.

Mein Vater findet, dass wir mal richtig amerikanisch essen gehen müssen. Also gehen wir in ein amerikanisches Restaurant. Dort gibt es Hamburger und Fritten und Coca-Cola. Essen gehen finden meine Schwester und ich aufregend. Sich hinsetzen, eine Karte studieren und sich aussuchen, was man möchte. Und noch aufregender ist es, dass wir amerikanisch essen werden. Wir haben noch nie einen Hamburger gegessen.

Wir betreten den großen Raum mit der langen Theke. Hinter der stehen Frauen und Männer mit müden Gesichtern und kleinen Papierschiffchen auf dem Kopf. Meine Schwester und meine Mutter besetzen einen der Plastiktische, an denen die Plastikstühle festgewachsen sind. Mein Vater und ich gehen zu der langen Theke und bestellen. Wenig später sitzen wir vor unseren Plastiktabletts und versuchen zu verstehen, wie man das dicke weiße Brötchen zusammen mit der großen Fleischbulette gleichzeitig in den Mund bekommen soll. Meine Mutter ist der Meinung, die obere Hälfte des Brötchens sei der erste Gang, die Bulette das Hauptgericht und die untere Brötchenhälfte die Nachspeise. Dem widerspricht mein Vater mit Hinweis auf die verbindenden Elemente des Ketchups und der Mayonnaise.

Während unsere Eltern den Hamburger wie ein gerade gelandetes Ufo von allen Seiten betrachten, beißen meine Schwester und ich in alle Schichten gleichzeitig. So machen es die anderen hier im Raum auch. Meine Mutter zieht mit spitzen Fingern ein kleines Stück der weichen Bulette heraus und steckt es vorsichtig in den Mund. Dann pickt sie ein wenig in den Fritten herum und schiebt das Tablett beiseite. Sie hat immer schon wenig gegessen, sie achtet auf ihre Figur. Für eine bessere Verdauung nimmt sie Tabletten ein und isst Joghurt mit Leinsamen. Dieses Restaurant ist einfach ganz außerhalb ihrer Welt.

Meine Mutter nickt meiner Schwester aufmunternd zu. »Dann isst du eben morgen weniger«, sagt sie, »du kannst heute ruhig mal eine Ausnahme machen.« Nach zwei Minuten ist der Hamburger meiner Schwester weg. Sie schaut auf den Rest von meinem und formt mit ihren Lippen ein lautloses: »Hunger ...« Natürlich reiße ich ein Stück ab und schiebe es ihr zu. Sie lächelt mich an, mit einer kleinen Spur von Schuldbewusstsein.

Mein Vater ist auf einmal weg, und plötzlich sehen wir ihn mit vor der Brust verschränkten Händen von Tisch zu Tisch gehen. Wie der soignierte Geschäftsführer eines Drei-Sterne-Lokals bleibt er vor jedem Plastiktisch stehen, neigt den Kopf zur Seite und fragt die verwunderten Menschen, die da vor ihren Tabletts sitzen, ob alles zu ihrer Zufriedenheit ist. »Yes, thank you«, sagen sie erstaunt und drehen sich nach ihm um. Nachdem er die Runde durch das ganze Lokal gemacht hat, kommt mein Vater auch zu unserem Tisch. »Gnädige Frau, die jungen Damen«, hebt er an und reibt die Handflächen aneinander. »Auch bei Ihnen war alles recht?« Meine Mutter lacht und lacht, und meine Schwester und ich schauen uns zufrieden über die Berge von Papier und Plastik hinweg an. Unsere Mutter lacht in letzter Zeit nicht oft. Meistens liegt ein Schatten über ihr. Und oft beklagt sie sich über irgendetwas. Er hat es geschafft, sie zum Lachen zu bringen.

Manchmal bringt sie noch etwas zum Lachen. Am Nachmittag kommt jetzt eine Serie, die wir ganz offiziell ansehen dürfen. Sie ist brandneu, und meine Schwester und ich sind begeistert. So etwas haben wir noch nie gesehen. Wir sitzen schon ganz dicht vor dem Fernseher, wenn die ersten Töne der Eingangsmelodie erklingen: »Can you tell me how to get, how to get to Sesame Street.« Eine Straße, wie sie in unserer Nachbarschaft sein könnte. Mit Ziegelsteinhäusern, einem Blumenladen, einer Subway Station und Feuerleitern. Mit Straßenlaternen, Mülltonnen. Und da leben diese lustigen, schrägen und ironischen Gestalten. Ernie und Bert, Bibo und das Cookie Monster. Grover, Tiffy und Oscar. Und einer, für den ich alles gegeben hätte: Kermit, der Frosch. Meine Schwester kann wie Kermit sprechen und wie Ernie lachen, und dann lacht auch meine Mutter.

Unsere neue Deutschlehrerin steht vor der Klasse und stellt sich vor. Sie kommt direkt aus Deutschland. Bereits nach den ersten Worten hat sie verloren. Mit dem gnadenlosen Blick, den Kinder für Schwäche haben, ist sie nach drei Sätzen abgeschrieben. Erledigt. Zum Abschuss freigegeben. Nach drei weiteren Sätzen breitet sich Unruhe in der Klasse aus. In der Reihe hinter mir äfft jemand ihren Akzent nach. Curtis nimmt seinen Füllfederhalter und richtet ihn wie ein Geschoss auf die Lehrerin. Er schüttelt ihn kurz, und ein Schwall schwarzer Tinte landet auf ihrer blütenweißen Strickjacke. Sie sieht einen Moment lang verdutzt an sich herunter. Sie schweigt.

Ich schaue auf den Tintenfleck und weiß, dass sie sich später auf ihr schmales Bett in ihrem Apartment legen wird. Sie wird ihre eigene Tinte hervorholen und sie in ein Wasserglas tropfen lassen. Sie wird die abgezählten Tropfen in kleinen Schlucken trinken und sich einmal um sich selbst rollen. Aber das wird nichts nutzen. Sie wird ein Magengeschwür bekommen.

Kann ich es vielleicht verhindern? Ich stehe auf. Ich drehe mich um, die ganze Klasse schaut mich an. Ich rufe: »Was fällt dir ein, Curtis, unsere Lehrerin so zu behandeln? Was fällt euch allen ein, diese Frau so zu beleidigen, zu kränken, zu demütigen?« Noch ein paar Wochen später, da ist sie schon längst nicht mehr an unserer Schule, sehe ich mich in der roten Plastiklatzhose neben meinem Stuhl stehen, aufrecht und unerschrocken. Ich sehe mich da stehen. Aber ich bin nie aufgestanden. Ich blieb in der zweiten Reihe neben Curtis sitzen und schwieg.

Am Nachmittag wartet unsere Mutter vor dem Eingang der Schule, sie holt meine Schwester und mich ab. Wir zwei gehen rechts und links von ihr durch den Central Park. Wir laufen wie jeden Nachmittag über die Brücke, unter der die Ruderboote durchfahren, vorbei an dem kleinen Schloss, das wie eine Filmkulisse aussieht.

Auf den Bänken sitzen, wie immer, alte Frauen mit aufgeschnittenen Milchtüten und füttern die Eichhörnchen. »Mit Milch?«, hatte ich meinen Vater gefragt, als ich sie zum ersten Mal wahrgenommen hatte. Ich hielt die Menschen in New York für verrückt genug, so etwas zu versuchen. Nein, es waren Brot und Nüsse darin.

Manchmal machen wir einen Umweg. Aber heute hat meine Mutter es eilig. Also biegen wir nicht vorher ab, sondern gehen genau drauf zu, auf den niedrigen Steinbogen. Kurz vorher ergreifen meine Schwester und ich die Hand meiner Mutter. Am Ende des kleinen Tunnels stehen sie immer, die großen Jungs. Jeden Tag. Sie haben die Hände in den Jackentaschen und warten. Meine Mutter drückt meine Hand stärker, als wir durch den Tunnel gehen. Man kann die Jungs schon sehen, sie lehnen an den Felsen neben dem Ausgang. Sie schauen uns an, wie wir ihnen durch das Halbdunkel der Unterführung entgegenkommen. Dann sind wir auf ihrer Höhe. Da haben die Dealer schon erkannt, dass wir keine Kundschaft für sie sind, und wenden sich wieder dem Tunnel zu. Nach ein paar Metern lässt unsere Mutter meine Hand los und die meiner Schwester auch.

Die Deutschlehrerin. Sie hatte dagestanden, mit dem Tintenfleck auf ihrer weißen Strickjacke. Warum hatte ich nichts gesagt? Ich hatte gesehen, wie Curtis den Füller verkehrt herum in die Hand genommen hatte und wie der Tintenschwall durch die Luft geflogen war. Die Tinte war auf der Jacke gelandet, und die Lehrerin hatte ungläubig an sich heruntergeschaut – und hatte dann den Unterricht fortgesetzt, als sei nichts geschehen. Nicht weil es ihr nichts ausgemacht hatte. Sondern weil sie Angst hatte. Das hatte ich gesehen. Aber ich war einfach sitzen geblieben und hatte nichts gesagt. Und jetzt rollte sie sich ganz sicher zu Hause auf dem Sofa hin und her.

Meine Schwester und ich laufen vor, unsere Mutter geht langsam hinter uns. Nach ein paar Metern drehe ich mich um. Da ist meine Mutter, in ihrem schwarz-weiß gezackten Mantel, klein und schmal, als könne sie von dem nächsten Windstoß umgefegt werden. Sie sieht schutzlos aus, hilfsbedürftig, unglücklich. Ich sollte zu ihr hinlaufen. Aber ich laufe meiner Schwester hinterher, die schon an dem kleinen See mit den Booten angekommen ist.

Eines Morgens hat unser Vater eine Überraschung für uns. »Heute machen wir Ausflüge zu zwei Projekten«, sagt er. Wir wissen nicht viel von seiner Arbeit, wir hatten ihn vor ein paar Wochen einmal in seinem Büro, in der Ford Foundation besucht. Ein großes Gebäude in Midtown. Wir hatten es durch eine Glastür betreten und waren plötzlich in einem Garten gelandet, mit hohen Bäumen und einem richtigen kleinen See in der Mitte. In Hannover standen die Häuser in den Gärten, und hier in New York waren die Gärten in den Häusern. Sie waren wirklich verrückt, die Amerikaner.

»Wir fördern kulturelle und soziale Projekte, alles, was uns gut und wichtig erscheint«, hatte uns unser Vater in dem Garten erklärt. Und jetzt sagt er: »Ihr werdet staunen«, als wir die Apartmenttür hinter uns zuziehen und mit dem Fahrstuhl nach unten fahren. Wie immer, wenn wir durch die Drehtür des Hotel Alden auf die Straße treten, weht der Wind die Avenue hinunter. Wie immer sind sie sofort da, die Geräusche der Straße, so als hätte jemand das Radio aufgedreht. Das Hupen der Autos, das Klingeln des Eisverkäufers am Eingang des Central Parks, die Sirenen der Polizeiwagen. Wie immer spüre ich den Wind im Gesicht. Und wie immer erfasst mich eine gespannte Erwartung auf alles, was da kommt.

Mein Vater in der Mitte, meine Schwester und ich rechts und links, so gehen wir die Straße entlang. Wir biegen in die 82. street ein und laufen an den dreistöckigen Backsteinhäusern mit den kleinen

Vorgärten vorbei, an den Wasserhydranten und den runden Mülltonnen. Wir überqueren die Columbus Avenue. Es geht weiter geradeaus bis zur nächsten großen Straße, dem Broadway. Nach ein paar Metern bleiben wir vor einem alten Theater stehen. »Hier hinein«, sagt mein Vater. Der Pförtner grüßt und winkt uns durch. Wir werden von einer freundlich lächelnden Frau mit einem Block in der Hand abgeholt und durch ein paar Gänge gelotst. Und dann stehen wir plötzlich auf einer Straße. Sie haben in das alte Theater eine New Yorker Straße gebaut, die Amerikaner.

Die Straße hat Ziegelsteinhäuser, einen Blumenladen, eine Subway Station und Feuerleitern. Meine Schwester und ich schauen uns an. Da steht der Mülleimer von Oscar, da sind die Treppenstufen und da die runden Straßenlaternen. Es gibt keinen Zweifel: Wir stehen mitten auf der Sesame Street. Ein Mann kommt zu uns. »Ich bin der Aufnahmeleiter«, sagt er, und ein paar andere Menschen kommen hinzu, mit Mappen in der Hand und Kaffeebechern. Und dann sehe ich auch die großen Kameras auf Rädern. Ein Mann winkt meine Schwester und mich zu sich und sagt: »Wir haben gerade eine Drehpause, kommt mit«, und wir gehen mit ihm hinein in die Kulissen. Da stehen sie wirklich, Ernie und Bert, Bibo, das Krümelmonster und er: Kermit, der Frosch. Meine Schwester geht zu Bibo, der beugt sich herunter und drückt sie. »Hello«, sage ich zu Kermit, und er lacht mich an. Dann schlenkert er auf mich zu und umarmt mich.

Am frühen Abend fahren wir nach Greenwich Village. Die Ford Foundation hat eingeladen zu einem Empfang in einem weiteren Projekt. Und meine Schwester und ich dürfen mitkommen. Wir holen meine Mutter ab, die sich schon schick gemacht hat. Die beiden Ernie- und Bert-Figuren, die der Aufnahmeleiter uns zum Abschluss unseres Besuches geschenkt hat, stecken tief in meiner Hosentasche.

Wir steigen die Subway hinab. Ich klemme mich zwischen meine Eltern. Meine Schwester springt vor uns die Stufen hinunter, während ich die linke Hand meines Vaters und die rechte meiner Mutter festhalte. So betreten wir die Unterwelt der Stadt. In Hannover waren wir mit unseren Eltern einmal auf dem Jahrmarkt gewesen. Erst war meine Schwester dreimal hintereinander in der Achterbahn gefahren, und ich hatte von unten zugesehen, meine Füße hatten gekribbelt vor Angst, als sich die Bahn auf den Kopf drehte. Meine Schwester saß im Wagen und jauchzte, als sich der Wagen ins Tal stürzte. Und dann waren wir in die Geisterbahn eingestiegen, sie hatte die Form eines riesigen rot-goldenen Drachen. Wir hatten uns in einen kleinen Wagen aus Metall gesetzt, ich in der Mitte, eingeklemmt zwischen meiner Schwester und meinem Vater, und wir waren in das aufgesperrte Drachenmaul hineingefahren. Mit einem Schlag war es dunkel geworden. Und plötzlich war ein weißes Gespenst aus einer Ecke hervorgeschossen. Meine Schwester hatte gelacht und ich irgendwann dann auch. Hinter jeder Kurve hatte es eine Überraschung gegeben, die ich gespannt erwartete und vor der ich mich ein bisschen fürchtete. Genauso ist es hier, in der New Yorker Subway.

Mein Vater wirft die Token, die Subway-Münzen, in den Schlitz, und wir gehen durch das Drehkreuz. Manchmal stehen hier am Eingang die Jesus People. Die haben lange Haare, lange Bärte und lange Gewänder und tragen keine Schuhe. Sie singen und spielen Gitarre und halten ihre selbst gemalten Schilder in die Höhe, auf denen in großen runden Buchstaben nur ein einziges Wort steht: Jesus.

Heute aber ist es leer, und wir gehen hinunter in die Tiefe. Und da ist auch schon der Wind, der immer vor der Subway herfliegt, und gleich dahinter kommt sie angefahren, übersät mit Graffiti, und genauso bunt wie der Drache in Hannover. Auch innen ist alles angesprüht, die Wände, die Sitze, sogar die Decke.

Einmal war an der 34. Straße ein Mann eingestiegen. Er war ganz in Schwarz gekleidet, mit einem schwarzen Hut und einer schwarzen Sonnenbrille. Er hatte einen schwarzen Stock mit einem silbernen Knauf in der Hand gehabt und sich breitbeinig in die Mitte des Wagens gestellt. Dann hatte er alle Menschen hintereinander fixiert und dabei mit dem Stock auf den Boden geklopft. Tock Tock Tock. Plötzlich war es ganz still im Waggon geworden, keiner hatte mehr gesprochen. Alle Menschen hatten nach unten geschaut, auch mein Vater. Meine Schwester hatte mich am Arm gepackt, und ich hatte begriffen, dass der Mann kein Gespenst war, über das wir später lachen würden. Zwei Stationen lang hörte man nur das Klopfen seines Stockes auf dem Boden. Kurz vor der 56. Straße drehte er sich um seine eigene Achse und zeigte dann mit dem Stock auf eine Frau. Die zuckte zusammen. Der Mann grinste und stieg aus.

Vor ein paar Tagen war eine Gruppe in den Wagen gekommen, alle in orangefarbenen Gewändern. Sie hatten kahle Köpfe, nur aus dem Hinterkopf wuchs ein dünner Haarstrang. Sie liefen mit ihren Trommeln und Rasseln durch die Bahn und verteilten kleine Zettel, auf denen ein dicker nackter Mann in einem Strahlkranz saß. Dazu sangen sie: »Hare Krishna, Hare Krishna, Krishna Krishna, Hare, Hare!« Meine Mutter beugte sich vor und zischte: »Die nehmen doch alle Drogen.« Kurz vor der nächsten Station sammelte sich die orange Wolke an der Tür und wehte hinaus auf den Bahnsteig. Als wir an ihnen vorbeirollten, drehte ich den Kopf und schaute ihnen nach. Ich hoffte, dass sie bald das bekommen würden, was sie sich von ihrem Gott Krishna so sehnlichst wünschten: Haare.

Heute gibt es in der Subway keine besonderen Vorkommnisse. Wir sind in den letzten Wagen eingestiegen, da kann man aus dem hinteren Fenster sehen. Und hier stehe ich und sehe die hell erleuchtete Station der 81. Straße klein und kleiner werden. Es wird ganz dunkel, ich stehe am Fenster in der ratternden Finsternis. Und tue das, was ich hier immer tue. Ich halte Ausschau nach den Räubern. Ich weiß, dass sie hier leben und nur darauf warten, dass der Zug stecken bleibt.

Endlich sind wir wieder oben, in Greenwich Village, in der frischen Frühlingsluft. »Wieso heißt es Neue Schule, wo ist die alte?«, frage ich, als wir vor dem modernen flachen Gebäude des soziologischen Forschungsinstitutes »New School« stehen. »Weil sie hier Neues denken«, sagt mein Vater. Die Halle der New School ist schon voll. Wir werden am Eingang begrüßt und sofort zu einer Gruppe von Menschen geführt. Alle haben Gläser in der Hand und reden laut durcheinander.

Meine Eltern werden einer kleinen älteren Frau vorgestellt und begrüßen sie ehrfürchtig. Sie nickt auch meiner Schwester und mir freundlich zu. Meine Mutter beugt sich zu uns herunter und sagt: »Das müsst ihr euch merken, das ist eine ganz berühmte Frau.« Die Frau hat sich schon abgewandt, ich sehe sie nur noch von schräg hinten. Der Rauch ihrer Zigarette steigt über ihrem Kopf auf. »Wie heißt sie denn?«, fragt meine Schwester. Meine Mutter flüstert uns den Namen ins Ohr. Hmmm, denke ich, was macht meine Mutter nur für eine Welle, und befühle Ernie und Bert in meiner Hosentasche. Sie war ja heute nicht dabei gewesen, bei dem wahren Megaereignis: Ich hatte Kermit, den Frosch getroffen. Und er hatte mich umarmt. Da kommt doch im Leben niemand mit. Auch diese Hannah Arendt nicht.

Unsere Eltern sind abends oft eingeladen. Empfänge, Dinnerpartys, Wohltätigkeitsveranstaltungen. Ein Hauch von Aufregung und Parfum liegt in der Luft. Ich schaue meiner Mutter zu, wie sie lange Blumenkleider anzieht, sich die Augendeckel mit blauer Farbe anmalt und rosa Lippenstift auflegt. Sie dreht sich die Haare nach außen und steckt lange Gehänge in die Ohren. Ich ziehe den Reißverschluss ihres Kleides hoch und finde, dass sie die schönste Frau der Welt ist.

Sobald unsere Eltern das Apartment verlassen haben, schieben meine Schwester und ich die Fenster hoch. »Wir müssen es genau abpassen«, sagt meine Schwester und drückt mir ein volles Wasserglas in die Hand. Schon bei der Ankündigung eines elternfreien Abends am Nachmittag hatte meine Schwester mir verschwörerisch zugeblinzelt, pantomimisch ein Wasserglas ausgeschüttet und dazu einen leisen Pfeifton ausgestoßen. Wir beugen uns so weit hinaus, bis wir vom 16. Stockwerk die Straße sehen können. Wir warten. Die kühle Abendluft dringt in das Schlafzimmer und mit ihr das Heulen der Polizeisirenen. Es ist jetzt noch klarer als tagsüber zu hören, vielleicht weil die Geräusche des Tages abnehmen. Zusammen mit dem Wind fegt das auf- und absteigende Geheul durch die schnurgeraden Straßen.

Endlich. Ein Passant taucht auf, klitzeklein, aber deutlich sichtbar. Die Sache will genau getimet sein, der Abstand richtig eingeschätzt, der Wind mit einkalkuliert. Der Mensch dort unten muss noch etwa zwei Meter zurücklegen, um genau unter unserem Fenster zu sein. Das Wasser braucht ca. drei Sekunden. Ich beuge mich so weit hinaus, dass meine

Schwester mich an den Unterschenkeln festhalten muss. Jetzt. Das Wasser stürzt nach unten. Meine Schwester zieht mich rein, wir kauern beide hinter dem Fensterbrett und blicken nach unten. Der Mann ist stehen geblieben und schaut suchend nach oben. Wir vernehmen ein schwaches Schimpfen. Die Aktion war ein voller Erfolg.

Irgendwann werden wir müde, und es wird kalt. Wir öffnen die kleine Abstellkammer und rollen unsere in der Mitte senkrecht zusammengeklappten Betten ins Wohnzimmer. Ich mache es wie die Cowboys in unserem Fernseher, die nach einem langen Ritt durch die Prärie am Abend ihre Pferde festbinden. Bevor ich die Liege auseinanderklappe, setze ich mich obendrauf, schlinge meinen Gürtel als Zügel um das Eisengestänge und reite eine schnurgerade Straße entlang, allein in einer kleinen staubigen Stadt irgendwo im Westen, auf der Suche nach dem Saloon.

Meine Schwester sitzt schon auf ihrem Bett und fädelt ihre indianische Perlenkette neu auf. Eine Perle der bunten Kette war angeschlagen. Und das hat meine Schwester nervös gemacht. Sie kann es immer weniger ertragen, wenn etwas kaputt oder beschädigt ist. Meist wirft sie es dann gleich ganz weg.

*

Wann hatte es eigentlich angefangen, dass meine Schwester es nicht ertrug, wenn die Dinge nicht mehr heil waren? Wenn sie ein Loch oder einen Riss oder einen Fleck hatten. Immer musste ein kaputter Gegenstand umgehend entsorgt werden. Reparieren war keine Option. Denn keine Reparatur war vollkommen. Keine Reparatur konnte den Schaden ungeschehen machen und den makellosen Zustand wieder herstellen, in dem die Dinge vorher gewesen waren. Einem geflickten Gegenstand sah man seine Geschichte an. Auch sein Alter.

Oft zerschnitt, zerriss oder zertrümmerte meine Schwester etwas, als wolle sie die Dinge dafür bestrafen, dass sie nicht mehr heil waren. Oder wollte sie die Blessuren durch totale Zerstörung unsichtbar machen?

*

Meine Mutter geht vormittags, während wir in der Schule sind, in den Central Park oder ins Museum. Eines Tages bringt sie aus dem Museum of Modern Art jemanden mit. Alex. Sie hatte länger vor einem Bild gestanden, und Alex hatte sie angesprochen. Er hatte sie gefragt, ob sie das Bild auch so gerne mag. Alex hat olivfarbene Haut, einen Schnäuzer und große dunkle Augen.

Als er uns das erste Mal im Hotel Alden besucht, bringt er den Kindern von »Gizelle« süßklebriges Baklava mit. Er sagt »My friend« zu meinem Vater und lädt Gizelle und ihre Familie in sein griechisches Restaurant zum Essen ein. Alex stellt uns seine Frau vor – und schaut Gizelle mit seinen dunklen Augen lange an. »Looks like Romy«, sagt er und lächelt zufrieden.Wenig später fährt er mit meiner Mutter übers Wochenende in seine Hütte in den Bergen. Mein Vater sagt zu uns: »Alex ist ein guter Freund der Familie.« Meine Schwester und ich beschließen, ihn in dem Glauben zu lassen.

Meine Schwester bekommt jetzt am Abend ein anderes Essen als ich. Sie trägt in letzter Zeit nicht mehr ihren quer gestreiften Lieblingspullover. Sie bleibt viel zu Hause und schreibt ihrer besten Freundin in Hannover lange Briefe. Sie unterschreibt die Briefe an Ami und Api mit »Eure dicke Enkelin Susanne« und entschuldigt sich für die Rechtschreibfehler. In letzter Zeit verdreht sie die Buchstaben. Sie schreibt statt Klasse Kalsse. Sie weiß nicht genau, was richtig ist. Wenn wir zusammen am Küchentisch unsere Schularbeiten machen, sieht sie oft aus dem Fenster.

Das Museum of Natural History ist gleich bei uns um die Ecke. Eines der größten Naturkundemuseen der Welt. Mit unserem Vater sind wir am Sonntag oft dort. Meine Mutter bleibt dann zu Hause und spult Worte vor und zurück. Kalimera, Kalispera, Kalinichta. Wenn sie den Kassettenrekorder zurückspult, hört sich das Guten Morgen, Guten Tag, Gute Nacht an wie Micky Maus, die hier schon morgens im Fernsehen läuft. Meine Mutter lernt jetzt Griechisch und tanzt zu Alexis Sorbas durch das Schlafzimmer.

Im Museum of Natural History gehen wir an dem riesigen Skelett des Dinosauriers in der großen Eingangshalle vorbei in die erste Etage. Hier oben sind meine Lieblingsräume. Diese verglasten hohen Nischen, in jedem Glaskasten ein eigenes Universum. Nashörner in der Savanne, Bären in der Steppe, Affen im Wald. Die ausgestopften Tiere schauen uns direkt an, vor einem unendlichen Hintergrund. Ich drücke mir die Nase platt an den Scheiben. Mein Vater erklärt mir die Entstehungsgeschichte der Wüstengebiete. Meine Schwester steht abseits. Sie schaut zu uns herüber.

Im Central Park ist dieses Wochenende ein großes Festival, das »People Yes Festival, 1970«. Das steht auch auf meinem gelben Luftballon, den ich geschenkt bekomme und mit dem ich in den kommenden Monaten im Wohnzimmer des Hotel Alden trainieren werde. Dann werfe ich ihn in die Luft und laufe schnell darunter her. Wenn ich es viermal schaffe, bevor er runterkommt, werde ich das nächste Baseballspiel in der Schule gewinnen.

Der ganze Park ist voller Rauch, er kommt aus Barbecue-Öfchen und aus den geöffneten Mündern. In den Bratwurstgeruch mischt sich der süßliche Geruch der dicken selbst gedrehten Zigaretten. Hast du Haschisch in den Taschen, hast du immer was zu naschen.

Die Wiesen sind voll von Menschen. Frauen und Männer mit langen Haaren und bunten langen Gewändern. Kleine und große Gruppen sitzen zusammen, spielen Gitarre, trommeln, singen, tanzen. Hunde und Kinder laufen dazwischen herum. Alex ist auch hier. Er steht in einem Wagen mit griechischen Spezialitäten und begrüßt die Familie überschwänglich. »Hello, Gizelle, hello my friend«, sagt er und schenkt meiner Mutter einen tiefen Blick und uns triefendes Honiggebäck.

Rechts sind die Kletterfelsen, auf denen meine Schwester und ich vor ein paar Tagen herumgeturnt waren. Meine Mutter hatte unten auf der Bank gesessen und uns zugesehen. Plötzlich hatte sie uns mit einem leichten Alarmunterton zu sich gerufen und sich an meine Schwester gewandt: »Siehst du den Mann da?«, fragte sie und zeigte auf einen mittelalten Mann zwei Bänke weiter. »Er schaut dir unter den Rock. Klettere bitte nicht mehr da hoch, sondern bleibe auf dem Boden.«

Das galt nicht für mich, ich trug Hosen. Wir blieben nun beide unten, und in der Tat erhob sich der Mann eine Minute später und ging in Richtung Fifth Avenue davon. »Siehst du«, sagte meine Mutter. Meine Schwester schaut beschämt zu Boden.

Mein Vater hat ein Auto gemietet. Einen großen weißen Straßenkreuzer, den wir staunend umrunden. Er ist doppelt so groß wie unser VW Käfer und hat auch keine organisch runden Ecken. Wir öffnen die Fenster, drehen das Radio auf und fahren los. New York, hier sind wir, ein Teil von dir! Das orangefarbene Hemd meines Vaters leuchtet, und seine Blumenkrawatte flattert im Wind. Meine Mutter trägt ein neues buntes Kleid, dazu ein Stirnband aus dem gleichen Stoff.

Wir fahren aus der Stadt und immer weiter. Ich staune. Weites Land, Gras, Bäume, Vögel und Kühe. Ich hatte die ganze Zeit gedacht, Amerika besteht nur aus hoch aufgetürmten Steinen. Wir biegen irgendwann in einen Feldweg ein und halten vor einer großen Villa mit einer Veranda aus verwittertem Holz. Viele bunte Menschen stehen im Garten um ein loderndes Feuer und einen großen Barbecue-Grill. Die Männer haben lange Bärte und lange Haare, die Frauen laufen barfuß mit großen Salatschüsseln hin und her. Dazwischen sind lauter nackte Kinder. Sie haben verschmierte Münder und schütten sich Eimer voller Sand über den Kopf. Sie schreien und werfen sich auf den Boden. Wir sind in einer Landkommune.

Meine Schwester und ich versuchen, mit den kleinen Kindern zu spielen oder sie zumindest zu beruhigen. Aber sie wollen nicht beruhigt werden, sie schauen uns nur finster an. Meiner Schwester hockt sich hin und hält einem kleinen nackten Mädchen mit strubbeligen Haaren die Hand hin. Das Mädchen ergreift sie schließlich und lässt sich kurz darauf hin und her wiegen. Die anderen bewerfen sich weiter mit Sand und Plastikschaufeln.

Irgendwann stellen wir fest, dass die Erwachsenen verschwunden sind. Ich gehe die baufällige Veranda hoch ins Haus. Es gibt keine Möbel, nur ein Labyrinth aus Kissenhaufen und Kästen. Aus dem Raum gleich vorne dringen Stimmen und Gelächter. Ich öffne die Tür. Die Erwachsenen sitzen auf einem ausgetretenen, verblichenen Teppich und lachen. Die Sonne, die durch die verstaubten Fenster scheint, bricht sich im Qualm. Mein Vater hat die

Blumenkrawatte gelockert, zieht an einer dicken HB und gibt sie seinem Nachbarn weiter. Meine Mutter steht auf und kommt zu mir. Wir gehen nach draußen, zu den nackten Kindern.

Ende November wird es kalt und stürmisch. Auf unserem morgendlichen Schulweg durch den kahlen Central Park muss man den Hundehaufen ausweichen, die auch von den professionellen Hundewalkern nicht beiseitegeräumt werden. Die wenigen Menschen im Park halten ihren Mantelkragen fest und stemmen sich gegen den Wind. Nur ein paar Jogger stampfen wie Lokomotiven an uns vorbei. In dem kleinen Fußgängertunnel riecht es jetzt noch stärker nach Urin, vielleicht weil die anderen Gerüche wegfallen. Das bunte Disney-Schloss in der Mitte des Parks sieht trostlos aus. In der Stadt stehen die Obdachlosen mit ihren Einkaufswagen auf den U-Bahn-Schächten. Und es sprechen noch mehr Menschen mit sich selbst als sonst.

Ich begleite meine Mutter bei Wind und Wetter in den Grocery Store. Mein Ziel ist das Bananenregal. Eigentlich kann ich keine Bananen mehr sehen. Aber ich muss meine Mutter unbedingt dazu kriegen, Bananen zu kaufen. Denn auf jeder Banane klebt eines der bunten Logos der Baseball-Mannschaften, die ich in einem Heft sammle. Wir gehen die 82. Straße hinunter, ab der Columbus Avenue steigt meine Aufregung. Von den New York Yankees habe ich mehr als genug, mir fehlen die Minnesota Twins, die Detroit Tigers und die Cleveland Indians. Manchmal bekomme ich von der schwarzen Kassiererin zusätzliche Aufkleber geschenkt, und sie lacht jedes Mal, wenn ich die Kostbarkeiten mit einem »Thank you very much« in die Brusttasche meiner roten Latzhose gleiten lasse, die einzige Tasche, die ich mit einem Druckknopf verschließen kann.

Erst beim Rückweg habe ich den Blick frei. Für das Waldwesen, das an der Ecke steht. Es steht immer da. Jeden Tag. Es scheint direkt aus der Erde zu wachsen, aus dem tiefen Grund unter der Stadt. Das Waldwesen ist von vielen Schichten umhüllt, Jacken und Mäntel und Jacken und Mäntel, die alle übereinanderliegen. Ihre Fetzen verbinden sich miteinander, wachsen ineinander zu einem immer dicker werdenden Kokon aus Brauntönen. Sie umgeben das Waldwesen wie Blätter, wie Federn, wie Haare, wie Fell. Auch sein Bart und seine Haare haben sich miteinander verflochten. Es steht aufrecht und frei an der Ecke Columbus Avenue, 82. street und schaut in die Ferne. In die Savanne, in den Urwald, in die Wildnis. Seine Blätter, seine Federn, seine Haare wehen im Wind.

In der Schule werden jetzt Strohsterne gebastelt, und wir malen Maria und Josef und eine Krippe mit einem gewickelten Kind darin. Ich füge noch einen großen, warmen, gelben Stern hinzu. Den Stern von Bethlehem, der zu Weihnachten auch am Wohnzimmerfenster vom Jesuskind hing.

Mr. Peening ruft mich an die Tafel. Ich soll erzählen, wie das Weihnachtsfest in Deutschland gefeiert wird. Ich sage, dass wir schon am Abend die Geschenke bekommen und nicht erst am nächsten Morgen. Dass wir um den Weihnachtsbaum sitzen und die Kerzen brennen. Dass wir in unserer Familie die Geschenke einzeln aus einem großen Korb ziehen. Die anderen Kinder schauen mich stumm an. Sie finden das alles höchst seltsam. Erst als ich erzähle, dass wir uns immer eine Barbiepuppe wünschen und stattdessen immer Wasserfarben bekommen, lachen sie. Das kennen alle Waldorfschüler. Was sage ich nicht? Dass meine Mutter meistens melancholisch in die Kerzen schaut. Dass sie immer enttäuscht ist von ihren Geschenken. Dass meine Schwester und ich immer fürchten, dass die

Stimmung kippt. Dass mein Vater immer betont fröhlich ist.

Am frühen Abend sitzt meine Schwester am Esstisch über den Mathematikaufgaben. Meine Mutter hat auf dem Stuhl neben ihr Platz genommen und sieht genauso unglücklich aus wie sie. »Ich war auch nicht gut im Rechnen«, sagt meine Mutter und starrt nervös auf das Mathematikheft. Ich sitze den beiden gegenüber und versuche, aus abgebrannten Streichhölzern einen Stall zu bauen, für die Krippe. Jetzt fehlt nur noch das Dach. Vielleicht könnte man den Stall von Bethlehem vor Weihnachten auch noch anders einsetzen. Zusammen mit meinen Cowboyfiguren wäre er ein perfekter Saloon. Und Ernie und Bert könnte ich vielleicht auch noch dazumischen.

Je länger meine Schwester über dem Heft brütet, desto mehr blockiert sie. Am Schluss verschwimmt ihr alles, das Heft, die Zahlen, ja, auch der Sinn des Ganzen. Warum soll man überhaupt rechnen? »Ich will das gar nicht«, stößt meine Schwester wütend und unter Tränen aus. Meine Mutter bleibt ruhig neben ihr sitzen. »Das wird schon«, sagt sie und legt den Arm um meine Schwester. Ich stehe auf und gehe um den Tisch herum. »Lass mich mal sehen«, sage ich und will mich gerade über das Heft beugen. »Nein!«, meine Schwester stößt mich weg und drückt das Heft an sich. »Halt dich da raus, du blöde Besserwisserin!«

Meine Mutter hat heute Vormittag etwas vorbeiflattern sehen. Vielleicht war es ein schwarzer Rabe. Sie stand in der Küche, und etwas Dunkles rauschte von oben am Fenster vorbei. Kurz danach hielt der Krankenwagen in der 82. Straße, direkt unter unserem Küchenfenster. Meine Mutter zeigt uns das Fenster, als wir aus der Schule kommen. Sie sagt: »Da ist sie rausgesprungen.« Ich sage: »Vielleicht ist sie ja rausgefallen«, und denke, dass die Frau von gegenüber vielleicht ein Wasserglas in der Hand hatte. Nein, sagt meine Mutter bestimmt, sie ist gesprungen.

Sie saß schon viele Wochen da, sagt meine Mutter, immer an derselben Stelle. Wir schauen nach unten. Die Stelle auf dem Pflaster ist nass. Sie ist gleich danach gereinigt worden. Meine Schwester und ich stellen die Wasserspiele ein. Es ist sowieso zu kalt jetzt.

*

Das Telefon klingelte. Aber es war nicht meine Schwester, sondern unsere Wiener Freundin. Sie war gerade angekommen, und wir verabredeten uns für den Abend. »Ich habe euch etwas Schönes mitgebracht«, sagte sie und legte auf. Das Telefonat war kurz, und ich war erleichtert, dass es nicht meine Schwester war. Bei ihr wäre es wieder eine Stunde gegangen, dachte ich. Und ich musste unbedingt noch heute Fotos fertig bearbeiten. Meistens zog sich meine Schwester zum Telefonieren ins Schlafzimmer zurück, es war der einzige Ort, an dem sie ungestört reden konnte. Sonst hörte immer ihr Mann mit. Mit Thomas hatte sie sich in den letzten Jahren immer stärker isoliert. Ihr Radius war immer kleiner geworden, die beiden hatten kaum Kontakte. »Wir genügen uns«, sagte ihr Mann.

Ihr Mann. Damals, als meine Schwester ein paar Tage nach unserem Gespräch auf der Verkehrsinsel in die Klinik ging, tauchte er ab. Thomas verschwand einfach. Sie hatte bisher das Geld verdient, als Trainerin in einem Fitnessclub. Er hatte ein abgebrochenes Studium und mal hier und da einen Job, ohne feste Anstellung. Ich telefonierte ein-, zweimal mit Thomas und fragte: »Warum bist du nicht da. Warum bist du ausgerechnet jetzt nicht an ihrer Seite?« Ich konnte nicht glauben, dass er sie in dieser Situation im Stich ließ. »Mir ist das zu viel«, sagte er. Drei Jahre zuvor hatten die beiden geheiratet.

Ich hatte mich immer gefragt, warum sie von dem

lustigen, verspielten, sich durch das Leben schlängelnden Raffi, dem in Frankreich aufgewachsenen Armenier, zu diesem ängstlichen, begrenzt lebenden und unsicheren Mann aus Hamburg gegangen war. Der sie verehrte und kontrollierte, gleichzeitig idealisierte und maßregelte. Thomas war in allem das Gegenteil von Raffi. Raffi ähnelte eher meinem Vater, in jeder Beziehung. Er war so lustig und fantasievoll wie er, aber auch so irrlichternd.

Kurz vor der Heirat war Thomas in einer schlechten Verfassung gewesen. Er hatte Krampfanfälle, Epilepsien. Meine Schwester wachte nachts davon auf, dass er im Zimmer stand oder sich mit Schaum vor dem Mund und mit krampfenden Gliedmaßen auf dem Boden wand. Nach einem besonders schweren Anfall vor drei Jahren hatte sie ihn gehalten, getröstet und gesagt, dass sie ihn niemals im Stich lassen würde. Am Tag darauf hatte sie dem fünf Jahre Jüngeren einen Heiratsantrag gemacht. Dieser Mann würde sie niemals verlassen. Und schon gar nicht für eine andere.

Zur Hochzeit waren sie nach Dänemark gefahren. Sie hatten nur Raffi und Hans-Jürgen, dem einzigen Freund von Thomas, Bescheid gesagt. Die beiden waren in einem dänischen Standesamt die Trauzeugen und einzigen Hochzeitsgäste. Mein Vater und ich bekamen danach je eine Postkarte. Ich musste sie dreimal lesen, bis ich verstand, dass sie nicht heiraten wollte, sondern schon geheiratet hatte.

Dieser Mann würde sie niemals verlassen. Das hatte sie gedacht. »Sie war damals auch für dich da«, sagte ich zu Thomas, als meine Schwester in die Klinik gegangen war. »Ich weiß«, antwortete er, »Sie ist eben stärker als ich« – und fuhr zu seiner Mutter.

Meine Schwester war zwei Monate in der Klinik geblieben. Am Ende der Zeit, als sich abzeichnete, dass sie sich erholen würde, tauchte Thomas wieder auf. Alice und ich überredeten ihn, nach Köln zu kommen. Er blieb ein langes Wochenende. Wir fragten ihn nach den Gründen für seine Flucht. Er hatte nur drei Versatzstücke, die er immer wiederholte: 1. Ich liebe sie, 2. Sie ist eben stärker als ich, 3. Sie ist meine Sonne. Heute frage ich mich, ob sie noch leben würde, wenn sie ihn damals hätte gehen lassen.

Als meine Schwester aus der Klinik entlassen wurde, wirkte sie besonnener, klarer, ruhiger. »Ich habe damals keine Medikamente genommen«, sagte sie, als führte sie unser verzweifeltes Gespräch im Krankenhauspark fort, »weil sie einen nur ruhigstellen. Äußerlich. Innerlich hast du die gleiche Angst. Es ist, als ob du gefesselt wärst. Du spürst alles, aber du kannst es nicht mehr äußern.«

Sie hatte sich in der psychosomatischen Klinik mit anderen Menschen in einen Raum gesetzt und über sich gesprochen, etwas, dass sie sich vorher nicht vorstellen konnte. Sie hatte es zum ersten Mal benannt: Angstattacken. Sie hatte über ihre Lebensängste gesprochen, über das Sich-minderwertig-Fühlen. Über ihre Einsamkeit. Und über ihre Scham. Ihre unendliche Scham. Wir hatten telefoniert. Ich hatte sie noch nie so sprechen hören. In den ersten Gruppensitzungen hätte sie nur geweint, sagte sie. Sie hatte es mit Menschen, denen es so ging wie ihr, zusammen durchlebt. Sie hatte Freundschaften geknüpft. »Bleib mit ihnen befreundet«, sagte ich.

Sie kam uns besuchen. Allein. Sie war die ganzen letzten Jahre nicht mehr allein verreist. Ich holte sie von der Bahn ab, und wir liefen den Rhein entlang, stromaufwärts, Richtung Westen. Meine Schwester war nüchtern, klar und nicht von dieser alles verdeckenden Freundlichkeit, die mich immer hilflos machte.

Beim Essen saß sie auf dem gleichen Platz, auf dem Thomas ein paar Wochen zuvor gesessen hatte. »Er hat sich entschuldigt«, sagte sie. »Aber ich werde das nicht vergessen können.« Ich hörte sie zum ersten Mal etwas Kritisches über ihren Mann sagen. Sie saß da und schaute uns an. »Wir haben ein gemeinsames Konto«, sagte sie. »Ich habe Angst, dass er es leer räumt.« Alice sagte: »Du musst sofort die Konten trennen.« Und ich fragte sie, ob sie sich nicht überhaupt trennen wolle. Sie schwieg.

Ein paar Monate später machten die beiden ein gemeinsames Testament. Und meine Schwester räumte ihrem Mann den Zugriff auf ihr gesamtes ererbtes Vermögen ein.

*

Anfang Dezember geht die Jagd nach Kerzen los. Kerzen für den Weihnachtsbaum. Aber es gibt keine Kerzen. In ganz New York gibt es keine Weihnachtsbaumkerzen. Denn echte Weihnachtsbaumkerzen und offenes Feuer sind verboten. Auch im Hotel Alden. Meine Mutter bestellt schließlich Wachskerzen und silberne Kerzenhalter in Deutschland, das Päckchen von Ami kommt gerade noch rechtzeitig an.

Es fängt an zu schneien. An unserem Fenster im 16. Stock fliegen dicke weißgraue Flocken vorbei. Meine Mutter friert. Wir gehen mit unserem Vater in den tief verschneiten Central Park. Statt eines Schneemannes baut mein Vater eine Frau, die auf der Parkbank sitzt und ihren Arm auf die Lehne stützt. Meine Schwester und ich und auch andere Menschen schauen bewundernd zu. Mein Vater muss seiner Mutter darüber geschrieben haben, von den staunenden New Yorkern, die sich um seine Skulpturen sammelten und den Dollarhut suchten. Denn Mitte Dezember kommt ein Brief von Großmutter. »Das hört sich ja fabelhaft an«, schreibt sie, aber dann wird gewohnt streng nachfragt: »Habt ihr ein Foto davon gemacht? Das wäre ein Foto wert gewesen.« Ich nehme mir vor, das nächste wichtige Ereignis fotografisch festzuhalten.

Am Nachmittag des 24. Dezember schmücken wir den Baum. Meine Mutter zieht die Vorhänge zu, und mein Vater wickelt ein Handtuch um die Sprenkelanlage an der Decke. Am Abend sitzen wir um den Weihnachtsbaum mit den roten brennenden Wachskerzen, wie eine verbotene Sekte bei einem geheimen Ritual. Die Stimmung ist an diesen Weihnachten zwischen unseren Eltern friedlich und entspannt. Meine Mutter ist fröhlich, und mein Vater ist fröhlich, und meine Schwester und ich sind es auch. Frau Tasch ist weit weg, und der gute Freund der Familie, Alex, ist mit seiner Frau über Weihnachten in Griechenland.

Tante Gudrun, die Schwester meiner Mutter, kündigt sich an. Sie ist seit zwei Wochen in den USA, erst hat sie den Bruder der beiden besucht, der in

Boston am MIT als Forscher arbeitet. Kurz nach Weihnachten kommt sie bei uns an. Unsere Eltern quartieren sie in einem kleinen Apartment ein paar Stockwerke unter uns ein.

Die Woche mit Gudrun ist anstrengend. Sie steht am Sonntag um acht Uhr morgens bei uns in der Tür und möchte frühstücken. Sie will jeden Tag etwas mit uns unternehmen. Sie sitzt auf dem Sofa und schaut zu, wie sich unsere Eltern für eine Essenseinladung zurechtmachen. Sie findet, dass meine Mutter zu viel blaue Farbe auf die Lider malt. Sie findet, dass meine Mutter zu viel Parfum auflegt. Sie findet, dass meine Mutter die Haare zu stark eindreht. Die Ärztin, die in die Fußstapfen ihres Vaters getreten ist, nimmt ihrer jüngeren Schwester alles übel. Einfach alles.

Kurz bevor sie abreist, lädt sie meine Schwester und mich nachmittags in ein Kindertheater ein. Eigentlich wollen wir nicht in ein Kindertheater, denn längst besuchen wir mit meinem Vater fast wöchentlich Ballettaufführungen für Erwachsene, Jazzkonzerte und experimentelles Theater. Mein Vater kauft immer in letzter Sekunde Stehplätze für ein paar Dollar zu allem, was er kriegen kann. Allerdings gehe in letzter Zeit meistens nur ich mit. Meine Schwester bleibt immer öfter zu Hause. Ich finde, dass sie langweilig wird. Und mein Vater findet das auch.

Wir fahren mit der Subway nach Midtown in ein kleines Theater und sitzen mit hundert aufgeregten Kindern in der Nachmittagsvorstellung. Zwei Stunden später sind wir gut gelaunt zurück im Hotel Alden. Als wir den Fahrstuhl betreten, steigt noch jemand dazu, ein orthodoxer Jude mit Käppi und Schläfenlocken. Das kann ich inzwischen erkennen. Wir stehen uns in dem engen Fahrstuhl gegenüber.

Gudrun schaut auf den Boden. Der Fahrstuhl setzt sich in Bewegung. Der Mann schaut meine Schwester und mich an. Er lächelt. Er sagt: »Pretty girls.« Er streicht meiner Schwester über den Kopf. Gudrun schaut ihn mit funkelnden Augen an. Sie zischt: »Keep your dirty fingers away.« Sie sagt wirklich: Nehmen Sie Ihre dreckigen Finger weg! Meine Schwester und ich schauen sie an. Der Mann blickt zu Boden. Dann steigt er aus. »Warum hast du das gesagt?«, fragt meine Schwester. »Weil fremde Männer Mädchen nicht anfassen dürfen«, sagt Gudrun.

Als ich einmal bei strömendem Regen auf meine Mutter am Hinterausgang der Waldorfschule in Hannover gewartet hatte, hatte mich der Vater einer Klassenkameradin gefragt, ob ich in seinem Auto warten möchte. Ich hatte gesagt, dass mir meine Mutter verboten hat, zu fremden Männern ins Auto zu steigen. Der Vater hatte gelacht und geantwortet, dass meine Mutter ganz recht hat. Aber das hier ist etwas anderes. Das spüren auch meine Schwester und ich.

Am Abend erzählen wir unseren Eltern, was im Fahrstuhl passiert ist. Ein paar Minuten später fahren wir mit unserem Vater in den 9. Stock. Hier ist der Mann ausgestiegen, das hatten wir uns gemerkt. Hintereinander klingeln wir an den mit Guckloch versehenen Apartmenttüren.

Bei der sechsten Tür öffnet der Mann. Er schaut uns mit einem unbeweglichen Gesichtsausdruck an. Mein Vater sagt: »We are sorry.« Der Mann zögert. Dann lächelt er. Er winkt ab. Er sagt noch »Thank you«, bevor er die Tür schließt. Gudrun fährt am nächsten Morgen ab.

Ende Januar packen wir unsere Sachen. Wir gehen zurück nach Deutschland. Meine Mutter fährt mit uns Kindern vor, mein Vater ist noch auf eine vierwöchige Tour durch die USA eingeladen. Sie hält meine rote Plastikhose in die Luft. Die hängt steif nach unten, die Lackschicht ist an den Kniekehlen abgeblättert. Ich bin ja nun auch schon neun Jahre alt. Ich muss Abschied von der Hose nehmen.

Auch mein Luftballon vom People Yes Festival ist nicht mehr ganz in Form. Ein kleines verschrumpeltes gelbbraunes Säckchen von der Größe einer Orange. Ich möchte ihn einpacken, aber meine Mutter überzeugt mich davon, dass er die Reise nicht überstehen wird. Also öffne ich das Fenster vom 16. Stock und lasse ihn frei. Er fliegt. Über die 82. Straße hinweg, hinüber zum Central Park, wo vielleicht, gerade in diesem Moment, Deborah auf der Rutsche steht und an mich denkt.

Meine Schwester umwickelt behutsam ihre indianische Kette. »Wo ist dein gestreifter Pullover?«, fragt meine Mutter. »Ich weiß es nicht«, sagt meine Schwester, »ich habe ihn vielleicht in der Turnhalle liegen gelassen.« Ich habe gesehen, wie sie ihren gestreiften Lieblingspullover zerschnitten und in den Müll geworfen hat. Ich sage nichts.

Die Zeit unseres Abschiedes von New York rückt näher. Mein Vater hat das Angebot, im Anschluss nach London zu gehen. Meine Schwester und ich hören unsere Eltern im Nebenraum darüber sprechen. »Warum nicht?«, sagt er. Und auch ich denke: Warum nicht? Aber unsere Mutter will zurück nach Deutschland. Sie will nach Hause. Und meine Schwester auch.

Vor allem meine Schwester kann die Abfahrt gar nicht erwarten. Sie möchte weg, so schnell wie möglich. Raus aus der Enge des Apartments, weg von dem strengen Mathematiklehrer, den heulenden Sirenen der Rettungsautos. Sie freut sich auf ihre Freundinnen, auf Hannover, auf ihr eigenes Zimmer. Sie hat einen Brief an die Klasse 5b geschrieben und gesagt, wie sehr sie sich auf alle freut. Die Ränder des Briefes hat sie mit Sonnen und Blumen verziert. Ich glaube, sie freut sich sogar auf Herrn Timm.

Daraufhin habe auch ich meiner Klasse in Hannover geschrieben, dass ich bald zurückkomme. Für jedes Wort habe ich einen Buntstift in einer anderen Farbe genommen, um meiner Freude besonderen Ausdruck zu verleihen. In Wahrheit weiß ich gar nicht, ob ich mich so sehr freue. Ich stelle mir vor, wie es wäre, von nun an hier jeden Donnerstag den Baseball in die Luft zu schlagen und unter dem Jubel meiner Mannschaft um den Platz zu laufen. Wie es wäre, von nun an jeden zweiten Tag in den Grocery Store zu gehen, so lange, bis ich sie eines Tages von Weitem leuchten sehen würde, die Wappen der Minnesota Twins und der Detroit Tigers. Wie es wäre, von nun an und auf ewig mit dem Waldwesen verbunden zu sein, das auf der Columbus Avenue, Ecke 82. Straße steht und in die Ferne schaut, wie die Bisons und die Wildpferde und die Urvögel im Museum of Natural History.

Wir sind wieder in Deutschland. Und wir wandern in Zweierreihen um den Maschsee in Hannover. Meine Schulfreundin Susanne hält meine Hand. Und da wir uns nicht loslassen dürfen, muss meine Hand immer auch mit nach oben, wenn sie sich an der Wange kratzt. Susanne hat Warzen auf den Fingern. Sie sagt, dass ihre Tante mit den Pickeln spricht. Ich weiß nicht genau, was sie meint, aber seit sie nach Ostern mit Lackschuhen und Herzchenohrringen und einem weißen Prinzessinnen-Kleid in die Schule gekommen ist, weiß ich, dass sie katholisch ist. Ich stelle mir vor, dass meine Freundin in eine dunkle Kapelle geführt wird, in der kleine rauchende Behälter hin- und hergeschwenkt werden. Und dass ihre Tante dann vor ihr niederkniet und über den Warzen betet.

Wir biegen ein, durch das Tor mit den abgeschrägten Ecken und nach rechts zum Gartengelände. Hier lernen wir im Fach Feldbau, wie man Möhren, Bohnen und Kohlrabi anbaut, gleich dahinter ist das Übungsfeld für den Hausbau. Ich rühre zusammen mit meiner Freundin den Mörtel an, und wir schichten vorsichtig Ziegel aufeinander. Nach dem dritten Ziegel mache ich eine Pause und schaue mir unseren kleinen schiefen Bau an. Ich denke an das Empire State Building und frage mich, wie lange die wohl dafür gebraucht haben.

Frau Gallop und meine Klasse 4a hatten mich an meinem ersten Schultag freundlich begrüßt. Ich war nach vorne an die Tafel gerufen worden und hatte von der großen Stadt erzählt, von den hohen Häusern, von den vielen Hautfarben und von dem seltsamen Spiel, das sie Baseball nennen. Ich erzählte, wie schnell ich gelaufen bin, ich sage very fäst statt very fast und bedder statt better. »Sie darf das so aussprechen. Aber alle anderen nicht«, hatte Frau Gallop gesagt und mir zugezwinkert. Was sagte ich nicht? Dass ich Deborah vermisse. Dass Alex uns zum Flughafen gebracht hatte und meine Mutter noch lange an der Absperrung stand. Dass meine Mutter jetzt jeden Abend auf einen Anruf von meinem Vater aus Amerika wartet.

Meine Schwester hat am ersten Schultag ihre indianische Perlenkette angelegt und sie von ihren Freundinnen gebührend bewundern lassen. Der kleine schwatzende Kreis um den amerikanischen Tand ist von Herrn Timm für einen Moment geduldet worden. Aber dann ist er wieder zur anthroposophischen Tagesordnung übergegangen: dem gemeinsamen Ankommen im Stuhlkreis.

Meine Schwester und ich klingeln beim Jesuskind. Maria öffnet die Tür und ruft nach hinten in den Raum: »Kirsten, sieh mal, wer da ist!« Das Jesuskind kommt an die Tür. Es ist noch dünner und blasser und scheint uns kleiner zu sein als vorher. Sein gesundes Auge ist noch tiefer in der Höhle als früher. Es ist jetzt neun Jahre alt, wie ich. Leider haben wir ganz knapp seinen Geburtstag verpasst mit der Erdbeertorte und der geschlagenen Sahne, mit den Haribo Schnecken und mit der Ahoj-Brause und den Leckmuscheln und den Mamba Kaubonbons. Wir stehen unten vor den drei Steinstufen und blicken hinauf zum Jesuskind. Das Jesuskind lächelt auf uns herab. Wir spüren, dass wir und das Jesuskind nicht mehr in einer Welt sind.

Mein Vater kommt aus den USA zurück. Ein paar Wochen später bitten uns unsere Eltern zum Gespräch ins Wohnzimmer. Bang setzen wir uns auf die Lehne der Sessel: »Wir ziehen im Sommer nach Köln«, sagt er. Meine Schwester und ich schauen uns an. Wieder von vorne: neue Schule, neue Wohnung, neue Freundinnen suchen. Aber meine allerschlimmste Befürchtung ist, dass es in der Leihbibliothek in Köln keine Bücher auf Hochdeutsch geben wird.

»Da sind wir!«, sagt Großmutter. »Und wir haben etwas mitgebracht.« Sie steht vor der Haustür unserer neuen Kölner Wohnung, bewaffnet mit einem Sack kleiner, schrumpeliger Äpfel aus dem Garten von Tante Sonia und Onkel Andreas. Neben ihr steht Großvater. Mit einem schwarzen breitkrempigen Hut auf seinem weißen Haar. Hinter den beiden mein ergeben lächelnder Vater, der die Eltern von der »Eisenbahn« abgeholt hat. Meine Mutter ist schon seit Tagen angespannt.

Die Großeltern sind auf der Durchreise. Großvater hatte einen Vortrag in Hamburg, und nun machen sie einen Zwischenstopp bei uns in Köln, bevor sie nach Tübingen zurückfahren. Wilhelm sitzt im Wohnzimmer und schaut mit wehmütigem Blick dem süßen Gebäck hinterher, das meine Mutter auf Anordnung von Lisi wieder abträgt. Er schaut etwas hilflos vor sich hin. Großvater sieht nur an einem Ort richtig aus: in seinem Arbeitszimmer, hinter seinem Schreibtisch, wo er mit bedächtigen Zügen seine Bücher schreibt. Überall sonst sieht er so aus, als würde er sich an diesen Ort zurückwünschen.

»Ich glaube«, sagt Großmutter zu meiner Mutter, »es ist nicht ratsam, dass die Kinder so viel

Zucker essen. Susanne scheint mir etwas zu dick.« Meine Mutter wirft meinem Vater einen Blick zu. »Und überhaupt«, fährt Großmutter vor unser aller Ohren fort, »welche Maßnahmen wollt ihr jetzt ergreifen, damit Susanne besser mitkommt in der Schule?« Später sehe ich, wie meine Eltern in der Küche stehen, und ich höre meine Mutter zischen. Meine Schwester geht nach oben in ihr Zimmer. Dann kommt Großmutter die Treppe herauf. Meine Schwester und ich haben uns vorbereitet. Die Bücher, die sie uns vor Kurzem zugeschickt hat, liegen aufgeschlagen auf unseren Schreibtischen. Großmutter sieht sich kurz um und sagt: »Vielleicht solltet ihr etwas frische Luft hereinlassen.«

»Susanne ist so ein reizendes Kind mit guten Gaben«, höre ich sie später zu meinem Vater sagen, »und nicht für die Schema-Schule geschaffen.« Der Grund für ihre Lernschwierigkeiten sei vor allem in ihrer Umgebung zu suchen. »Sie braucht eine gute Nachhilfe, eine beschützende Werkstatt«, sagt sie. »Dafür ist kein Preis zu hoch.« Ihr Ton klingt alarmiert.

Als mein Vater vom Bahnhof zurückkommt, kommt es zur erwarteten Entladung. Wieder hatte er sich mit seiner Mutter hinter dem Rücken meiner Mutter kurzgeschlossen. Er hat mit ihr die schulischen Probleme von meiner Schwester besprochen, ohne meine Mutter einzubeziehen.

Am Wochenende sitzt mein Vater jetzt mit meiner Schwester in ihrem Zimmer. Sie beugen sich über die Mathematikhefte. Unsere Hefte haben keine rosa und gelben Pappumschläge mehr und sind auch nicht mehr mit bunten Wachsmalstiften bemalt. Die Buchstaben sind keine Tiere mehr und wandern auch nicht durch Landschaften. Die neuen Hefte haben einen wasserabweisenden Außendeckel und innen ein blassgraues Karomuster. Meine Schwester und ich sind nun nicht mehr auf der Waldorfschule, sondern auf der Montessori-Schule.

»Jetzt konzentriere dich mal«, sagt mein Vater mit lauter Stimme. »Das ist doch verdammt noch mal nicht so schwer!« Er klopft mit dem Stift auf die Seite. »Das sind doch Grundrechenarten, das muss doch in deinen Kopf reingehen.« Dann gibt mein Vater meiner Schwester eine Kopfnuss. »Los jetzt!« Meine Schwester fängt an zu weinen, und der Unterricht ist für heute beendet. Großmutter steht unsichtbar hinter ihm. Aber sie hat es vermutlich anders gemeint.

Wenn ich meine Schwester trösten will, gehen wir zusammen runter und öffnen die Mülltonne. Das muss man an einem bestimmten Wochentag machen, immer dann, wenn die neuen Hefte gekommen sind. Wir schieben den schweren Metalldeckel des großen Behälters zurück, bis er hinten einrastet. Meine Schwester hält mich an den Beinen, wie im 16. Stock des Hotel Alden, und ich tauche vom Mülleimerrand hinunter in die Schlucht. Ich strecke meinen Arm immer tiefer und tiefer, und dann habe ich sie gegriffen, die Hörzu.

»Hol die zweite auch noch hoch«, feuert mich meine Schwester an, und dann tauche ich noch tiefer und fische auch die Gong heraus. Wir verbergen die feuchte und nach Kartoffelschalen riechende Beute unter unseren Pullovern. Dann setzen wir uns in das Zimmer meiner Schwester und fangen an, in den fremden bunten Zeitschriften zu blättern.

Wir sind wieder in Deutschland, es herrscht das Gesetz von Herrn Timm: striktes Fernsehverbot. Wir lesen in dem Fernsehprogramm wie Hungernde, die versuchen, sich an Kochrezepten zu sättigen. »15.15: Pan Tau und danach Pippi Langstrumpf«, verlese ich feierlich aus der Gong. »16.15: Der rosarote Panther«, ergänzt meine Schwester aus der Hörzu. »18.45: Hitparade mit Dieter Thomas Heck«, verkünde ich mit erhobener Stimme. »19.00 Uhr Sandmännchen«, trägt meine Schwester gemessen vor. Dann winkt sie mir mit steifer Puppenhand zu und singt »Sandmann, lieber Sandmann«. Wir sprechen über Lassie, Flipper, John Boy und den dicken Hoss wie über alte Freunde, die im Exil sind.

*

Die Bildbearbeitung war fast geschafft. Ich stand vom Schreibtisch auf und wählte die Nummer meiner Schwester. Ich ging ans Fenster und schaute hinaus, während ich darauf wartete, dass sie abnahm. Meine Schwester hatte in diesen letzten Wochen fast nur mit mir und meinem Vater telefoniert. Ich war ihre einzige Freundin. Wieso hatte sie keine Freundinnen mehr? Sie, die doch früher immer mindestens zwei oder drei »beste Freundinnen« hatte? Hatte ihr Mann sie isoliert? Wollte sie es selber so?

Nach der Klinik hatte meine Schwester wieder angefangen zu arbeiten. Den Kontakt zu den anderen Menschen, mit denen sie wochenlang zusammen gewesen war, von denen sie so viel wusste und die so viel von ihr wussten, hatte sie gleich danach abgebrochen. »Ich will jetzt neu anfangen«, sagte sie, »ich will das alles hinter mir lassen.« Sie wollte auch nicht mehr im Fitnessstudio arbeiten. Sie leitete jetzt die Filiale einer Modekette.

Ich habe sie ein Mal in ihrem Laden besucht, es war ein Überraschungsbesuch. Ein kleiner

Klamottenladen in einem Einkaufscenter in Hamburg. Sie stand allein hinter der Theke. Sie sah mich überrascht an und umarmte mich. »Jetzt bin ich aber stolz, dass du kommst!«, rief sie. »Dass du dir die Zeit genommen hast, du hast doch immer so viel zu tun!« Die Gelassenheit, die sie nach der Klinik hatte, war wie weggeblasen.

Ich war beschämt. Wie immer, wenn sie mich aufs Podest hob. Es fühlte sich falsch an. Ich fühlte mich so gar nicht wohl da oben. Sie war doch meine große Schwester. »Das hat mich doch schon immer interessiert, wie du das hier so toll machst«, sagte ich. Es klang hohl und höflich. Sie kniff mir in die Wangen. »Ich bin so stolz, dass du gekommen bist«, wiederholte sie mit dieser Überschwänglichkeit, die ich als Jugendliche an ihr bewundert und beneidet habe, die mich jedoch zunehmend nervös gemacht hatte. Früher dachte ich, ich muss genauso antworten, diese Herzlichkeit in der gleichen Intensität erwidern. Aber es war dann immer so, als höhlte mich meine eigene Freundlichkeit von innen aus.

»So, jetzt zeige ich dir meine Welt«, sagte meine Schwester strahlend. Sie war so hübsch, wenn sie strahlte, sah ganz unberührt aus. Unberührt vom Leben, unberührt vom Schmerz. Wie eine frische weiße Decke lag ihr Lachen über allem. »Hier ist unser Lager und unser Pausenraum«, sagte sie und öffnete die Tür hinter dem Verkaufsraum. »Du findest es wahrscheinlich armselig, aber für uns reicht es.« Sie wies auf den Kaffeeautomaten und den Kühlschrank. »Ist doch fantastisch!«, rief ich laut aus. »Alles da!«, setzte ich begeistert hinterher und fühlte sofort, wie die Leere in mir Raum gewann. »Ich bin so stolz, dass du da bist«, sagte sie noch einmal.

Meine Schwester drehte sich im Raum hin und her. »Hier mache ich manchmal Modenschauen mit den Stammkundinnen«, sagte sie. »Dann stehen hier an der Wand die Stühle, und wir servieren Sekt. Es gibt kleine Salzbrezeln, und die Mädels amüsieren sich.« Wieder lachte meine Schwester. Sie nahm eine Jacke vom Bügel und hielt sie mir hin. »Hier, die könnte dir stehen.« Eine Lederjacke mit funkelnden Strasssteinchen an den Ärmeln. Ich ging zum Spiegel und hielt sie vor mich. Sie kostete 1.200 €.

Die Türglocke bimmelte, und eine Frau betrat den Laden. »Hallo«, rief meine Schwester strahlend. »Ich lasse Sie ganz in Ruhe schauen.« Sie drehte sich zu mir und zwinkerte mir zu. Nach 20 Minuten packte meine Schwester die Lederjacke mit den Strasssteinchen ein. »Das war der Bon des Tages«, lachte sie, als die Frau den Laden verlassen hatte. Wir verabschiedeten uns. Meine Schwester kniff mit Zeigefinger und Daumen meine Wangen zusammen und küsste die zusammengedrückte Haut. »Es war so schön, dass du da warst!«, rief sie noch einmal und winkte mir nach, als ich die Rolltreppe hinunterfuhr. Ich spürte die Leere in mir und die Erschöpfung. Ob es ihr genauso ging?

*

Seit einem Jahr wohnen wir jetzt in Köln. Meine 15-jährige Schwester hat in den letzten Monaten hart gehungert und ist nun gertenschlank. Sie ist hübsch, nein, schön. Und sie verändert sich. Sie dreht ihre langen blonden Haare auf und fettet sich die Lippen. Sie tuschelt mit ihren besten Freundinnen. Sie bekommt kleine Zettel zugesteckt, von Jungs, die sie aber allesamt doof findet. Ich schaue voller Entsetzen auf diese Entwicklung. Jeden Abend bete ich wie immer: »Beschütze Papi, Mami, Sanne und mich und Ami und Api und die Großeltern.« Jetzt mit dem Zusatz: »Und bitte lass mich nie erwachsen werden.« Stundenlang steht meine Schwester jetzt vor dem Spiegel, sie dekoriert ihr Zimmer rot. Sie telefoniert mit ihrer besten Freundin und kichert. Sie hat Geheimnisse vor mir.

Mein Vater arbeitet nun bei einer deutschen Stiftung, und jetzt hat meine Mutter den kürzesten Arbeitsweg der Welt. Sie leitet die evangelische Kindertagesstätte, die gleich um die Ecke liegt. Unsere Schule, das Montessori-Gymnasium, liegt am anderen Ende der Stadt. Wir fahren täglich zwei Stunden mit der Straßenbahn durch Köln.

Manchmal bringt uns unser Vater mit dem Auto. Dann schließen wir bei der Fahrt die Augen, und er lässt uns raten, wo wir sind. Er sagt dann, dass wir gerade am alten Zollhaus vorbeifahren. Und richtig, wir fahren nach links, so wie man es am alten Zollhaus tut. Aber in Wahrheit sind wir an der Esso Tankstelle. Und wenn wir zwischendurch die Augen aufmachen, sind wir ganz verwirrt und orientierungslos und lachen, weil er uns so reingelegt hat.

Eigentlich ist man mit meinem Vater oft orientierungslos und verwirrt, auch wenn man die Augen weit offen lässt. Heute schlägt er vor, nach London zu ziehen, und morgen, ein Ferienhaus in Italien zu kaufen. Er will im Urlaub in ein paar Wochen nach Griechenland fahren, und dann fahren wir nach Dänemark. Eine Weltumseglung wäre etwas Tolles. Oder eine Wanderung im Böhmischen Wald. Oder doch mit einem Skizzenblock in die Toskana?

Er setzt den Schachfiguren kleine Hüte auf. Im Restaurant schiebt er Streichhölzer unter die Tischdecke, sodass alle Gläser und Teller schief stehen. »Herr Ober«, sagt er dann, »der Tisch ist schief.« In Dänemark machen wir das Fernsehen an, und mein Vater übersetzt simultan vom Dänischen ins Deutsche. Da er kein Dänisch spricht, denkt er sich die Dialoge aus und fügt einen albernen Akzent hinzu. Mein Vater ist lustig und unterhaltsam und nie in der Realität.

Und dann gibt es noch eine andere Seite. Die kommt immer dann zum Vorschein, wenn er sich in die Enge getrieben fühlt, wenn ihn jemand festlegen will, aber auch, wenn er meint, die Kontrolle über eine Situation zu verlieren. Wenn er meint, nicht mehr die Macht in der Hand zu haben. Dann kann er, ganz plötzlich, sehr hart sein. Das ist umso schlimmer, als es einen völlig unerwartet trifft. Dann wird er ironisch, zynisch, ja böse. Kleine abkanzelnde Bemerkungen, die tief treffen und auch treffen sollen und die er im nächsten Moment nie gesagt haben will. Ein schwer zu fassendes Irrlicht, das mal hier und mal dort über einen morastigen Grund geistert.

Wenn ich durch unsere Wohnung gehe, sieht es aus wie überall. Die Küche ist aufgeräumt, die Fuchs-Gewürzdosen stehen nebeneinander über dem

Herd. Das Zimmer meiner Schwester ist ganz in Rot. Rote Kissen, eine rote Bettdecke, sogar ein runder roter Kamm liegt im Regal. »Rot ist jetzt meine Farbe«, hatte sie zu mir gesagt. »Du musst dir eine andere aussuchen.« Also kaufe ich mir einen gelben Kamm.

Im Bad stehen vier Zahnbürsten. Im Schlafzimmer meiner Eltern ist, wie immer, das Bett nicht gemacht, ganz im Gegensatz zu unseren Betten. Das Esszimmer ist gleichzeitig Gästezimmer, in der Mitte ein runder weißer Tisch, vor dem Fenster das Gästebett. Die Bauernuhr hängt links an der Wand, die Zeiger stehen zu jeder Tageszeit auf drei Minuten nach acht Uhr. Im Wohnzimmer sind die beiden Sessel und das blaue Rollkursofa. Gegenüber von der Fensterfront steht ein großes Bücherregal, mit Heine, Goethe, Fontane.

Links in der Ecke ist ein neues Fach entstanden, darin liegen, unter dem Gedichtband »Der ewige Brunnen«, in dem meine Mutter immer einen blauen Hundertmarkschein versteckt, auf einmal ganz neue Bücher. Sie sind nicht ledergebunden oder verziert, sondern haben lustige und lässige Titelbilder. Die Bücher rufen: »Hey, macht euch mal locker, Ehekrisen gibt es überall. Wir zeigen euch, wie ihr damit klarkommt.« Darin sind Schaubilder mit Kreisen und Dreiecken, die als Er und Sie bezeichnet sind. Zwischen den Kreisen und den Dreiecken fliegen Pfeile hin und her. Zuoberst liegt der neueste Band, auf dem Titelbild sind bunte Spielfiguren abgebildet. Eine rote und eine blaue Figur stehen nebeneinander. Und eine grüne Figur liegt umgestoßen auf der Seite. Die Figuren sind die gleichen, mit denen man auch Mensch ärgere Dich nicht spielt. Aber die Ehe meiner Eltern ist kein Spiel. Und sie hat auch keine Spielregeln mehr.

Die Anspannung steigt vor und nach den Dienstreisen meines Vaters an. Die Dienstreisen scheinen oft mit Abstechern nach Hannover verbunden zu sein. Wenn er zu Hause ist, klingelt manchmal spätabends das Telefon. Ich höre es, denn ich kann in letzter Zeit nur schlecht einschlafen. Dann stehe ich auf und öffne leise meine Zimmertür. Ich gehe auf Zehenspitzen halb die Wendeltreppe hinunter. Und sehe meine Mutter im Wohnzimmer stehen. »Hallo?«, ruft sie. Vermutlich rauscht und knackt es nur im Hörer, denn meine Mutter ruft immer lauter und bellender in die graue Sprechmuschel hinein. Aber durch das Spiralkabel dringt nichts als Schweigen, und meine Mutter knallt den Hörer auf die Gabel.

Wenn Geräusche eine Farbe hätten und ich noch in der Waldorfschule wäre und im Epochenunterricht die Streitkurve meiner Eltern malen müsste, dann finge die Kurve mit Grün an und würde sich über alle Farben bis hin zu Dunkeldunkellila steigern. Die Kurve würde im Badezimmer beginnen, sich durch den Flur ins Wohnzimmer winden, hinein in die Küche und im Schlafzimmer enden.

Meine Mutter gerät an manchen Abenden außer sich, sie schraubt sich höher und immer höher. Sie schreit. Sie zerschlägt Geschirr. Sie trommelt auf meinen Vater ein. Die Raufasertapete wirft alles ungedämpft in den Raum zurück, in alle Räume, die meine Eltern bei ihrem Streit durchlaufen. Die Worte meiner Mutter werden zu Monstern, obszönen Monstern, die immer größer und lauter und bösartiger werden, genährt von ihrer Verzweiflung und der kalten Gleichgültigkeit meines Vaters.

Wir kommen aus unseren Zimmern, meine Schwester mit einer Wolldecke bewaffnet. Die Handgriffe sitzen bei ihr wie beim Katastrophenschutz. Sie dreht die Decke zu einer festen Wurst und geht die Treppe hinunter. Unten dreht sie sie noch mal fest und legt die Wurst von innen vor den Spalt zwischen Tür und Fußboden. Wie einen Sandsack vor einen Deich, um die Flut abzuhalten.

Auch meine Schwester und ich streiten uns jetzt viel. Wir prügeln uns und ziehen uns an den Haaren. Die ausgespuckten Worte und Gesten unserer Eltern kleben auf den Türklinken, dem Treppengeländer, den Möbeln, den Wänden. Auf allen rauen und glatten Oberflächen. Sie haben auch uns infiziert. Wir beschimpfen uns. Meine Schwester schreit und schlägt unter die Gürtellinie. Ich lächele überlegen und grinse. Mache kleine spöttische Bemerkungen.

Ich hasse das laute Schreien meiner Schwester genauso wie das meiner Mutter. Es signalisiert Schwäche und Angst. Es ist von einer gewalttätigen Verletztheit. Meine Mutter und meine Schwester scheinen mir in diesen Momenten gut geschminkte, gut frisierte Schauspielerinnen, die im freien Fall die ganze schöne Bühnendekoration mit einreißen. Und am Ende unter den Trümmern begraben liegen.

Wir sitzen im Auto und fahren Richtung Brüssel. Ein Tagesausflug der Familie. Es regnet in Strömen. Meine Schwester und ich haben uns Bücher mitgenommen, aber wir können uns nicht konzentrieren. Unser Vater sitzt am Steuer und fährt die Aachener Straße hinunter. Und meine Mutter schreit. Gegen das Trommeln des Regens an. Und gegen die Unberührtheit meines Vaters. An den Ampeln sind wir froh, dass die Fenster geschlossen sind.

Ein Auto, das habe ich im Physikunterricht gelernt, ist ein faradayscher Käfig. Gerät er in ein elektrisches Feld, zum Beispiel in ein Gewitter, so wird der Blitz um die Außenseite herumgeleitet und fließt in den Boden. Das Innere des Autos ist geschützt, sagt der Physiklehrer. Was aber passiert in einem faradayschen Käfig, wenn der Blitz innen ist? Wohin entlädt sich die Energie, wenn die Fenster zu sind?

Nach drei Stunden sind wir in Brüssel. Wir laufen über den Großen Platz, er ist fast leer, es regnet weiter. Ich gehe neben meiner Mutter, meine Schwester etwas entfernt neben meinem Vater. Wir sind wieder mal aufgeteilt. Meine Schwester hatte sich, wie schon öfter in der vergangenen Zeit, aktiv in den Kampf eingemischt. Ich finde, dass sie Öl ins Feuer gießt.

Auf dem Rückweg kommen wir an einem Blumenfeld vorbei. Meine Mutter schaut auf das Feld und ruft: »Die Rosen!« Sie hat kurz vor der Abfahrt Rosenstängel abgekocht. Sie weiß, dass sie den Herd nicht ausgestellt hat. Mein Vater drückt das Gaspedal durch, und wir sausen durch den Abend.

Als wir wieder auf der Aachener Straße ankommen, rast die Feuerwehr an uns vorbei. Im Auto ist es jetzt ganz still. Was werden wir vorfinden? Werden die Nachbarn mit angebrannten Sachen vor einer qualmenden Ruine stehen? Wir biegen in den Mohnweg ab. Die Feuerwehr braust weiter die

Aachener Straße hinunter, irgendwo muss es noch eine brennende Küche geben, in einem anderen Haus, in einer anderen Straße. Wir laufen den kleinen Weg hoch. Unsere Wohnung ist noch da. Von außen ist alles unverändert. Wir schauen hinauf zum Küchenfenster.

Beim Aufschließen der Tür riecht es nach verbranntem Plastik und nach Pfeffer und nach Herbe de Provence. Der Wasserkessel steht keuchend und tobend auf der glühenden Herdplatte. Die Küche ist voller Qualm, und die Fuchs-Gewürzdosen hängen wie Stalaktiten über dem Herd. Ein wütendes Schlachtfeld, rasend, aber bewegungslos. Der Brandherd meiner Mutter, gefangen in einer Küche, in einer Wohnung, in einem Haus, in einer Straße, in einer Stadt, in einem Land, in einem Kontinent, in einer Welt, in einem Universum. Mein Vater reißt das Fenster auf.

Wenn mal wieder Katastrophenalarm ist und meine Schwester mit der Decke kommt, weiß ich, dass es wenig nutzt. Zwar ist es so, dass Schall nach oben steigt, aber Wasser fließt nach unten, und besonders, wenn es sich um die Sturzbäche meiner Eltern handelt.

Unter uns wohnt Vera. Sie ist meine beste Freundin. Das meiste, was ich früher mit meiner Schwester gemacht habe, mache ich jetzt mit ihr. Wir sind äußerlich ein ungleiches Paar. Sie hat kurze dunkle Haare und ist groß und kräftig. Ihre Brille mit den dicken Gläsern vergrößert ihre Augen und gibt ihr einen permanent erstaunten Gesichtsausdruck. Ich bin eher klein und schmal. Aber wir lachen über das Gleiche.

Vera schreibt. Ihre Geschichten spielen ausnahmslos in einem hochnäsigen Adelsmilieu mit feinen, aber hohlen Damen und feinen, aber dummen Herren. Dazu zeichnet sie feine, aber hohle Damen mit hochgereckten Nasen und feine, aber dumme Herren mit großen Kuhaugen. Am Nachmittag sitzen wir uns in Veras Zimmer gegenüber, und sie liest mir ihre Geschichten vor. »Leonie von Habenstein rümpfte ihr kleines Näschen. Sie saß auf ihrem Lieblingsplatz, gleich unter der Eiche, und schaute zum Schloss hinüber. Wo nur blieb Herr von Wartenburg?« Ich lese lieber Krimis, »Die drei Fragezeichen« oder »Die schwarze Hand«, wo man wie ein Detektiv mit der Lupe durch die Buchstaben fahren muss, um den Verbrecher zur Strecke zu bringen. Aber mir gefällt, dass sie sich die Geschichten selbst ausdenkt.

Ich bin immer bei Vera, sie ist nie bei mir. Denn

ich kann nicht abschätzen, in welcher Stimmung meine Mutter nach Hause kommt. Ich muss mich daran gewöhnen, dass ich bei Vera nicht vor 15 Uhr klingele, bei ihrer Familie gibt es feste Essens- und Ruhezeiten. Das ist bei uns schon lange nicht mehr der Fall. Meine Mutter bringt in Aluminiumbehältern Rindfleisch mit Schwarzwurzeln aus dem Kindergarten mit, und meine Schwester und ich wärmen uns das Essen irgendwann auf. Oder wir greifen im Laufe des Tages in das Tiefkühlfach des Eisschrankes und tauen ein Iglo Schlemmerfilet mit Knusperpanade auf.

Jeden Dienstag warte ich ab 19 Uhr in unserem Flur auf den Vater von Vera. Denn ich weiß, was am Dienstagabend in seiner hellbraunen Ledertasche steckt. Endlich höre ich die herzliche tschechische Begrüßung und weiß, dass er den Wohnungsflur betritt, in dem ein großer gelber Flokatiteppich in Fußform liegt. Seine Frau, die immer einen Staublappen in der Hand hat, gibt vermutlich gerade ihrem Mann einen Kuss auf die Wange.

Ich schaue zwischen den Metallstäben des Treppengeländers nach unten. Wenn die großen beigen Schuhe von Veras Vater neben der Fußmatte stehen, warte ich anstandshalber weitere fünf Minuten, bevor ich runterstürze und klingele. Ich komme ohne Umstände zur Sache: »Leihst du mir das neue Micky Maus?« Vera gibt mir dann meistens, ohne zu zögern, aber mit einem leicht missbilligenden Blick durch ihre Brille das nagelneue glänzende Heft. Manchmal gebe ich es zuerst an meine Schwester ab.

Vera und ich spielen viel in unserem Keller. Da sind wir beim Bau unserer Geisterbahn ganz ungestört. Wir hängen einen alten Vorhang auf und stellen ein Paar große schwarze Herrenschuhe dahinter. Wir hängen einen nassen Lappen auf, der heruntersaust, wenn man den Kellerschrank öffnet. Wir nehmen schauerliche Geräusche auf einem Kassettenrekorder auf. Wir verfassen »Das Lexikon der Streiche und Fallen« und versprechen den Nachbarskindern für nur 10 Pfennig Eintritt einen unvergesslich gruseligen Nachmittag.

Wenn unsere Mutter nicht da ist, geht meine Schwester jetzt manchmal in das Schlafzimmer unserer Eltern und öffnet den großen Spiegelschrank. Sie probiert die Blusen meiner Mutter und dreht sich vor dem Spiegel hin und her. Sie probiert die Schminke aus und das Parfum. Und die Cremedosen, die meine Mutter im Schrank versteckt hat. »Was machst du denn da?«, frage ich entsetzt, wenn ich von meiner Geisterbahn nach oben komme. »Nichts«, sagt sie dann, »ich habe nur ein Handtuch gesucht.« Manchmal verschwinden Blusen meiner Mutter. Sie sind einfach weg. Meine Mutter sucht und sucht und kann sie nicht finden.

Ich tauche jetzt nicht mehr nach der Hörzu und auch nicht nach der Gong, aber ich schaue manchmal noch aus alter Gewohnheit in den Müll. Da sehe ich einmal auf dem Grund eine vertraute Bluse liegen. Sie ist vollständig zerschnitten. »Warst du das?«, frage ich meine Schwester. »Ich?«, sagt sie. »Natürlich nicht.« Ich glaube ihr – und ich glaube ihr nicht.

Eines Sonntags fragt mein Vater, ob ich mit ihm auf der Aachener Straße spazieren gehen will. Meine Schwester fragt er jetzt gar nicht mehr. Immer nur mich. Und ich gehe immer mit. Denn meistens gibt es ein Abenteuer zu erleben. Wir laufen den Mohnweg entlang und biegen in die große und völlig leere Straße ein. »Komm«, ruft mein Vater, und wir balancieren auf dem weißen Mittelstreifen wie auf einem Drahtseil. Wir sind mitten auf der Straße, wir sind ganz allein. Denn Autofahren ist heute und die nächsten Sonntage verboten. Das hat der Kanzler Schmidt so angeordnet. Es ist kein Öl mehr da. »Kein Wunder«, sagt mein Vater, zeigt auf einen alten Ölfleck auf der Straße und lacht.

*

Ich legte auf und versuchte es gleich noch mal. Vielleicht hatte ich mich verwählt. Ich ließ es wieder lange klingeln. Die Wohnung war nicht groß. Ein Wohnzimmer mit einer kleinen offenen Küche und ein Schlafzimmer. Meine Schwester konnte nicht zu Hause sein, sonst wäre sie längst drangegangen. Sie war doch von jedem Punkt der Wohnung aus in sechs Schritten am Telefon.

Ich hatte sie einmal dort besucht. Da waren sie und Thomas gerade eingezogen. Meine Schwester öffnete mir damals die Tür und schaute hinunter auf meine Füße. »Soll ich die Schuhe ausziehen?« Ja. Und ich sollte sie vor der Tür stehen lassen. Sie können Keime in die Wohnung einschleppen, sagte meine Schwester. Ich lief auf Socken über den gebürsteten Teppichboden und bewunderte die neuen Räume.

Das Bad war schneeweiß, und auf der Ablage vor dem Spiegelschrank standen viele Hautcremes, noch mehr als früher. Eine Creme für das Gesicht morgens, eine Creme für das Gesicht abends, eine Creme für den Körper, eine Creme für die Füße, eine Creme für die Hände, eine Creme für die Lippen, eine Creme für die Augen. Sie standen kerzengerade und ausgerichtet nebeneinander. Die Verpackung sah noch ganz neu aus. Meine Schwester brauchte die Cremes immer nur halb auf und kaufte dann neue. Damit sie schön aussahen und nicht verschrammt oder verschmutzt.

In der Küche standen die Dinge so akkurat und im exakt gleichen Abstand voneinander, als müsse sich ein Operateur im Dunkeln zurechtfinden. Und auch das Wohnzimmer sah ganz unberührt aus. Es war, als bewege ich mich nicht in den Räumen selbst, sondern als schaue ich sie nur von außen an. Als sei ich gar nicht wirklich hier, sondern säße irgendwo anders und blätterte die Seiten eines Kataloges.

In der Ecke auf dem weißen Sideboard standen zwei Fotos. Auf dem einen waren meine Schwester und ich als Kinder zu sehen, ich bin zwei, meine Schwester vier Jahre alt. Wir spielen »Hutzi«. Bei diesem Spiel umklammerten wir uns und drückten und quetschten die andere so fest, dass sie fast keine Luft mehr bekam. Dazu riefen wir gleichzeitig »Hutzi«.

Es war das andere Foto, das mich ganz unvermittelt traf. In diesem Hochsicherheitstrakt, der keine Emotion rein- und keine rauszulassen schien, überfiel mich das Bild umso stärker. Es zeigte meine Mutter mit meiner Schwester und mir in New York.

Meine Schwester hat ihre indianische Kette um den Hals. Ich trage einen dicken Pullover über der roten Latzhose. Wir beide sehen ernst aus. Meine Mutter in der Mitte ist schlank und elegant und hat ihren schwarz-weiß gezackten Mantel an. Sie hält eine schwarze Handtasche in der Hand und ist die Einzige von uns dreien, die leicht lächelt.

Wir stehen mitten auf der Straße. Es muss in Chinatown sein, auf dem Bürgersteig hinter uns sind viele Asiaten zu sehen und das Schild eines chinesischen Restaurants. Am Straßenrand parken die übergroßen Straßenkreuzer der 1970er-Jahre.

Ich hatte seit vielen Jahrzehnten kein Foto von meiner Mutter gesehen. Ich hatte es bewusst vermieden. Und fast vergessen, wie sie ausgesehen hatte. Diese mädchenhafte Zerbrechlichkeit. Ihre Scheuheit. Ihre Verlorenheit. Es war jetzt schon so lange her, dass sie sich das Leben genommen hatte. Meine Schwester hatte das Bild in einen silbernen Rahmen getan. So als wäre es eine schöne Erinnerung. So als wäre nur die Vergangenheit in dem Bild und nicht die Zukunft. So als wäre die Geschichte abgeschlossen.

*

Im Sommer 1974 fahren wir mit unseren Eltern nach Capri. Meine Schwester und ich schnorcheln den ganzen Tag im Meer und machen mit unserem Vater Wanderungen um die Insel. Meine Mutter liegt im Liegestuhl und liest einen dicken Tolstoi nach dem anderen.

»Wenn man auf Capri ist, muss man sie einfach gesehen haben«, sagt mein Vater nach einer Woche. Er steht schon neben dem Liegestuhl meiner Mutter. Die schaut von ihrem Buch auf und blinzelt unschlüssig gegen die Sonne. Schließlich steht sie doch auf und zieht ihr leichtes Sommerkleid über. Die beiden brechen auf, zur Blauen Grotte.

Am frühen Abend sind sie zurück und haben eine neue Bekanntschaft gemacht: Riccardo. Sie waren die Via Grotta Azzurra entlanggegangen, und plötzlich war meine Mutter stehen geblieben. Vor den Oleanderbüschen mit den duftenden Blüten, die über die hohen Steinmauern eines großen Grundstückes ragten. Sie hatte sich eine Blüte abgezupft und ins Haar getan. Und Riccardo war vor das Tor der alten weißen Villa getreten und hatte meine Mutter gefragt, ob sie auch so gerne Oleanderblüten mag.

»Kommen Sie doch auf dem Rückweg auf ein Glas vorbei!«, hatte Riccardo hinterhergerufen. Und das hatten sie getan. Riccardo hatte sie bereits mit einem gut gekühlten Weißwein erwartet. Nach zwei, drei Gläsern hatte er beschwingt angeboten, die beiden ins Hotel zurückzubringen. Und so waren sie, meine Mutter mit roten Wangen, mein Vater lachend, in Riccardos altem zerbeultem Fiat Uno vorgefahren. Meiner Schwester und mir hatte er fröhlich zugewinkt, der kleine, ältere Herr mit Glatze, verwaschenen Jeans und Polohemd. Und unseren Eltern hatte er beim Abschied eine Einladung hinterhergerufen. Zu einem »kleinen Empfang« in seinem Haus, in zwei Tagen.

Der Empfang beginnt um 18 Uhr. Meine Mutter geht entgegen ihrer sonstigen Gewohnheit bereits um 16 Uhr ins Hotel, um sich zurechtzumachen. Als wir sie um halb sechs abholen, ist sie so gerade eben fertig geworden. Sie sieht wunderschön aus. Ein schulterfreies Blumenkleid in leuchtenden Farben, wodurch ihre gebräunte Haut noch mehr zur Geltung kommt.

Vor den Oleanderhecken wartet bereits ein Mann in Livree und weißen Handschuhen, um uns einzulassen. Die Eingangshalle ist voller Menschen in eleganten Sommerkleidern, dazwischen Kellner mit silbernen Tabletts, die Begrüßungsdrinks offerieren.

Riccardo kommt auf uns zu gesegelt, er trägt wie gestern Jeans und Polohemd und hat ein Whiskyglas in der Hand. Eigentlich passt er nicht in die Szenerie. Im Gegensatz zu seiner Frau Sofia, die kurze Zeit später auftaucht. Sie gehört genau hierher. Gut aussehend, hochgewachsen, mit dichtem weißem Haar. Sofia ist elegant gekleidet und steht unnahbar neben ihrem Mann. Sie gibt uns die Hand. Sie schaut auf meine Mutter hinunter. Und dann auf uns. Da ist etwas an ihrer Erscheinung, in ihrem Gesicht, das mir vertraut ist. Die ausgebremste Lebendigkeit ihrer Begrüßung, das leichte Zucken der Mundwinkel beim Lächeln, das unwiederbringlich Erloschene in ihrem Blick.

Mein Vater hat die Theorie, dass in jedem Leben die Energie des Urknalls steckt. Dass wir alle angetrieben werden von einer Urenergie, die immer vorwärtsstrebt und auch im Tod nicht erlischt. Weiter und immer weiter treibt die Energie, durch die Erde hindurch und hinein in die Entstehung neuen Lebens.

Aber was passiert eigentlich mit der ausgebremsten Energie einer Sofia? Wohin geht ihre Lebendigkeit und ihre Lebensfreude? Was passiert überhaupt mit der Energie all dieser ausgespuckten Frauen?

Entlädt sie sich in nächtlichen Explosionen? Tobt sie an den geschlossenen Scheiben faradayscher Käfige entlang? Rast sie in ungerichteter oder gerichteter Wut gegen Mann, Kinder, Gegenstände, so lange bis sie, die Energie und sie, die Frau, schwächer werden? Bis sie nur noch ausreicht für ein kaum merkliches Zucken der Mundwinkel? Um sich dann als graue, unbewegliche, erstarrte Lava über den brodelnden Untergrund zu legen?

Und fließt diese Energie unter dieser Erstarrung immerzu weiter, in die Destruktion, nach außen wie nach innen? Eine Destruktion gegen sich selbst und gegen die anderen Frauen, die den eigenen Platz einzunehmen scheinen, bis diese dann eines Tages selber an der Reihe sind und den gleichen Weg gehen? Gibt es da denn gar kein Entrinnen?

Riccardo stellt »Gisella« seinen Freunden vor. »Looks like Romy«, sagt er und lächelt zufrieden. Er ist Journalist beim Corriere de la Sera, seine Freunde sind es auch. Meine Schwester und ich laufen durch das Haus und den Garten und versuchen bei den verschiedenen Kellnern möglichst viele Töpfchen mit Mousse au Chocolat und Pannacotta zu ergattern. Erst am späten Abend fahren wir zurück.

Riccardo bleibt uns in diesem Urlaub erhalten. Er lädt meine Eltern zum Essen ein. Er kommt mit seinem Fiat Uno bei uns vorbei und lädt uns zu einer Inselrundfahrt ein. Dabei zeigt er uns den Ausblick von Anacapri aufs blaue Meer. Ganz in der Ferne liegt Ischia im Dunst. Riccardo legt den Arm um die Taille meiner Mutter, geht mit seinem Kopf ganz nah an ihren und zeigt mit ausgestrecktem Arm zur Insel hinüber. »Ecco«, sagt er.

Buon giorno, buona sera, buona notte. Meine Mutter lernt jetzt Italienisch. Sie sitzt in Köln am Esszimmertisch und spult die Worte vor und zurück. Es hört sich an wie Micky Maus. Oder wie Griechisch, rückwärts. Die Stimmung zwischen meinen Eltern ist ruhiger. Der Krieg ist kühler geworden, meine Mutter hat bis zur scheinbaren Waffengleichheit nachgerüstet.

Bevor Riccardo nach Köln kommt, gibt es für meine Mutter noch ein paar Vorbereitungen zu treffen. Einmal die Woche kommt jetzt ein kräftiger Mann mit Bürstenhaarschnitt ins Haus, der sie im Gästezimmer massiert. Durch die halb heruntergelassenen Jalousien fällt die matte Herbstsonne auf meine Mutter, die bäuchlings auf dem Bett liegt, nur mit einer Unterhose bekleidet. Ihre Bräune frischt sie mit künstlicher Sonne auf.

Unsere Eltern planen ein Willkommensfest für

Riccardo. Meine Mutter malt eine Einladungskarte und schreibt »Hommage an Riccardo« dazu. Sie geht die Gästeliste durch. Mein Vater organisiert einen geeigneten Raum für 60 Gäste, das festliche Kellergewölbe eines befreundeten Architekten-Ehepaares. Die Überraschung ist für den Abend nach dem Ankunftstag der Alitalia-Maschine aus Rom geplant.

Meine Mutter putzt die Wohnung und stellt frische Blumen auf den Wohnzimmertisch. In der Küche stehen für die erste Begrüßung Cocktail-Knabbereien und frische grüne Oliven bereit. »Riccardo kommt gleich«, sagt mein Vater fröhlich, »er ist ein guter Freund der Familie.«

Am Nachmittag klingelt das Telefon. Meine Mutter hält den grauen Telefonhörer in der Hand. Sie steht mit ihrem schönsten beige-braun-schwarzen Blumenkleid im Wohnzimmer. Es ist Riccardo. Er sagt, dass er leider verhindert sei. »Das tut mir leid«, sagt mein Vater und kann ein leichtes Lächeln nicht verbergen. Das Fest kann nicht mehr abgesagt werden.

In dem festlich geschmückten Gewölbe stehen die festlich geschmückten Gäste. Auch meine Schwester und ich sind fein herausgeputzt. Meine Schwester hat die blonden Locken hochgesteckt, und die Freunde meines Vaters werfen ihr lange

Blicke zu. Mein Vater steht mit seiner rosa-grünen Pop-Krawatte auf einer Leiter und hält eine gut gelaunte Rede. Er sprüht vor Witz und Charme, und die Gäste lachen und klatschen. In der Schar der Zuhörenden steht eine Frau mit einem Netz auf den schulterlangen braunen Haaren und einem schwarzen rückenfreien Kleid. Ich sehe sie im Profil, in der zweiten Reihe. Sie ist schön und strahlt meinen Vater an. Meine Schwester beugt sich zu mir rüber und flüstert mir ins Ohr: »Das ist seine Neue.«

An der Seite sehe ich auch die schmale Gestalt meiner Mutter. Wie ein schönes Geschenk sieht sie aus, nicht entgegengenommen und nicht ausgepackt. Ihre großen Augen mit den blauen Augendeckeln schauen an den Gästen vorbei ins Leere. Sie hat das Spiel bei Weitem nicht so im Griff wie mein Vater.

Drei Tage später erscheint Riccardo dann doch noch. Meine Mutter holt ihn vom Flughafen ab. Als sie mit ihm zusammen unsere Etagenwohnung betritt, kann man sehen, dass er enttäuscht ist. Da retten auch die Blumen und die grünen Oliven nichts. Wir sitzen zu fünft am Abendbrottisch in der Etagenwohnung und essen stumm das mediterrane Gericht, das meine Mutter gezaubert hat.

Riccardo zieht noch am gleichen Abend in das Schlafzimmer ein, das mein Vater schon vor vielen Monaten geräumt hat. »Sie hat mich rausgeworfen«, hatte er zu mir gesagt, als ich ihn eines Morgens aus dem Esszimmer kommen sah.

Riccardo sitzt jeden Tag im Wohnzimmer, auf dem Sessel, der in den Raum hineinschaut. Offenbar zieht er den Blick auf das Bücherregal dem Anblick auf die gelb geklinkerte Wohnungsreihe von gegenüber vor. Hier wächst kein Oleander, sondern Kirschlorbeer. Er schaut auf das Bücherregal mit Goethe, Heine und Fontane, in dem links der Stapel ungelesener Beziehungsratgeber liegt, zuoberst der Band mit den bunten Figuren, mit denen man auch Mensch ärgere Dich nicht spielt. Auf dem Wohnzimmertisch liegt der Corriere de la Sera mit einem Artikel von Riccardo. Die Hannoversche Allgemeine hingegen habe ich schon länger nicht mehr gesehen.

Riccardo sitzt zehn Tage lang in demselben Sessel. Wenn ich aus der Schule komme, kann ich ihn schon von der Wohnungstür aus sehen. Der Italiener friert im deutschen September. Er sitzt da in seinem dicken Pullover und dem hellblauen Hut aus Segeltuch mit einem halb leeren Whiskyglas in der Hand. Er ruft »Buon giorno, Carina«, und dann winkt er mich zu sich. Er stellt das Glas auf der breiten Holzarmlehne des Sessels ab und zieht mich auf seinen Schoß. Und dann streichelt er mich an den Armen, und sein Alkoholatem weht mir in den Nacken.

Ich sitze wie festgefroren eine Minute lang auf Riccardos Schoß, bis ich mich freiwinde und nach oben in mein Zimmer gehe. Habe ich meiner Schwester etwas davon gesagt? Habe ich sie auch auf seinem Schoß gesehen? Oder sehe ich mich selber da sitzen, auf dem Schoß eines angetrunkenen älteren Mannes?

Ja, ich sehe mich selber da sitzen. Auf dem Schoß eines angetrunkenen älteren Mannes. Ist das Scham? Die innere Empfindung spüren und gleichzeitig den Blick von außen? Was hat eigentlich meine Schwester alles erlebt? Mit Riccardo oder mit anderen? In dieser Atmosphäre, in der alles möglich war? In der es keinen Schutz gab, nicht vor den Freunden unserer Mutter und auch nicht vor den Freunden unseres Vaters? Und ab wann ist meine Schwester eigentlich dick geworden?

Als Riccardo wieder abgefahren ist, ist es trotzdem so, als säße er immer noch da. Das gleiche beklommene Gefühl beim Öffnen der Wohnungstür, der gleiche schnelle Blick ins Wohnzimmer. Riccardos hellblauer Segeltuchhut scheint weiterhin über dem Sessel zu schweben, sein Alkoholatem ebenso. Nur das Whiskyglas ist weg, geblieben ist nur ein dunkler Rand auf der Armlehne des Sessels.

*

Die Scham. Hatte ich die nicht auch? Hatte ich nicht später, als ich schon erwachsen war, eine Zeit, in der ich unkontrolliert rot wurde? In der ich Angst hatte, in eine volle U-Bahn zu steigen, Angst vor den Blicken der anderen? War das nicht auch Scham? Oder war das Wut? Oder beides? Wieso hatte meine Schwester diese Scham? Und die Angst? Ich hatte nach dem Tod unserer Mutter eine Therapie gemacht, und das Gefühl hatte sich ganz allmählich verflüchtigt, nur selten flammte es noch auf.

Erst ein paar Jahre nach der Klinik habe ich das Thema angesprochen. Meine Schwester und Thomas hatten uns zu Weihnachten besucht. Sie waren mit dem Auto von Hamburg gekommen und parkten vor der Türe. Thomas öffnete den Kofferraum seines Golfs und schleppte einen Kasten Wasser ins Haus. »Ich trinke kein Wasser aus der Leitung«, sagte meine Schwester, als sie meinen überraschten Blick sah, »und ihr habt vermutlich noch Bleileitungen.« Die Leitungen waren alle neu, und das Wasser kam frisch aus der Talsperre nebenan. Aber meine Schwester sagte: »Ich gehe lieber auf Nummer sicher.«

Jetzt saßen wir beide vor dem Kamin. Vor zwei Tagen hatte es angefangen zu schneien, und draußen war alles weiß. Auf jedem einzelnen Ast lag Schnee. Das Feuer knisterte, und durch die große Scheibe des Ofens konnte man die Flammen auf- und niedertanzen sehen. Thomas war mit Alice spazieren gegangen.

»Ist eigentlich früher mal irgendetwas passiert?«, fragte ich und starrte in die Flammen. »Was meinst du?« Meine Schwester sah mich an. »Bist du irgendwann mal von irgendjemandem sexuell belästigt worden? Vielleicht von einem Freund von Papi, von irgendeinem Lehrer. Oder von Papi? Von wem auch immer, wann auch immer?« Ich wollte alles einmal ausgesprochen haben.

Meine Schwester schüttelte den Kopf. »Nein«, sagte sie. Ich nickte. Ich hätte es vermutlich mitbekommen, wir waren ja immer zusammen gewesen und hatten uns gemeinsam durch den ganzen Schlamassel gekämpft. Andererseits hatte mich meine große Schwester immer geschützt. Operation Hase war in jeder Lebenslage abrufbar für mich gewesen. Immer hatte sie sich vor mich gestellt. Verdankte ich meine Stärke etwa ihrer Schwäche?

»Wir haben uns gegenseitig gestützt«, sagte

meine Schwester, als hätte ich das, was ich gerade gedacht hatte, laut ausgesprochen.

Ja, wir waren zusammen durch diese Wüste gegangen, in der weit und breit kein Strauch war und kein Baum und kein Schatten. Meine Schwester hatte schon damals einen Kasten Wasser dabeigehabt, für uns beide zusammen.

Vielleicht gab es zwei flimmernde Oasen am Horizont dieser endlos scheinenden Fläche. Aber wir mussten die Route wählen. Wählen zwischen den beiden unscharfen Silhouetten im fernen Dunst: Liebe oder Achtung? Die linke Oase versprach nur Liebe, die rechte nur Achtung. Doch in Wahrheit waren auch das Trugbilder. Man konnte noch so lange laufen, der Abstand verringerte sich nicht. Ein Restzweifel blieb. Ist das dahinten links wirklich Liebe? Und das dahinten rechts wirklich Achtung? Und will man nicht eigentlich beides? Denn was ist Liebe ohne Achtung? Und was Achtung ohne Liebe?

Alles unscharfe Bilder. Auch hier und jetzt vor dem Kamin war es für meine Schwester und mich kaum erkennbar. Wir schauten in die Flammen. »Sie war gar nicht dumm«, sagt meine Schwester unvermittelt.

»Nein, natürlich nicht.« Ich wusste, dass ich schnell und mit fester Überzeugung bestätigen musste. Ich wusste, dass meine Schwester nicht nur über unsere Mutter sprach, sondern auch über sich selbst. Die Schöne und die Kluge, das waren unsere Mutter und deren Schwester. Und wir?

»Sie war gar nicht dumm«, wiederholte sie, »obwohl auch er es immer so hingestellt hat.« Ja, das hatte unser Vater getan, genau wie unser Großvater. »Ich konnte nicht mit ihr reden«, hatte mein Vater mal zu mir gesagt. »Sie war süß, aber dumm.«

Meine Schwester hatte zu Hause das Foto von unserer Mutter aufgestellt. Es stand in ihrem keimfreien Wohnzimmer auf dem weißen Regal.

Auch wir waren geteilt worden, meine Schwester und ich, so wie meine Mutter und ihre Schwester geteilt worden waren. Wir waren zwei Hälften, die eigentlich nur zusammen ein Ganzes ergaben.

Was bedeutete eigentlich der Blick unseres Vaters auf mich und auf meine Schwester? War das ein Blick, der zwischen schön und klug, zwischen Liebe und Achtung unterschied? Frauen, die von unserem Vater geliebt wurden, waren in Gefahr. Das hatte ich schon früh verstanden. Seine Liebe bot eine Scheinsicherheit, die in Abhängigkeit mündete. Um von ihm geliebt zu werden, musste man schwach, ja hilfsbedürftig sein. Liebe war etwas, das man mit Demütigung bezahlte, etwas, das einen am Ende vernichten konnte. Achtung konnte einen retten.

Wir waren zu zweit durch diese Wüste gegangen, meine Schwester und ich. Zu zweit gewandert durch diese erschöpfende Weite. Zu Beginn war der Winkel zwischen unseren Wegen kaum sichtbar, kaum messbar gewesen. Aber er wurde doch größer mit jedem Schritt. Mit jedem Schritt entfernten wir uns mehr voneinander. Meine Schwester wählte die Liebe, ich die Achtung.

»Es war einfach zu viel für uns beide«, sagte sie an diesem Tag vor dem Kamin. Draußen wurde es allmählich dunkel. »Warum wolltest du damals eigentlich nicht mehr leben?«, fragte ich. Es fiel mir schwer, so direkt zu fragen, auch noch zehn Jahre danach. Es war zu spüren, dass ich mit meinen Fragen wie mit verschlammten Stiefeln über ihren frisch gesaugten Teppichboden trampelte. Meine Schwester hatte alle Spuren ihrer Krise, ihres Klinikaufenthaltes und ihres Blickes aus dem 10. Stock des Krankenhauses gründlich weggewischt. Alles war wieder clean. »Ich weiß es nicht mehr«, sagte sie. »Und ich möchte mich auch nicht mehr daran erinnern.«

*

In unserem Badezimmer in Köln hängt ein Spiegelschrank. Er zeigt die aktuellen Entwicklungen an, die positiven wie die negativen. Die positiven

Entwicklungen gehen alle auf das Konto meiner Schwester: Sie wird immer schöner. Die kräftigen blonden Locken fallen weich auf ihre Schultern, ihr ebenmäßiges Gesicht wird von einem strahlenden Lachen erhellt, dank Diät und täglicher Gymnastik in ihrem Zimmer ist meine Schwester gertenschlank.

Befrage ich den Spiegelschrank nach meinem aktuellen Stand, räuspert er sich verlegen. Von vorne. Wenn man allerdings die linke und rechte Tür ausklappt, gibt es kein Halten mehr. Die Bilanz von der Seite fällt ganz verheerend aus: Meine Nase wächst und wächst. Jeden Tag ein Stückchen länger. »Ist doch nicht schlimm«, sagt meine Schwester und lächelt fein. Meine Mutter versucht, mich zu trösten, und erzählt mir die Geschichte vom hässlichen Entlein, aus dem eines Tages ein schöner Schwan wird. Ich denke an die Schwäne im Maschsee, an denen das Wasser abperlt, und weiß nicht, ob das wirklich gute Aussichten sind.

Wenn meine Schwester und ich morgens die Straßenbahn nehmen, vermeiden wir den letzten Wagen. Denn hinten sitzen die Jungs, das ist ihr Terrain. Manchmal erwischen wir die Bahn so knapp, dass wir nur noch laufend die letzte Tür erreichen. Das ist dann schlecht. Denn sobald die Jungs meine Schwester erblicken, gibt es ein Gerangel. Sie rülpsen, schubsen und umturnen die Haltestange, an der meine Schwester sich festhält. Meine Schwester hasst diese Jungs.

Auf dem Schulhof sehen wir uns selten. Sie sitzt meist ein wenig abseits mit ihrer besten Freundin auf einer Bank. Und ich stehe mit meinen beiden Freundinnen Regula und Somaya zusammen. Wir tragen alle drei die gleichen Cordanzüge und die gleichen dicken schwarzen Schnürschuhe. Auch wir stehen in sicherer Distanz zu den größeren Mädchen, die von uns abschätzig betrachtet werden. In regelmäßigen Abständen erneuern wir unser Versprechen: Wir bilden einen Kreis, die kleine blonde Regula, die große dunkle Somaya und ich. Dann strecken wir drei Finger zum Schwur, legen sie in der Mitte aufeinander und sagen im Chor: »So werden wir nie.«

Nach der Schule verabreden wir uns mit unserem Kennwort: Nautilus. Das schreibe ich auf einen Zettel und gebe ihn an Regula weiter, die gleich neben mir sitzt. Regula liest, faltet den Zettel sorgfältig zusammen und gibt ihn über den Gang hinweg weiter an Ludger, der ihn bereitwillig an Ivan weiterreicht, und der gibt ihn Somaya. Dann nicken wir drei uns verschwörerisch zu. Nautilus. Ich weiß nicht, wie wir auf den Namen gekommen sind. Es ist der Code für eine Welt, zu der nur wir den Zugang kennen, in die nur wir Einlass erhalten. Wir treffen uns am dicken Busch vor dem verwilderten Grundstück. Wir schauen nach rechts, wir schauen nach links. Wenn die Luft rein ist, zwängen wir uns hinter den Busch, der das Loch im Zaun dahinter verbirgt. Dann geht es den Pfad entlang, der nur von unseren Füßen geformt wurde.

Der Pfad windet sich durch die Gräser, immer tiefer und tiefer hinein in den Dschungel. Und dann sind wir da. Regula, Somaya und ich murmeln im Chor: »Nautilus. Sulituan.« Das Passwort muss vorwärts und rückwärts ausgesprochen werden. Wir biegen die Zweige auseinander und schlüpfen hinein. Es sind Büsche, in die wir mit unseren Taschenmessern einen Hohlraum geschnitten haben. Ein von außen unsichtbarer Raum, geschützt von grünen Blättern, durch die das Sonnenlicht blitzt. Wir legen den rosa-weißen Pfefferminzbruch auf den Tisch aus geschichteten Ziegelsteinen und holen die drei Dosen Mirinda-Limonade aus unseren Taschen. Wir setzen uns. Hier, an diesem Ort, können wir die Zeit einen Augenblick lang anhalten.

Meine Schwester ist in dieser Zeit viel in ihrem Zimmer. Sie hat dort einen großen Spiegel, mit dem sie ihr äußeres Bild kontrollieren kann. Sie schminkt sich sorgfältig und richtet immer wieder ihre Haare neu. Mal sind sie offen, mal hochgebunden, mal hat sie einen strengen Ballettknoten. Sie hat ein eigenes Waschbecken im Zimmer. Sie wäscht sich oft.

Unsere Eltern beginnen, unser Leben zu planen. Meine Schwester soll mal einen reichen Arzt heiraten oder einen Anwalt. Und ich? Ich soll Forscherin werden. Und ja, vielleicht noch einen Forscher heiraten, mit dem ich dann gemeinsam im Labor sitze und forsche. Meine Schwester wünscht sich neue Kleider und Schmuck zum Geburtstag, ich bekomme einen Elektrobaukasten. Und wünsche mir ein Rätselbuch und einen Zauberkasten.

Das Leben von uns beiden beginnt immer mehr auseinanderzudriften. Ich sitze in meinem Zimmer und zaubere ein Plastikei weg oder lese »Karlsson vom Dach«. Seit einigen Tagen schreibe ich an einem Kriminalroman, in dem drei Jungen in New York einem Verbrechen auf der Spur sind. Ich sitze da und klappere mit der Schreibmaschine, die mein Vater mir hingestellt hat. Meine Schwester probiert verschiedene Sorten Lipgloss, telefoniert mit ihrer besten Freundin oder dekoriert ihr Zimmer um. Wir treiben immer weiter auseinander, dennoch gibt es zwischen uns einen unsichtbaren

Faden, der uns miteinander verbindet, immer noch. Immer noch sind die Erwachsenen unsere natürlichen Feinde.

Die Erwachsenen. Sie sind eine andere Kategorie Mensch. Manchmal, wenn wir nach der Schule allein zu Hause sind, schlagen wir das Telefonbuch auf. Und wählen irgendeine Nummer. Dann sitze ich mit wild pochendem Herzen neben meiner Schwester, die den Hörer zwischen unsere beiden Köpfe hält. »Hallo?«, sagt sie mit heruntergedrückter, scheinfreundlicher Stimme, die mich an Herrn Timm erinnert. »Hier ist Isabelle, von Ihrer Reinigung. Wir haben Ihr Kleidungsstück hier. Diesen Fleck bekommen wie leider mittels einer herkömmlichen Behandlungsmethode nicht mehr heraus.« Dann macht sie eine Pause, und wir lauschen in die Stille hinein. »Sollen wir den Fleck rausbrennen oder rausschneiden?«

Manchmal spricht sie auch italienisch. Angestachelt durch die Kassetten meiner Mutter überdeckt sie den Angerufenen mit einem Schwall einer unverständlich klingenden Sprache, Italienisch, Bulgarisch, Rumänisch, alles ohne Sinn, rein phonetisch nachempfunden. Brustani certa dobristini wiiissen Sie perfecto wirr haben schaschliki prosta. Da sie immer auch ein paar deutsche Worte durchblitzen lässt, versuchen die Angerufenen fieberhaft, einen Sinn zu erkennen. Ich presse mir eines der blauen Sesselkissen auf den Mund, um mein Lachen zu dämpfen.

Im Gegensatz zu Riccardo schauen wir gerne auf die Wohnungsreihe gegenüber. Das geht am besten vom Zimmer meiner Schwester, denn da sind schräge Dachfenster, die man zu kleinen hinterhältigen Sehschlitzen verengen kann. In der Wohnung gegenüber sitzt manchmal ein junger Mann mit langen Locken an seinem Dachfenster und spielt Gitarre. Er singt die gleichen Lieder wie mein Musiklehrer in der Schule, »Michelle« von den Beatles und Bob Dylans »Dream«, und er schaut dabei verträumt zum Fenster hinaus. Wir nennen ihn Lui.

Lui hat einen Vater, den Lui-Vater. Er ist das Gegenteil seines Sohnes. Silberne, sorgfältig von der Seite über die Glatze gekämmte Haare, immer elegant gekleidet, mit federndem Gang. Er fährt einen Porsche, der genauso silbern ist wie seine Haare. Den parkt er stets vor der Tür. Manchmal sind wir zufällig an der Dachluke, wenn der Vater ankommt. Das ist ein Glücksmoment. »Jetzt kommt's«, flüstert dann meine Schwester. Denn wenn der Lui-Vater aus dem Wagen steigt, ist er nur ein ganz kleines Stückchen größer als im Sitzen. Das liegt an den kurzen Beinen. Wir haben das gleich zu Beginn unserer Beobachtungen recherchiert, in den Porsche hineingesehen und entdeckt, dass da ein ziemlich hohes Kissen auf dem Fahrersitz liegt. So kann er zumindest über das Lenkrad sehen, hatte meine Schwester gesagt. Das finde ich unlogisch. »Das Gaspedal müsste doch höhergelegt sein«, argumentiere ich dagegen.

Wenn wir nicht auf Posten sind, erkennt meine Schwester inzwischen schon das Geräusch des Porsches und ruft: »Schnell, der Lui-Vater.« Dann komme ich aus meinem Zimmer gerast. Ab und an steigt der Lui-Vater nicht allein aus dem Auto. Er hat dann eine Frau dabei, immer eine andere, immer im Alter seines Sohnes. Immer nachmittags gegen 15 Uhr. Meine Schwester hat das bereits ein paarmal beobachtet und kann daher präzise vorhersagen, was gleich passiert. »In genau fünf Minuten gehen in dem rechten Raum die Jalousien herunter«, flüstert sie. Und so ist es. Mit dem ratternden Geräusch, das bei allen Häusern um uns herum eigentlich den Abend einläutet, gehen im rechten Raum die Jalousien herunter. Nach 20 Minuten gehen sie dann auch schon wieder hoch. Und nach weiteren 10 Minuten kommt der Lui-Vater mit seiner Begleitung aus dem Haus, sie steigen in den silbernen Porsche und fahren davon.

Auf meiner Seite geht es weniger aufregend zu.

Da gibt es nur den Garten vom dicken Helmut. Wir kennen seinen Namen, weil seine Frau ihn etwa 20 Mal am Tag ruft. Dann schallt es »Heeeelmut!« hinauf in mein Zimmer. Aber die Aktivitäten des dicken Helmuts sind überschaubar. Immer samstags steht er im Unterhemd vor dem Grill und wendet die Würstchen. Das ist alles, was sich über den dicken Helmut sagen lässt. Da gibt es einfach gar nichts, was unsere Fantasie weiter beschäftigen könnte.

Sommerferien. Es geht mit Ami und Api in das Ferienhaus an der Ostsee. Das Haus hat einen großen Garten, dahinter eine Aue, über die eine kleine Holzbrücke führt. Und dann Wiesen, so weit das Auge reicht. Auch hier hat Ami kein eigenes Schlafzimmer. Während Api oben neben dem Schlafsaal von uns Kindern sein Kämmerchen hat, schläft Ami, wie lange auch in Celle, auf dem Sofa. Erst mit 70 Jahren, wenige Jahre vor ihrem Tod, wurde eine Terrasse für sie überdacht, mit großen Fenstern zum Garten. Und jedes Mal, wenn man bei ihr klopfte, öffnete sie mit dem gleichen erstaunten Lächeln die Türe, als könne sie, die Erbin des Wölfelsgrunder Sanatoriums, es immer noch nicht glauben, dass sie es wirklich besaß: ein Zimmer für sich allein.

Das letzte Mal waren wir vor zwei Jahren hier an der Ostsee und haben zusammen mit Onkel Heiner, Tante Elke, unseren Cousins Wolf, Eckart und Volker Ferien gemacht. Wie so oft, früher. Dann sind wir wochenlang zu fünft unterwegs gewesen, auf den Wiesen, am Strand, im Meer. Eigentlich tauchten wir nur zu den Mahlzeiten zu Hause auf.

Beim Essen hatten wir mit unseren Cousins einen eigenen kleinen Kindertisch. Das war viel lustiger, als bei den Erwachsenen zu sitzen. Nur für meine Schwester war es irgendwann nicht mehr lustig. Wenn wir uns auf die kleinen bunten Holzstühle gesetzt hatten, stellte unsere Tante meinen Cousins und mir die vollen Teller hin. Meine Schwester bekam das lederne Stück Fleisch, das meine Mutter für sie bestimmt hatte. »Die Schuhsohle!«, brüllten dann unsere Cousins im Chor und lachten. Meine Schwester saß in ihrem quer gestreiften Frotteesommerkleid vor ihrem Teller und sah plötzlich dick aus. »Hört sofort auf damit«, sagte Tante Elke, während sie uns Wassergläser für den »Gänsewein« hinstellte, und zu meiner Schwester: »Musst du das denn wirklich essen?« Meine Schwester nickte tapfer.

Onkel Heiner ist der älteste Bruder meiner Mutter und Oberst beim Militär. Abends veranstaltete er in unserem Schlafsaal Stubenkontrollen. Sobald wir seine Schritte auf der Holztreppe hörten, jagte uns ein wohliger Schauder über den Rücken. In Windeseile stellten wir fünf uns vor unsere Betten. Onkel Heiner betrat den Raum. »Guten Abend!«, schnarrte er. Wir antworteten im Chor »Guten Abend, Herr Oberst«. »Ich höre nichts!«, rief er und schaute mit kantigem Kinn von einem zum anderen. »Guten Abend, Herr Oberst!«, brüllten wir. Er fuhr mit dem Zeigefinger über die Schränke und bellte: »Wer ist hier verantwortlich?« Ich trat vor. »Ich, Herr Oberst.« »Sie, Gefreiter Betty?«, rief er mit sich hochschraubender Stimme: »Dann sorgen Sie gefälligst dafür, dass in diesem Saustall aufgeräumt wird, verdammt noch mal.« Und ich antwortete: »Jawohl, Herr Oberst.«

Nachmittags spielten wir »Hase und Jäger«, wir waren die Hasen, Onkel Heiner der Jäger. Dann rannten wir um das Haus, der Jäger versuchte uns mit einem weichen Ball abzuschießen. Ich rannte und rannte, wie beim Baseball. Und fast immer ging das Spiel so aus: Alle waren tot. Und ich war der letzte überlebende Hase.

Einmal kamen wir alle zu spät zum Abendessen. Wir waren mit unseren Cousins weit draußen in den Wiesen gewesen und hatten nicht auf die Zeit geachtet. Als wir zurückkamen, hielt Api uns eine Standpauke. Wir mussten uns der Reihe nach aufstellen und uns im Chor entschuldigen. Api hatte entschieden, dass wir alle ohne Abendessen ins Bett sollten. Und Ami befolgte den Befehl.

Hinter der Schiebetür zur Küche hörte ich meine Schwester mit Ami sprechen: »Mit uns kannst du das machen«, sagte sie, »aber nicht mit Tina. Das ist unverantwortlich. Wo die schon so dünn ist.« Wenig später brachte mir Ami einen Teller mit geschmierten Broten ins Schlafzimmer, den meine Schwester und ich zufrieden vertilgten. In einem Brief an unsere Eltern berichtete ich davon und beschwerte mich über die »altmodischen Erziehungsmethoden«.

Jetzt sind nur meine Schwester und ich mit Ami und Api hier. Meine Schwester hat mir zu Weihnachten ein Tagebuch geschenkt, in das ich jetzt jeden Tag Wichtiges hineinschreibe und auch Fotos und Postkarten klebe. Am 21. Juli 1975 notiere ich den Besuch von meiner Schwester und mir bei Stefan und Ulrich von nebenan, zum Kartenspiel. Ich finde, dass der 15-jährige Stefan ganz nett ist und oft komische Einfälle hat. Ich notiere auch, dass ich ihn fünf Mal erwischt habe, wie er mich von der

Seite ansieht. »Entweder er wollte mich hypnotisieren«, schreibe ich abends in das blaue Buch, »oder es steht fest, dass bei ihm etwas im Oberstübchen nicht ganz so ist, wie es sein sollte«.

Meine Schwester ist sich ihrer Wirkung auf Ulrich, den Älteren der beiden, völlig bewusst. Wenn wir ab jetzt jeden zweiten Tag nebenan vor der Tür stehen, ist Ulrich schon an der Tür, bevor meine Schwester überhaupt mit dem Finger am Klingelknopf ist. Er reißt die Tür auf und bittet uns herein, den Blick starr auf sie gerichtet. Sie hat sich vorher einen Zopf geflochten und an beiden Seiten ein paar Haarsträhnen rausgezupft, unbeweisbar.

Wenn es Abend wird, ziehen wir uns in den Schlafsaal zurück, in dem jetzt die drei Betten unserer Cousins traurig leer sind. Dann hole ich mein kleines Radio heraus und läute die »Stunde der Rückkehr in die Zivilisation« ein. Wir hören heimlich Jazz. Das ist eine Musik, die Api gar nicht leiden kann.

Api hat uns bei einem Selbstverteidigungskurs angemeldet. Er findet überraschenderweise, dass Mädchen zuschlagen können sollten. Meine Schwester und ich sollen Jiu-Jitsu lernen. Also gehen wir jeden Tag in das Trainingszentrum eines großen Hotels in der Nähe und üben Würgebefreiungsgriffe und Falltechniken.

Am Abend liest uns Api aus seiner selbst verfassten Familienchronik vor. Auch hier bricht manchmal seine Stimme vor Rührung. Meine Schwester schaut mich an und zittert mit dem Kinn. Und ich beiße mir auf die Unterlippe. »Wusstest du das?«, wispere ich abends, als wir über Eck in unseren Betten liegen. »Was?«, antwortet meine Schwester schläfrig. »Dass Amis Vater in Wölfelsgrund erst seine krebskranke Frau, dann sich selber erschossen hat?« »Nein«, antwortet meine Schwester und schläft ein.

Meiner Schwester und mir wird zunehmend bewusst, wie autoritär Api ist. Wenn er morgens unsere Begrüßung nicht angemessen findet, spricht er den ganzen Tag nicht mit uns. Wenn er mitbekommt, dass Ami sich heimlich eine Zigarette ansteckt, bekommt er einen Wutanfall. Beim Abendbrot steht Ami in der Küche und schiebt einen Teller »Apiwurst« durch die Durchreiche. Von der »Apiwurst« dürfen wir nur essen, wenn wir ihn fragen. »Api? Dürfen wir von der Apiwurst essen?« Dann schiebt er uns nach einer kleinen Pause den Teller mit der Holsteiner Salami herüber.

Es ist das Jahr 1975. Während ich stumm dasitze, steht meine Schwester auf. »Api«, sagt sie und baut sich vor ihm auf: »Wir haben das Jahr der Frau«. Ich ziehe den Kopf ein und erwarte einen Wutausbruch. Zu unserer Überraschung findet er diese Wendung eher amüsant. »Ah, ja?« Fortan wird er immer wieder sagen: »Wir haben das Jahr der Frau, oder?« Sie hat es tatsächlich geschafft, ihn leicht in die Schranken zu weisen.

Aber einmal gerät er doch aus der Fassung. Ami, meine Schwester und ich haben gerade, wie jeden Abend, den Tisch abgedeckt und waschen zu dritt in der Küche das Geschirr ab. Api hat es sich bereits im Sessel bequem gemacht, der Fernseher von den abendlichen Nachrichten läuft noch. Durch das Schiebefenster zwischen Küche und Wohnzimmer sieht man ihn sitzen, mit sich und der Welt zufrieden. Wir hängen die Spültücher auf und setzen uns zu ihm.

Die nächste Sendung beginnt. Nun ist da eine blonde Frau mit einer sehr großen Brille. Sie wird von einem älteren Mann befragt. Die Frau sieht ernst und entschlossen aus und redet sehr schnell, mit einer seltsam sanft-rauen Stimme. »Wir Frauen fordern ganz einfach die Hälfte der Welt!«, sagt sie. »Und dafür geben wir gerne Männern wie Ihnen die Hälfte des Hauses ab.« Sie lächelt. Mein Großvater, der eben noch in die Nüsschen-Schale gegriffen und einen Schluck Spätlese zu sich genommen hatte, bekommt plötzlich einen roten Kopf vor Wut. Er steht auf und schaltet den Apparat aus. »Das Flintenweib muss ich mir nicht ansehen«, bellt er.

Ein paar Wochen später sind wir mit unseren Eltern wieder auf Capri. Riccardo hat uns die untere Etage eines kleinen Hauses organisiert, in dem einst Erika Mann gewohnt haben soll. Das kleine weiße Haus hat Blick aufs Meer, eine Terrasse und ist von Bougainvillea umrankt. Meine Schwester und ich haben einen eigenen Eingang zu unserem Zimmer. Eine steile Treppe aus Holzbohlen führt zum Strand hinunter. Mein Vater, meine Schwester und ich finden es schön, meine Mutter ist unzufrieden. Das ist sie oft. Mit düsterem vorwurfsvollem Blick schaut sie ihren Mann an. Hat er sich wirklich genug für sie angestrengt? Gibt es nicht doch noch etwas Besseres? Zwar hat Riccardo das Haus gemietet, aber auch ihn hat sie im Verdacht, das Erstbeste genommen zu haben.

Jeden Morgen steigen wir tief hinunter zur Bucht, das Meer ist blau und der Himmel noch blauer. Meine Mutter cremt sich ein und legt sich mit Balzac auf den Liegestuhl. Meine Schwester cremt sich ein und legt sich daneben. Ich ziehe Flossen und Taucherbrille an und schwimme mit meinem Vater zu den Felsen. Am Nachmittag leisten meine Schwester und ich uns von unserem Taschengeld eine Cola mit Eiswürfeln. Meine Schwester ist jetzt 16 und bekommt 160, ich bin 13 und bekomme 130 Mark im Monat. Davon müssen wir unsere gesamte Kleidung und alles Persönliche bezahlen. Die Cola wird uns von dem Barkeeper mit säuselndem Schnalzen und starrem Blick auf meine Schwester an den Tisch gebracht, obwohl doch eigentlich Selbstbedienung ist. Meine Schwester lächelt selbstbewusst.

Riccardo hat mehrere Jungs für uns beide organisiert, zwei davon bleiben hängen: Michele, 18, und Michele, 17. Sie heißen gleich, sehen aber sehr unterschiedlich aus: Der eine ist hübsch und hat dichte schwarze Locken, der andere hat Pickel und fettige Haare. Der ist für mich. Wir lernen sie unter Aufsicht der Erwachsenen kennen, danach dürfen wir uns mit ihnen treffen, zum Schwimmen oder zum abendlichen Spaziergang.

Michele und Michele holen uns fast jeden Abend ab und bringen uns pünktlich um 22 Uhr wieder zurück. Wir gehen mit ihnen auf die erleuchtete Piazza und stürzen uns in das Getümmel des Abends. Wir sind gerne mit ihnen unterwegs. Denn sie schützen meine Schwester vor dem permanenten Gezische, Geschnalze und Gemurmel der anderen Jungs. Eines Nachmittags schlagen die beiden Micheles für den Abend einen Diskobesuch vor. Wir sind beide aufgeregt. Wir waren noch nie in einer Disko.

Ein kleiner Weg zwischen erleuchteten Palmen führt zum Eingang der Diskothek, die Bässe der Musik sind schon zu hören. Und dann sind wir plötzlich mittendrin, eine spiegelnde Kugel an der Decke, bunte Lichtkegel, die durch den Raum tanzen. Alle, ausnahmslos alle Menschen hier im Raum sind älter als ich, sie sind erwachsen. Der Michele meiner Schwester holt Getränke, und wir stehen da, meine Schwester und ich. Unsere neuen weißen Hosen und unsere Zähne leuchten in dem ultravioletten Licht. Meine Schwester gehört hierher. Sie sieht hier richtig aus. Die Blicke ruhen auf ihr. Sie lächelt. Ich bleibe dicht neben ihr stehen.

Auf dem Rückweg gehe ich mit Michele 17 vorweg, meine Schwester und Michele 18 sind hinter uns. Dann sind wir bei uns vor der Tür. Ich drehe mich immer wieder um, aber die beiden anderen scheinen wir abgehängt zu haben. Sie tauchen einfach nicht auf. Plötzlich küsst mich Michele. Seine nasse Zunge schmeckt nach Rauch. Unsere Nasen reiben aneinander. Ich kann keinen Sinn in dieser Tätigkeit erkennen. Ich denke an Regula und Somaya. Ich sehe uns auf dem Schulhof stehen und unseren Schwur erneuern.

Später in unserem Zimmer muss ich mich überwinden, aber ich tue es dann doch und wispere meiner Schwester die neuesten Entwicklungen zu. Meine Schwester gesteht, dass auch ihr Michele sie geküsst hat. Die Jungs scheinen das geplant zu haben.

Nach drei Wochen verabschieden wir uns. Riccardo haben wir kaum zu Gesicht bekommen. Die beiden Micheles schreiben ihre Adressen auf. Ich weiß, dass ich niemals schreiben werde, und versenke die Adresse von meinem Michele in dem Papierkorb von Erika Mann. Meine Schwester steckt ihren Zettel in ihre Tasche, wir lesen ihn erst auf der Rückfahrt, darauf steht in runder Handschrift eine Adresse in Rom und sein voller Name: Michele Olivetti.

In der Schule fängt es an, anstrengend zu werden. Da ich ein Jahr zu früh eingeschult worden bin, sind alle anderen ein oder zwei Jahre älter als ich. Manche von ihnen stehen in der großen Pause in der Raucherecke. Oder gehen in den Freistunden, manchmal auch den ganzen Tag zu Jussi, der Kneipe gegenüber. Sie sind viele, viele Kilometer weiter als ich. Und unser Kleeblatt zerbricht. Somaya flüstert uns Nautilus ins Ohr. Als wir in unserem grünen Dschungel sitzen, eröffnet sie uns, dass sie in ein paar Wochen mit ihren Eltern nach

Damaskus ziehen wird, in die Heimatstadt ihres Vaters. Kurz danach tuschelt Regula mit einem anderen Mädchen und schaut dabei zu Detlev hinüber. Ich bin allein.

Einladungen zu Feten sind für mich ein Albtraum. Denn dann muss ich an einem Nachmittag, an dem ich lieber mit Vera eine weitere Falle für unsere Geisterbahn konstruiert hätte, in den Partykeller von Hildegard. Da gibt es Musik, Schummerlicht und Klammerblues. Das Beste sind noch die Erdnussflips und die Cola, die ich bei dieser Gelegenheit ohne elterliche Kontrolle zu mir nehmen kann.

Der Höhepunkt einer Fete ist das Flaschendrehen. Dann sitzen wir alle im Kreis und wirbeln nacheinander die in der Mitte liegende Flasche um ihre eigene Achse. Sie dreht sich im Kreis, erst schnell, dann langsamer, und dann kommt sie zum Stehen. Und der Flaschenhals zeigt auf einen oder eine von uns. Der oder diejenige wird dann von dem Drehenden geküsst.

Wenn zwei Stars der Klasse aufeinandertreffen, wie Markus und Neela, dann gibt es kein Halten mehr. Dann wirft sich Markus auf Neela und küsst sie, so lange, bis die bewundernde Runde ruft: »Aufhören! Aufhören!« Ich versuche zu erkennen, was da passiert. Es scheint mir, als sei auch hier die

Zunge im Spiel. Aber so genau kann man das in diesem Schummerlicht nicht sehen.

Irgendwann ist Thorsten dran. Er dreht an der Flasche, und nach wenigen Sekunden zeigt der Hals – auf mich. »Oh nein!«, stöhnt Thorsten und findet sich cool. Ich sage nichts. Ich könnte im Boden versinken. Und kann es gleichzeitig nicht fassen, dass dieser schmächtige, pickelige Typ es wagt. Thorsten, über den sich alle lustig machen, weil er permanent durch seine Hosentasche hindurch für alle sichtbar sein Glied befummelt. Und der ruft: »Oh nein!« Er rutscht auf mich zu und gibt mir einen Kuss auf die Wange. Ich wische ihn sofort ab. Alle grinsen.

Auf dem Schulhof zeige ich Thorsten meiner Schwester. Sie sagt nur: »Was für eine kleine Ratte.« Das tröstet mich. Aber meine Schwester ist ja auch schon halb auf der anderen Seite. Und ich kann sie nur noch ab und zu in unsere Welt zurückzuholen. Wo nur sind meine beiden Komplizinnen in ihrer Cord-Uniform? Und was ist ein Schwur ohne Zeugen wert? Das Erwachsenwerden rückt unaufhaltsam näher. Abends im Bett bete ich jetzt: »Lieber Gott, bitte lass mich nicht 14 werden.«

Meine Schwester geht jetzt einmal in der Woche in den Ballett-Unterricht. Und ich bekomme ein Klavier ins Zimmer gestellt und gehe einmal die Woche zu Frau Wehmeyer in den Klavierunterricht.

Frau Wehmeyer ist eigentlich Musikwissenschaftlerin und Eric-Satie-Forscherin und kann sich etwas Besseres vorstellen, als mittelbegabten Kindern das Klavierspiel einzutrichtern. Ich übe eigentlich nur an dem Tag vor der Stunde. Ansonsten benutze ich das Klavier als Kulisse, die ich in den Winnetou-Filmen gesehen habe. Neuerdings darf ich die am Samstagnachmittag im Fernsehen anschauen. In jedem Film gibt es einen Saloon, und in jedem Saloon steht ein Klavier. An der Theke lehnen coole Cowboys ohne jegliche Mimik mit einem kleinen kurzen Glas in der Hand und einer Zigarette im Mundwinkel. Wenn jemand, den sie kennen, den Saloon betritt, tippen sie mit einem Finger an den Hutrand. Genau so einer will ich sein. Also rolle ich die blauen Kinderfahrscheine der Kölner Verkehrsbetriebe zu dünnen Stängeln, zünde sie an und stehe mit einem kleinen Glas und regloser Miene am Klavier. Mozart oder Chopin sind in dieser Inszenierung nicht vorgesehen.

Einmal die Woche fahre ich mit der Straßenbahn zum Klavierunterricht. Den abgestempelten Kinderfahrschein für den Saloon stecke ich in die Tasche meiner Jeansjacke. Frau Wehmeyer hat feuerrote Haare und lebt in einem großen Haus, dessen Fassade sie eines Tages von zwei Künstlern bemalen lässt. Es sieht nun nicht mehr wie eine Villa, sondern wie eine Bretterbude aus. Ich mag Frau Wehmeyer, aber ich fürchte mich vor dem Unterricht. Ich wünsche mir Klavierstücke, die nur mit den schwarzen Tasten gespielt werden. Denn meine nassen Hände hinterlassen dunkle Spuren auf den weißen Tasten. Und Frau Wehmeyer greift regelmäßig zu den bereitliegenden Tempotüchern, um über die Tasten zu wischen.

Meine Schwester ist im Ballett-Unterricht. Sie trägt jetzt die Haare hochgesteckt und sieht aus wie eine echte Primaballerina. Wie ein Star. Sie hat sich beim Kölner Opernhaus für die Teilnahme an einem Theaterstück beworben und wird sofort genommen. Sie steht nun auf einer richtigen Bühne und besetzt in »Zar Wasserwirbel« gleich mehrere Rollen: eine Nebelschwade, eine Wassermutter und einen Krebs. Am Nachmittag fährt sie zu Proben in die Stadt und bringt ein Schwarz-Weiß-Foto vom Theaterfotografen mit. Darauf ist sie mit straff zurückgebundenen Haaren und ernstem Gesicht zu sehen. Sie sitzt auf dem Boden eines Probesaales und macht Dehnübungen. Sie sieht aus, wie man zu Beginn einer großen Tanzkarriere aussehen muss. Nicht nur ich bin überzeugt davon, dass sie bald die Bühnen dieser Welt erobern wird.

Mindestens drei Mal gehen wir in die Vorstellung von »Zar Wasserwirbel«. In den Pausen steht mein Vater stolz zwischen den anderen Eltern. Und nach der Vorführung geht er mit meiner Schwester Arm in Arm durchs Foyer. Er sagt: »Darf ich vorstellen, meine Freundin«, und dann lacht er. Meine Schwester schaut zu Boden.

*

Es lag immer noch da, auf meinem Schreibtisch, neben dem Drucker. Das Buch, das mir meine Schwester vor ein paar Monaten geschickt hatte. Wie immer war es dreimal mit Luftpolsterfolie umwickelt. Trotz des gelben Post-it-Zettels auf der ersten Seite – »unbedingt lesen!!!« – hatte ich noch nicht reingeschaut. Vielleicht sollte ich sie nach Ernährungstipps fragen, das könnte ihre Stimmung aufhellen. Ich wählte erneut ihre Telefonnummer. Keine Antwort.

Sie hatte mir im letzten Sommer den ganzen Inhalt des Buches am Telefon erzählt und betont, wie wichtig es sei, den Ratschlägen zu folgen. »Es macht dick, fördert Diabetes und schädigt das Herz. Es ist das reinste Gift.« Das Weizenmehl. Das war ihr neuer Feind. »Ich mag gar kein Weißbrot und esse kaum Weizen«, hatte ich gesagt. Aber sie hatte mir das Buch trotzdem geschickt.

Sie hatte schon viele Ernährungsphasen durchlebt, hatte sich viele Verbote auferlegt und wieder aufgegeben. Keine Milch, keinen Joghurt und keinen Käse aus Kuhmilch. Gar kein Käse mehr. Keine Früchte. Keinen Alkohol. Keinen Fisch. Kein rotes Fleisch. Gar kein Fleisch mehr. Keine Nudeln und kein Brot. Keine Schokolade. Kein Salz. Keinen Kaffee und keinen schwarzen Tee. Kein Leitungswasser mehr. Jeder Verzicht ging über ein paar Monate. Und dann begann sie, mit schlechtem Gewissen, die verbotenen Dinge wieder zu essen und zu trinken.

Meine Schwester studierte die Ingredienzien von Lebensmitteln wie den Beipackzettel eines verschreibungspflichtigen und besonders gefährlichen Medikaments. Mit dem Finger fuhr sie die aufgedruckten Inhaltsstoffe ab, durchsuchte die Angaben nach Zucker, krebserregenden Substanzen, anderen Spuren, die auf ihrem momentanen Index standen. Dem Antiweizenbuch hatte sie einen Plan beigelegt, eigens für mich geschrieben. Darin stand, was ich am Morgen und was am Abend essen dürfe. So wie sie vorher die Lebensmittel in kalorienhaltig und kalorienarm eingeteilt hatte, rechnete sie jetzt mit Säuren und Basen. Meine Schwester machte jetzt regelmäßige Tests, um den Säuregehalt ihres Körpers zu überprüfen.

»Ich will aber weiter Joghurt und Käse essen und Cappuccino trinken«, hatte ich in einem Anfall von

Widerstand gesagt. »Du flutest deinen Körper mit Säure«, sagte sie. »Mehr Säure hast du nur noch, wenn du tot bist. Eine Leiche ist völlig übersäuert.«

*

Meine Schwester ist jetzt 17 Jahre alt. Und ich bin tatsächlich 14 geworden. Ich frage mich, wie das passieren konnte. Mein Vater wechselt wieder die Stelle. Und wir ziehen um, in ein größeres Haus, in einen anderen, feineren Stadtteil. Der Umzug wird zum ersten Mal zu viert besprochen. Denn unsere Eltern sind nur dazu bereit, wenn meine Schwester und ich in dem Acht-Zimmer-Haus feste Aufgaben übernehmen. Zwei Bäder, die Küche, dazu die Flure und unsere Zimmer. Wir sagen alles zu. Meine Schwester und ich wollen nur noch weg aus der Wohnung mit den dünnen Wänden.

Ich klingele ein letztes Mal bei Vera und gehe über den gelben Flokatifuß in ihr Zimmer. Vera hat eine Abschiedsgeschichte für mich gemalt. Ein hochnäsiges Burgfräulein winkt mit einem Taschentuch einer hochnäsigen Dame hinterher, die in der Kutsche davonfährt.

Die große alte Villa hat drei Etagen und genauso viele Wohnzimmer. Unsere Möbel reichen bei Weitem nicht für die vielen Räume. Das Bücherregal kommt in das erste Wohnzimmer, da steht nun auch der alte kleine Sekretär meiner Mutter. Es ist ihr Wohnzimmer. Das zweite Zimmer ist das allgemeine Wohnzimmer für alle, da stehen der Schwarz-Weiß-Fernseher, das blaue Rollkursofa und die beiden Sessel, einer davon mit einem dunklen Whiskyrand auf der rechten Armlehne. Und das dritte Wohnzimmer wird zum Arbeitszimmer meines Vaters, obwohl er eigentlich gar kein Arbeitszimmer braucht. Die Bauernuhr hängt jetzt im ersten Stock am Ende der großen Treppe und zeigt die Uhrzeit an, die zweimal am Tag genau zutrifft: drei Minuten nach acht.

Es ist leer in den Hallen. Meine Schwester ruft mir über den meterlangen Flur »Hallo!« zu, und ich echoe »lo,lo,lo!« zurück. Mein Vater zieht in das Zimmer neben mir, meine Mutter wohnt allein im dritten Stock, in dem alten Dienstbotenzimmer. Daneben ist ein kleines Bad und der Wäscheboden. »Ich möchte meinen eigenen Bereich«, sagt sie. Ich bin selten da oben. Es scheint sehr weit weg, wie ein anderes Land. Mit einer Grenze, die man nicht überschreitet.

Meine Schwester hat einen Wochenplan geschrieben und an die Küchentür gehängt. Wir haben jetzt abwechselnd Küchen- und Bäderdienst. Eine Woche lang muss sie die große Küche machen und ich die Bäder und die Flure, dann wechseln wir. Das war der Preis, den unsere Eltern für den Umzug mit uns ausgehandelt hatten.

Meine Mutter fährt noch einmal nach Rom und schickt uns Postkarten von der Engelsburg und der Piazza Navona. Und dann fährt sie nicht mehr. Auch die späten Anrufe von Riccardo, der mit leicht verschliffenen Konsonanten nach Dschisella fragt, gibt es nicht mehr. Die italienischen Kassetten vom Inlingua-Sprachkurs verschwinden in der Schublade ihres Sekretärs.

Jetzt taucht ein schmaler, großer Mann mit feinen langen Fingern auf. Er ist das Gegenteil von Riccardo. Jürgen ist stets untadelig gekleidet, er trägt Leinenhosen, Kaschmirpullover und ein passendes Halstuch dazu. Er sieht aus, als käme er direkt aus Veras Skizzenblock. Er wohnt in Bonn und ist Lobbyist der Zigarettenindustrie. Jürgen steht am Nachmittag mit geschmackvollen bunten Frühlingssträußen vor der Haustür. Er sagt: »Da sind ja die schönen Töchter der schönen Mutter.« Das gefällt meiner Schwester, das gefällt mir, das gefällt meiner Mutter.

Jürgen lädt meine Mutter zusammen mit ihren »schönen Töchtern« zum Tee ein, und wir fahren in ihrem grünen Käfer nach Bonn-Hangelar. Jürgen öffnet lächelnd die Tür, begrüßt uns formvollendet und bittet uns herein, in sein modernes Holzhaus mit den großen Scheiben und dem Blick ins Grüne. Es gibt Darjeeling First Flush und hauchdünne Butterplätzchen, und ich darf hinauf auf die obere Ebene des Hauses und von dort in den großen offenen Living Room hinunterschauen, auf Jürgen, der meiner Mutter die Hand küsst, und auf meine Mutter, die lächelt.

Manchmal, wenn meine Schwester und ich aus der Schule kommen, liegt ein Zettel auf dem Küchentisch, bedeckt mit der großen, schwungvollen Schrift meiner Mutter. Sie schreibt, dass sie zu einem Abendessen bei Jürgen eingeladen ist und dass sie vielleicht dort übernachten wird. Daneben liegen 10 Mark, damit wir uns etwas zum Essen kaufen können. Wir laufen dann rüber zum Stüssgen-Supermarkt und gehen den Pfeilen nach, die auf dem Boden kleben und auf denen »Gleich zum Fleisch« steht. Am Ende der Pfeile liegen die fertig gebratenen Hähnchenschenkel, die man nur aus der Plastikfolie schneiden muss. Meine Schwester und ich kaufen dazu Kartoffelchips und gehen nach Hause. Da schneiden wir die Plastikfolie auf und essen die Hähnchenschenkel gleich aus der Verpackung. Unsere Küche ist jetzt nicht mehr erhitzt und wütend, sondern kalt und still.

Wenn meine Mutter am nächsten Tag wiederkommt, bringt sie manchmal eine Marmelade namens »Bonne Maman« mit. Die gibt es nicht beim Stüssgen-Markt, sondern nur in der Metro in Bonn, um die Ecke von Jürgen. Sie sagt dann: »Seht mal, das habe ich euch mitgebracht«, und stellt die »Bonne Maman« auf den Tisch für das Frühstück. Ich sehe ihre Bemühungen, ihr schlechtes Gewissen. Ich finde, dass sie es zu Recht hat. Und gleichzeitig bin ich erleichtert, wenn sie nicht zu Hause ist.

Und mein Vater? Wo ist der eigentlich? Mal da, mal weg, nach wie vor nicht zu greifen. Die Freundinnen meines Vaters haben keine Namen, zumindest erfahren meine Schwester und ich sie nicht. Während wir die Freunde meiner Mutter kennen, bleiben die Freundinnen meines Vaters namen- und gesichtslos. So als würden sie gar nicht existieren.

Aber eines Tages bekomme ich doch eine von ihnen zu sehen. Es ist Samstagnachmittag, und meine Mutter ist eigentlich mit Jürgen verabredet. Aber es ist etwas dazwischengekommen, und sie ist zu Hause geblieben. Mein Vater läuft unruhig in der Küche hin und her. Schließlich nimmt er mich beiseite: »Ich bin mit der Tennisspielerin verabredet«, flüstert er, »sie wartet gleich hier um die Ecke in einem Sportwagen, offenes langes blondes Haar.« »Wie heißt sie denn?«, wispere ich. »Du wirst sie gleich erkennen, sie sieht aus wie eine Tennisspielerin.« Ich hole mein Fahrrad aus der Garage und fahre los. Es knattert wie ein Mofa, weil ich einen Bierdeckel mit einer Wäscheklammer an die Speichen geklemmt habe. So knattere ich zum Bayenthalgürtel und sehe schon von Weitem die Tennisspielerin im Cabrio sitzen. Sie hält Ausschau nach einem Mann mittleren Alters und schaut über das Mädchen mit dem Bierdeckel am Fahrrad hinweg.

Meine Schwester bekommt jetzt Nachhilfe. Dazu kommt Herr Stermann ins Haus. Herr Stermann ist hochgewachsen und liebenswürdig und verteilt auch keine Kopfnüsse. Aber dennoch fällt meine Schwester immer stärker zurück. Irgendwann wird klar, dass sie das Schuljahr nicht schaffen wird und in meine Jahrgangsstufe kommt. Aber die Vorstellung, mit der kleinen und der großen Schwester in einer Klasse zu sein, ist für uns beide schwer. Sie geht von der Montessori-Schule ab und wird in einer Realschule in einem anderen Viertel angemeldet.

Es kommen immer mehr Jungs zu uns ins Haus. Verehrer meiner Schwester. Da ist Rolf. Er sieht aus wie James Dean. Schmale Silhouette in Jeans, helles Haar, verlorener Blick. James Dean steht ab jetzt fast jeden Tag bei uns in der Küche, mit verschränkten Armen, und schaut verloren in den Raum hinein. Er schweigt. Und schweigt. Und schweigt. James Dean ist einfach sterbenslangweilig. Das finde nicht nur ich, sondern das findet auch meine Schwester. Er hat keine Chance.

Dann ist da Michael. Und Thomas. Und Harald. Und Oliver. Aber irgendwie haben alle keine Chance bei meiner Schwester. Sie lächelt freundlich, und wenn sie weg sind, stellt sich meine Schwester ans Fenster wie James Dean und schaut verloren in den Raum hinein. Oder sie spricht mit der leicht näselnden Stimme von Michael. Und sie zeigt mir den Liebesbrief von Oliver. Sie faltet den kleinen Zettel auseinander und macht eine kleine kunstvolle Pause. Dann liest sie vor: »Liebe Susanne, ich liebe Dich.« Sie macht wieder eine Pause und schaut mich voller Vorfreude an. »Und jetzt kommt das Beste«, ruft sie und fängt an zu lachen, immer mehr, die Lachtränen laufen ihr runter. Sie kann vor lauter Lachen nicht weiterlesen. Sie setzt noch einmal an: »Liebe Susanne, ich liebe Dich, dein ...« und wieder lacht sie so sehr, dass ich mitlachen muss, einfach so, ohne zu wissen, warum, »dein ...« japst sie, »dein .... O. B.«. Ich schaue sie verständnislos an. »Ich liebe Dich, dein O. B.«, brüllt sie und biegt sich. »Tampon«, stößt sie hervor.

Wir lachen beide. Es keimt Hoffnung in mir auf. Vielleicht sind wir doch noch eine Einheit. Vielleicht hatte meine Schwester nur eine doofe Phase. Und wir bleiben zusammen, auf immer und ewig, gegen die Erwachsenen. Aber irgendwann sagt sie es mir. Vielleicht habe ich gefragt, vielleicht habe ich etwas gemerkt, vielleicht hat sie es einfach so erzählt. Weil sie es mit jemandem teilen wollte. Es macht auf jeden Fall alle meine Hoffnungen mit einem Schlag zunichte.

Gegenüber von unserer Straße, da wo auch der Stüssgen-Markt ist, stehen hohe Häuser. In einem von ihnen ist ein Schwimmbad. Meine Schwester geht nach ihrem Ballett-Training fast täglich schwimmen. Sie packt am Nachmittag ihre Sachen zusammen und kommt am frühen Abend zurück. Eines Tages hat sie einen Mann kennengelernt. Er ist neben ihr hergeschwommen und hat sie gefragt, ob sie auch so gerne schwimmen geht. Er wohnt in den Hochhäusern, und meine Schwester besucht ihn jetzt regelmäßig. »Du gehst zu ihm in die Wohnung?«, frage ich entgeistert und denke an die Warnungen meiner Mutter, nie mit fremden Männern mitzugehen. »Ja«, sagt meine Schwester.

Ein paar Wochen später stehen meine Schwester und ich an der Kasse des Stüssgen-Marktes. Wir sind den »Gleich zum Fleisch«-Pfeilen gefolgt, haben kurz am Hühnerregal haltgemacht und stehen nun in der Schlange, um die beiden eingeschweißten Beine zu bezahlen. Vor uns ein Mann. Er dreht sich um und grüßt meine Schwester, ich sehe ihr an, dass sie sich augenblicklich ganz weit wegwünscht. Der Mann trägt ein Freizeithemd und eine Hose, wie sie von Rentnern getragen werden. Er ist Rentner. Er geht in Richtung Hochhäuser davon.

*

Ich schaute auf die große Uhr in meinem Atelier, es war vier Uhr nachmittags. Seltsam, dass sie sich nicht meldete. Es war relativ neu, dass wir wieder regelmäßigen Kontakt miteinander hatten. Eigentlich erst seit zwei, drei Jahren. In der Zeit nach der Klinik war sie immer weiter von mir weggerückt. »Ich will das alles hinter mir lassen«, hatte sie gesagt.

Wir hatten manchmal monatelang keinen Kontakt. Wir sahen uns nicht und telefonierten auch nicht miteinander.

Nur wenn ich unterwegs war, auf Reportage in anderen Ländern, schickte ich ihr regelmäßig Nachrichten. Dann war sie plötzlich wieder meine große Schwester. »Bin gut angekommen«, textete ich, wenn ich in Indien oder dem Kongo gelandet war. Ich hielt sie auf dem Laufenden, wenn ich den Ort wechselte, oder schickte ihr Fotos von unterwegs. Als stünde sie im Hintergrund mit den beiden steifen Kissen in der Hand, bereit, »Hase!« zu rufen, wenn Gefahr drohte. Ich schrieb ihr immer eine SMS, wenn ich wieder in Deutschland gelandet war.

Ich dachte oft an sie, wenn ich unterwegs war. Öfter als sonst. Vor allem dann, wenn ich in prekären hygienischen Situationen arbeitete. Wenn ich Menschen fotografierte, die auf der Müllkippe von Manila lebten, und ich anschließend ihre liebenswürdige Einladung zum Tee annahm. Dann saß ich an einem improvisierten Tisch, umgeben von Müll, und dachte, was würde sie jetzt wohl sagen?

Eines Tages planten wir eine gemeinsame Reise nach Paris. Das war vor drei Jahren. Es dauerte fast ein Jahr, bis sie zustande kam. Kurz vorher hatte sie mir immer wieder abgesagt. Sie hätte nicht freibekommen, oder jemand im Laden wäre krank geworden. Will sie nicht mit mir fahren?, fragte ich mich schließlich. Aber dann sagte sie plötzlich zu. Sie kam mit dem Zug aus Hamburg, in Köln setzten wir uns ins Auto und fuhren auf die Autobahn. Ein Schwestern-Wochenende zu zweit, das hatten wir schon sehr lange nicht mehr gemacht.

Meine Schwester saß neben mir und packte Nüsse aus. »Die kann man essen«, sagte sie und hielt mir die Tüte mit ungesalzenen Walnüssen hin. »Sie sind gesund und machen nicht dick. Und sie sind gut fürs Gehirn.« Ihr Handy klingelte. Thomas war dran. »Wir sind gerade losgefahren«, sagte meine Schwester, »und essen gerade Nüsse.«

Nach fünf Stunden waren wir auf dem Périphérique um Paris. »Lass uns essen gehen«, schlug ich vor, als wir uns durch den Pariser Feierabendverkehr gekämpft hatten und in der Wohnung angekommen waren. »Wohin willst du?«, fragte ich, »mondän in die ›Coupole‹ oder volkstümlich ins ›1900‹?« Meine Schwester überlegte. »Hühnchen mit Fritten«, sagte sie, »das ist mein Lieblingsgericht.« Also ins »1900«. Wir betraten das Restaurant am Montparnasse, ein großes Lokal, reinstes Art déco. Meine Schwester folgte mir, ich spürte ihre Unsicherheit. Der Kellner bot uns einen Tisch auf der Terrasse an der Tür an. Meine Schwester lächelte höflich und nickte. Sie wollte sich gerade auf den schlechtesten Platz im ganzen Lokal setzen. »Der Tisch dort hinten, ist der noch frei?«, fragte ich.

»Mein Hase ist erwachsen geworden«, sagte sie anerkennend, als wir im Hauptsaal an dem Ecktisch Platz nahmen. Ihre ganze Unsicherheit von eben war mit einem Schlag verschwunden. Sie war von einem Moment zum anderen wie ausgewechselt. »La table au fond, c'est libre?«, imitiert sie mich und legt noch einen Schuss Arroganz in den Tonfall. »Sehr cool, wie du das gerade gemacht hast.« Ihr Telefon klingelte. »Wir sind gerade im Restaurant angekommen«, sagte sie zu Thomas.

Wir bestellten Champagner. Als die Gläser auf dem Tisch standen, holte ich mein Handy hervor. Wir an dem weiß gedeckten Tisch, hinter uns der erleuchtete bunte Raum, vor uns der Champagner. Wir lachten in die Kamera und beugten uns über das Display. Ich fand, wir sahen beide strahlend aus. »Ich sehe aus wie eine Wurst«, kommentierte meine Schwester das Bild.

Hühnchen und Fritten. Meine Schwester lachte wie früher, als das Essen kam. »Wie lecker«, rief sie. Und verputzte alles. Nach der Creme brulée stand sie auf und ging zur Toilette. Sie blieb lange weg. Ich schaute mich im Lokal um. Überall saßen Paare an den Tischen, die Frauen elegant und gertenschlank, die Männer meist älter und mit kleinen oder größeren Bäuchen. »Wo warst du denn?«, fragte ich, als meine Schwester endlich wieder auftauchte. »Mir war ein bisschen übel«, sagte sie.

In der Wohnung machten wir noch ein Selfie. Meine Schwester drückte mich und strahlte in die Kamera. Als ich ins Bett ging, hörte ich ihr Telefon klingeln. »Wir gehen gerade schlafen«, sagte sie zu Thomas.

Am nächsten Tag liefen wir durch Paris, an der Seine entlang, durch Saint Germain. »Lass uns doch mal hier reingehen«, sagte meine Schwester auf der Rue des Rennes und zeigte auf den Eingang eines gigantischen, schlauchartigen Ladens. Parashop stand über der Tür. Gleich am Eingang erwartete uns das lebensgroße Foto einer Frau, sie stand als Roll-up neben der Kasse. Die Frau war in der Mitte geteilt, ein senkrechter schwarzer Strich spaltete sie in böse und gut. Links war ihr Gesicht faltig und pickelig, rechts glatt und makellos rein. Wir gingen die Regale entlang. Immer tiefer wurden wir hineingesogen in diesen Tunnel der Frauen. Immer mehr Plakate hingen hier, Frauengesichter mit zurückgebundenen Haaren und sorgsam gezupften Augenbrauen, neben ihren Wangen und Lippen waren Rosenblätter platziert, Wassertropfen, Orangenscheiben, Minze.

Der Körper war auf die verschiedenen Regale

verteilt: Es gab Regale für das Gesicht, für die Lippen, die Oberschenkel, den Po, die Zehen, die Fingernägel, die Augen, für die Hände, die Füße. Alles war Anti, alles war dagegen. Anti-rides, Anti-taches, Anti-chute, Anti-age. Gegen Falten, gegen Flecken, gegen Haarausfall, gegen Alter. Gegen trockene Haut, gegen fettige Haare, gegen raue Lippen. Nichts war für etwas. Wenn man alles auf einmal anwendet, dachte ich, ist man nicht mehr da.

Auch unsere Mutter hatte immer kleine Tüten aus glänzender Pappe nach Hause gebracht. Gefüllt mit Cremes und Lotionen. Auch die waren nie für, sondern immer gegen etwas gewesen. Sie hatte sich jeden Tag von Kopf bis Fuß damit eingerieben.

Und dann war unsere Mutter plötzlich weg, von einem auf den anderen Tag aus unserem Leben verschwunden. Mit 47 Jahren.

Ich folgte meiner Schwester durch die Gänge, vorbei an den bis oben gefüllten Regalen. Ich spürte wieder mal, wie sich eine Leere in mir ausbreitete. In dem Laden waren ausschließlich Frauen, sie waren alle allein da. Sie bewegten sich langsam durch den langen, gleißend hellen Tunnel. Als würden sie, wie wir, von einem großen schwarzen Loch am Ende des Tunnels angesaugt. Beobachtet von den übergroßen Frauengesichtern, ermahnend und unerreichbar, aufgereiht wie Wächterinnen, rechts und links der Gänge. Die Kundinnen des Parashops schienen ganz gefangen genommen von den Mitteln, die ihnen ein Verbergen und Verschwinden versprachen, vollständig in Beschlag genommen von den Flaschen und Dosen, Sprays und Lotionen, Stiften und Tuben. Anti-Rides, Anti-Taches, Anti-Age.

Meine Schwester bewegte sich wie ein Fisch im Wasser zwischen den Regalen. Sie hielt hier und da an, nahm einen Lip Balm Filler, eine Uplift-Gesichtsmaske oder eine Multicorrective Cream in die Hand und verglich die Preise. Sie hielt eine Sprühdose hoch. Thermalwasser von Vichy. »Sie verkaufen einen Viertel Liter Wasser für 10 Euro?«, fragte ich ungläubig. Meine Schwester hielt inne, die Sprühflasche in der Hand, und sah mich überrascht an. Dann lachte sie: »Stimmt, das ist alles Quatsch.« Wir verließen den Laden, ohne etwas zu kaufen.

Als wir am Abend im Badezimmer standen, hatte sie ihren Kulturbeutel schon ausgepackt. Da standen ein Dutzend kleine Töpfchen, dazu Wattepads und Fläschchen. Das, was es in dem gleißend hellen Tunnel zu kaufen gab, hatte sie alles schon. Auch das Thermalwasser von Vichy. Als ich ihr später gute Nacht wünschte, saß sie auf dem Bett und telefonierte mit Thomas. »Gute Nacht«, rief sie und winkte mir zu.

Am nächsten Morgen gingen wir zum Maison

Victor Hugo am Place des Vosges. Dort hatte der Schriftsteller mit einer Urgroßtante von uns gelebt, die lebenslang seine Geliebte gewesen war. Dr. Elisabeth bewahrte im Wohnzimmerschrank in Tübingen die Spitzendeckchen von ihr auf. Wenn wir zu Besuch waren, zog Großmutter regelmäßig die Schublade auf und sagte: »Kennt ihr eigentlich die schöne Spitze von Madame Drouet?« Jaaaa, wir kannten die Spitze von Madame Drouet, aber schüttelten höflich den Kopf. Dann holte Großmutter den brüchigen Stoff vorsichtig aus seiner Plastikhülle. »Den hat Juliette Drouet selber gemacht«, sagte sie und strich mit den Fingern sanft über den Stoff. »Wie schön«, sagten meine Schwester und ich und betrachteten die Spitze jedes Mal von Neuem. Und immer fügte Großmutter noch zwei Sätze an. »Ihr könnt eure Tante heute noch treffen«, sagte sie und lächelte mit der ihr eigenen Art von hochmütiger Bescheidenheit. »Sie steht als Steinfigur auf dem Place de la Concorde und verkörpert Straßburg.«

Unsere Urgroßtante war die Tochter einer Hemdennäherin in Paris und hatte Karriere als Schauspielerin gemacht. Sie hatte als Prinzessin Negroni auf der Bühne gestanden, und Victor Hugo hatte sich, wie es in der Familie hieß, sofort in sie verliebt. Madame Drouet, die Schwester der Großmutter unserer Großmutter, gab nicht nur ihren Beruf für Victor Hugo auf, sondern auch sich selbst. Sie arbeitete lebenslang in seinen Diensten, ging mit ihm ins Exil und blieb auch weiterhin an seiner Seite, als nach sieben Jahren eine parallele Affäre des Schriftstellers mit einer anderen Frau herauskam. Victor Hugo heiratete sie nie, auch nicht nach dem Tod seiner Frau, und auch das nahm sie hin. Madame Drouet war selbst für die damalige Zeit ein derart ausgeprägtes Beispiel weiblicher Unterwerfung, dass ihr Simone de Beauvoir in ihrem Buch »Das andere Geschlecht« ein ganzes Kapitel widmete.

Das Victor-Hugo-Museum hatte geschlossen. Wir standen unschlüssig vor dem Eingang. Da entdeckte meine Schwester rechts neben dem Eingang eine Klingel. »Da klingeln wir jetzt«, sagte sie und schaute mich an. Mich durchzuckte eine schaudernde Vorfreude, wie früher. »Aber die haben doch zu«, wandte ich ein und blickte sie erwartungsvoll an. Meine Schwester grinste und hatte schon auf den Knopf gedrückt. »Allo«, sagte eine mürrische Stimme, die vermutlich dem Hausmeister gehörte. »Bonjour«, sagte meine Schwester und fuhr in fließendem Französisch fort. »Wir sind die Großnichten von Madame Drouet und würden gerne ...« »Wir haben geschlossen«, bellte der Hausmeister und legte auf.

Meine Schwester drückte erneut auf die Klingel. »Allo«, kam es erneut aus dem Lautsprecher, diesmal eine deutliche Spur gereizter. »Wir sind die Großnichten von Madame Drouet und bekannte Victor-Hugo-Forscherinnen«, sagte meine Schwester. Ich biss mir auf die zusammengeballte Faust. »Ich habe es Ihnen bereits gesagt«, brüllte der Hausmeister »Wir. Haben. Geschlossen!« Er legte krachend auf.

Meine Schwester zwinkerte mir zu. Sie wollte doch nicht noch einmal .... Doch, sie wollte. Mit einem Mal war alles wieder da, ihre Stärke, ihrer Dreistigkeit, ihre Unabhängigkeit. Die Unsicherheit und Verzagtheit waren mit einem Schlag verschwunden. Wie konnte das sein? War es nur eine Vorstellung? War das Betreten einer Bühne für sie eine Möglichkeit, das andere zu verbergen? Oder war es vielmehr so, dass beides nebeneinander existierte? Die Angst und der Mut. Die Trauer und die Freude. Sich alles zuzutrauen und sich doch als ein Nichts zu fühlen. Dass beides da war, dass sie in der Achterbahn mal oben und mal unten war?

Meine Schwester klingelte ein drittes Mal. Ein Knistern verriet uns, dass der Mann am anderen Ende grußlos abgehoben hatte. »Monsieur!«, sagte sie mit Ehrerbietung und Nachdruck zugleich und beugte sich schmeichelnd zu der Gegensprechanlage hinunter: »Wir sind extra aus Deutschland angereist, um die großartigen Schätze Ihres Hauses zu sehen.« Der Türsummer brummte. Meine Schwester sah mich an und grinste. »Und wir bringen Ihnen etwas Einzigartiges mit«, flüsterte sie, als wir durch das Tor des Maison Victor Hugo traten. »Die Spitze von Madame Drouet«, wisperte ich zurück.

*

Meine Mutter telefoniert viel mit ihrer Freundin. In jedem dieser langen Telefonate geht es um Männer. Die Freundin ist mit einem Galeristen zusammen, der verheiratet ist. Die Ehefrau scheint nicht das Problem zu sein, sondern die andere Geliebte. Stundenlang beraten sich die beiden. Immer geht es darum, wie man die andere Frau loswird. Bei meiner Mutter ist wohl auch jemand Neues aufgetaucht. Ich höre es an der Art, wie meine Mutter lacht, wie sie gedämpft spricht, sobald meine Schwester und ich in der Nähe sind.

Eines Tages fragt sie, ob ich mitkommen möchte. Sie scheint nervös und aufgeregt. »Wohin?«, frage ich. »Zu einer Wahrsagerin«, sagt meine Mutter geheimnisvoll. Ich setze mich neben sie in den grünen Käfer, und wir fahren Richtung Autobahn. »Sie ist sehr berühmt«, sagt meine Mutter, als wir am Verteiler nach Bonn abbiegen. »Sie sagt Politikern die Zukunft voraus, sogar Adenauer war bei ihr.« Nach einer Stunde sind wir da und halten vor einem gelb geziegelten Haus in Remagen. »Buchela« steht auf der Klingel.

Ich bin aufgeregt. Was erwartet uns? Meine Hände werden feucht. Nach einer Weile hören wir Schritte. Eine kleine dunkelhaarige Frau öffnet uns die Tür. Sie gibt meiner Mutter die Hand. Jetzt muss ich ihr die Hand geben, denke ich, aber meine Hände sind jetzt ganz nass. Buchela schaut mich an. Sie hat mir schon halb ihre Hand hingestreckt, da stoppt sie plötzlich auf halbem Wege und zieht ihre Hand zurück. Stattdessen nickt sie mir freundlich zu und bittet uns herein.

Meine Mutter geht hinter ihr her in einen großen Raum, da steht eine Glaskugel, und auf einem kleinen Tischchen daneben liegen Karten. Ich warte so lange auf einem Stuhl vor der Tür. Als meine Mutter eine Stunde später wieder herauskommt, sieht sie nicht gerade glücklich aus. Wir fahren schweigend am Rhein entlang. »Was hat sie denn gesagt?«, frage ich und schaue sie an. Meine Mutter schaut geradeaus. Nach einer Weile sagt sie: »Sie hat mit Zahlen hantiert, und ich bin nicht recht schlau daraus geworden.« War da die 47 im Spiel?

Meine Eltern sind jetzt mit einer Familie und einer ganzen dazugehörenden Clique befreundet. Die Familie wohnt in Marienburg und lädt uns am Sonntag an ihren Swimmingpool ein. Viele Menschen sind schon da, lagern um den Pool, stehen mit Getränken in der Hand auf dem Rasen, in Badehosen, die Frauen in Kleidern und die Herren in lockeren blauen oder blau-weiß gestreiften Sommerhemden. Die Kinder springen als Wasserbombe ins Becken, sie machen sich dabei breit und schwer und kreischen vor Vergnügen, wenn sie die Erwachsenen nass machen.

Es sieht entspannt aus, dennoch ist die Luft voller aufgeladener Aerosole, ausgeatmet von der Frau im roten Bikini rechts neben der Steintreppe und eingeatmet von dem Mann in der blauen Badehose links am Beckenrand, ausgeatmet von dem Mann dahinten mit dem Campari Orange in der Hand und eingeatmet von der Frau auf der Liege, die ihre kleine Tochter auf dem Schoß hat. Luft anhalten, Witterung aufnehmen, jagen. Glauben die Erwachsenen eigentlich, dass man das als Kind oder Jugendliche nicht wahrnimmt?

Dahinten, am Ende des Gartens, in der Tiefe

der schattigen Bäume, steht ein Mann. Schwarzes Haar, schwarze Augenbrauen. Man muss nur seinem pfeilgeraden Blick folgen wie den »Gleich zum Fleisch« Aufklebern im Stüssgen-Markt. Dann landet man exakt bei der Gruppe von Menschen, in denen auch mein Vater steht, dessen Hand, wie zufällig, in diesem Moment die Hand einer Frau berührt. Es ist die Frau mit der Netzkappe auf dem Fest für Riccardo. Sie hat heute einen schwarzen Bikini an und sieht wieder mal großartig aus. Mein Vater, den der dunkle Blick ihres Ehemannes am Rücken trifft, muss gerade ein lustiges Wortspiel gemacht haben, denn jetzt lacht nicht nur die Frau, es lachen alle.

Und noch ein Blick landet von ferne auf der Gruppe. Eine andere Frau lehnt an der alten Backsteinmauer des Hauses. Sie gleicht der Tennisspielerin, nur in einem anderen Farbton, dunkle lange Haare, in denen eine große Sonnenbrille steckt. Sie schaut mit angriffslustigem Blick auf meinen Vater, als sei das Match noch nicht entschieden.

Um meine Mutter kreist einer, von dem es heißt, dass er mit allen Frauen ins Bett geht, die nicht bei drei auf den Bäumen sind. Ich sehe, dass meine Mutter geschmeichelt ist, ich sehe, wie sie lächelt und das Glas hebt, wie sie den Kopf neigt und wie ihre Augen leuchtend und groß sind, aber ich sehe auch, dass sie die Nacht auf dem Baum vorziehen wird. Jürgen ist auch da, mit einer schicken klassischen Badehose und einem Leinenhemd, er unterhält sich aufs Höflichste mit meiner Schwester. Ein oder zwei der Männer schauen eifersüchtig zu ihm rüber, sie wären gerne an seiner Stelle. Nur einer wagt es, sie Jürgen zu entwinden. Der beste Freund meines Vaters. Er stellt sich einfach dazu, und ich kann von Weitem erkennen, wie meine Schwester die Arme verschränkt und einen Schritt zurückweicht, versucht, Abstand zu gewinnen. Ich weiß, dass sie ihn nicht mag, ja sich vor ihm fürchtet.

Ich gehe durch die Terrasse in das große, dunkle, kühle Haus, auf der Suche nach der Toilette. Ich öffne die Tür zum Wohnzimmer, und zwei Menschen prallen voneinander ab wie zwei Billardkugeln. »Ich suche nur die Toilette«, sage ich beruhigend. Die beiden stehen nun einen Meter voneinander entfernt, zwischen den hellen Sofas, und schauen mich an. Eine Sekunde lang herrscht Stille. Nur das Lachen und Planschen der Badegäste dringt von außen herein in den dunklen Raum mit den hohen Bücherregalen und den antiken Möbeln. »Gleich hier, um die Ecke«, rufen sie so laut und fröhlich wie die Kinder von Bullerbü und so erleichtert, dass nur ein Mädchen vor ihnen steht.

Wir fahren alle vier zusammen zum 90. Geburtstag meines Großvaters nach Tübingen. Gefeiert wird in dem Haus von Tante Sonia und Onkel Andreas. Meine Mutter ist, wie immer, schon vorher angespannt. Sie hat Angst. Angst vor den strengen Blicken von Dr. Elisabeth, Angst vor den Gesprächen, Angst davor, nicht standhalten zu können. Meine Schwester sagt: »Da musst du dich doch gar nicht drum kümmern, die stecken wir doch alle in die Tasche.« Sie reckt das Kinn und klingelt.

»Ach«, sagt Tante Sonia und »schön«, als sie die Tür des Hauses öffnet. Sie trägt eine gebatikte Sommerbluse über einem beigen Leinenrock und beige Schuhe mit Kreppsohle, als einzigen Schmuck die schlichte Bernsteinkette um den Hals. Meine Mutter steht ihr in ihrem bunten Kleid, den blauen Augendeckeln, dem Rouge auf den Wangen und den rosa glänzenden Lippen gegenüber wie ein Ensemblemitglied der Folies Bergère.

Alle sind schon da. Auch die beiden Schwestern meines Vaters, Tante Roswitha und Tante Anne. Und unsere 13 Cousinen und Cousins. Sie haben sich bereits alle im Wohnzimmer in einem großen Stuhlkreis um die Großeltern versammelt, die Geburtstagspost wird verlesen. Ehemalige Studentinnen und Studenten, inzwischen selbst Pädagogik-Professoren; Bewunderinnen, von denen es immer viele gab; Kollegen. Alle senden handschriftliche Briefe, mit Erinnerungen, manchmal in Reimen. Walter und Inge Jens lassen grüßen, sie wollen am Nachmittag vorbeischauen. Auch der Bundespräsident sendet Glückwünsche. »Sieh an«, sagt Großmutter und schaut mit triumphierender Bescheidenheit in die Runde, als sie den Brief öffnet.

Meine Schwester und ich haben uns sofort neben unsere Cousinen Ursula und Gabriele gesetzt. Meine Schwester legt den Kopf schief und nickt bedächtig. Wir drei anderen kichern. Unsere Cousine Dorothea setzt sich ans Klavier. Sie faltet die Noten auseinander und beginnt zu spielen. Die Köpfe der Zuhörenden liegen schräg, manche Augen sind geschlossen. Als Dorothea nach dem letzten Akkord die Hände wieder von den Tasten nimmt und in die Runde schaut, bleibt es still im Raum. Es folgt kein donnernder Applaus, wie das bei Ami und Api der Fall gewesen wäre. Man lässt die Darbietung schweigend nachklingen. »Ja«, sagt dann Tante Sonia. »Schön.« Und aus einer anderen Ecke kommt: »Ein früher Debussy, deutlich zu hören, dass er schon damals von den javanischen Klängen stark beeinflusst war.« Es entspinnt sich ein kurzes Gespräch über die Parallelen zwischen der Musik Debussys und der Malerei eines Gauguin oder Monet. Die offenkundigen Parallelen, die doch allen Anwesenden sicher geläufig sind. Meine Mutter sitzt neben meinem Vater und schaut auf den Boden.

Doris, die Haushaltshilfe, hat inzwischen im Esszimmer aufgetischt. Eine Suppe, dazu wird Knäckebrot gereicht. Als das Essen auf dem Tisch steht, stimmt Tante Sonia ein Gebet an. Sie beugt den Kopf nach unten, schließt die Augen und dankt Gott für die guten Gaben. Alle haben die Hände gefaltet, auch ich. Nur meine Mutter und meine Schwester nicht. Meine Mutter schaut regungslos geradeaus, meine Schwester lächelt leicht und sieht aufmerksam zu Tante Sonia hinüber.

Am Nachmittag empfangen meine Großeltern weitere Gratulantinnen und Gratulanten in ihrer Wohnung. Großvater sitzt auf dem Sofa und schaut sehnsüchtig zu seinem Arbeitszimmer hinüber. Aber das Wohnzimmer wird immer voller, und Großmutter hat für die Gäste ein selbst gekochtes Apfelkompott mit Magermilchjoghurt vorbereitet.

Der kleine Sohn meiner Cousine Cornelia kommt ins Zimmer gelaufen, durchquert den Raum und knallt heftig die Türe hinter sich zu. Die Frauen schütteln den Kopf. Großvater aber schaut nur kurz auf und sagt: »Was ist ihm passiert? Er muss sich über ürschendetwas geärgert haben.« Großvater studiert die Kinder, so wie er es immer getan hat. Aber nicht in der Praxis, sondern in der Theorie. Sein Arbeitszimmer wartet.

Es ist gerade ein Dokumentarfilm über die Großeltern gemacht worden. Da sieht man Wilhelm und Elisabeth zusammen im Museum oder zu Hause, immer im Gespräch miteinander, ganz selbstverständlich philosophierend über die Kunst oder das Leben. In einer Szene des Films sitzen sie sich am Ende eines Drehtages am Abendbrottisch gegenüber. Im Hintergrund steht der Fernseher, wie immer mit der Decke verhängt. Die beiden sprechen über die Dreharbeiten. Dass sie währenddessen gefilmt werden, haben sie vollständig vergessen. »Wie falsch das ist, was man sagt, und wie viel man weglassen muss«, sagt Großvater, und Großmutter nickt. »Das Leben zu beschreiben, ist überhaupt unmöglich«, ergänzt sie, »das Leben kann eben nur gelebt werden.«

Der Geburtstagsempfang bei den Großeltern steuert seinem Höhepunkt zu. Es ist jetzt ziemlich voll, und Wilhelm wittert eine Chance. Er bietet einem der neu hinzugekommenen Gäste einen Portwein an. »Aber nur, wenn Sie einen mittrinken«, hatte die Frau geistesgegenwärtig geantwortet. Gerade hat Großvater in einer selten gesehenen Geschwindigkeit zwei Gläser und die Flasche aus dem Schrank geholt, da betritt Großmutter den Raum. »Wilhelm«, sagt sie, »Portwein? Am Nachmittag?« Sie wirft dem Gast einen missbilligenden Blick zu. Großvater stellt sein Glas zurück in den Schrank und schaut mit nervös zwinkernden Augen zu, wie die Frau ihr Glas leert.

Später ruft Großmutter alle Enkelinnen zu sich, meine Schwester und mich und unsere sieben Cousinen. »Ich möchte eine Rede halten.« Sie steht vor uns, klein und aufrecht. Eine Rede, die sich nur an uns, die Enkelinnen richtet. »Ich möchte euch ermutigen, euren eigenen Weg zu gehen«, sagt unsere Großmutter und schaut jede von uns in der ihr eigenen, durchdringenden Art an. »Ich bin sehr stolz auf euch.« Am Schluss ihres Vortrags öffnet sie eine Schatulle und schenkt jedem von uns eines ihrer Schmuckstücke. Meine Schwester bekommt eine blaue Kette, ich die Brosche mit dem großen Bernstein, die sie fast immer getragen hat. Wir schauen uns alle an und lächeln. Es ist wie ein Vermächtnis.

»Und jetzt möchte ich euch noch etwas zeigen. Etwas ganz Besonderes«, sagt Großmutter und geht zu dem großen Schrank. Sie öffnet die untere Schublade. Vorsichtig zieht sie einen alten Stoff heraus, legt ihn auf den Tisch und streichelt ihn sanft mit den Fingern. »Ohhh!«, rufen wir alle im Chor und schauen, als sei es zum ersten Mal, auf die Spitze von Madame Drouet.

Am Abend sitzen meine Schwester und ich mit unseren Cousinen Ursula und Gabriele zusammen. »Wisst ihr eigentlich, dass es bei uns zu einem geflügelten Wort geworden ist?«, sagt Ursula. »Was denn?«, fragen wir. Kichernd antworten beide wie im Chor: »Tina, weißt du noch – Capri?«

Ein Jahr zuvor waren wir mit den Zwillingen, deren Eltern und unserem Vater für ein paar Tage in Cornwall gewesen. Wir hatten in einer Art Jugendherberge gewohnt. Ein lang gestrecktes, baufälliges Gebäude, eine ehemalige Kaserne, auf einer windigen Klippe, Lands End. Als wir aus den Autos stiegen, begrüßte uns Ursula mit den Worten: »Welcome to las Baracas!« In der Eingangshalle stand ein Getränkeautomat, gegen den man treten musste, damit die Cola rauskam. Daneben ein Flipper, gegen den man treten musste, damit die Lichter angingen. Und gegen die Eingangstür hatten schon so viele getreten, dass sie nun gar nicht mehr schloss. Bei jedem Windstoß, und davon gab es einige, schlug sie krachend auf, und Ballen von Seegras fegten in las Baracas hinein. »Eine herrliche Luft!«, rief Tante Sonia, atmete tief ein und nickte uns aufmunternd zu.

Am zweiten Tag, nach einem Spaziergang mit unseren Cousinen im Nieselregen, saßen wir wieder auf unseren Stockbetten. Meine Schwester schaute mich an und seufzte: »Tina, weißt du noch – Capri?«. Seither war der Satz für unsere Cousinen zum geflügelten Wort geworden für besonders große Enttäuschungen. Jetzt sitzen wir vier in Tübingen, hinter dem Haus, und stecken uns dünne goldene Zigaretten der Marke Sobranie an. Wir kichern, der Rauch kringelt sich nach oben, und Doris schließt ganz behutsam ihr Fenster.

Für den nächsten Tag hat Tante Anne, die älteste Schwester meines Vaters, die Darbietung eines höfischen Tanzes eingeplant. Ihre Kontakte im Singkreis der evangelischen Kirchengemeinde hatten zu dem Lesekreis eines Geigenlehrers in Hamburg-Othmarschen geführt, und dieser hatte Beziehungen zu einer Laienspielgruppe, die sich in der Volkshochschule kennengelernt hatte. Hier verlor sich die Spur, aber es ließ sich nicht übersehen, dass Tante Anne aus irgendeinem Fundus große Mengen an Rokoko-Kostümen organisiert hatte.

Die Probe beginnt am nächsten Vormittag im Wohnzimmer von Tante Sonia und Onkel Andreas. Als meine Schwester und ich um 10 Uhr eintreffen, ist sie bereits in vollem Gange. Eine heitere

Tante Anne im fliederfarbenen Taftkleid, ein milde lächelnder Onkel Eduard, von Beruf Landesbischof von Hannover, in dunklen Beinkleidern, weißen Kniestrümpfen und goldenen Schnallenschuhen. Und mein Cousin Michael verbeugt sich gerade mit einem Spitzentaschentuch in der Hand vor meiner Cousine Regula.

Tante Anne drückt die Rückspultaste des Kassettenrekorders. Alle verharren wie eingefroren in Position, bis die Kassette auf Anfang ist. Eins, zwei und drei. Und los. Die anschließende Polonaise führt um den Esstisch herum, hinaus auf die Terrasse und wieder zurück. Im Überschwang wird eine bronzene Barlach-Figur vom Sockel gestoßen, bleibt aber zum Glück unbeschädigt.

Zum Mittagessen gibt es gedämpften Kabeljau mit gedämpften Tomaten. Während Tante Sonia das Tischgebet spricht, erkaltet unter dem leisen Murren meiner Mutter der Kabeljau. Meine Schwester beobachtet unterdessen jeden Einzelnen am Tisch.

Der höfische Tanz am Nachmittag ist ein voller Erfolg, vor allem für die Beteiligten selbst. Kurz vor dem Abendessen bittet meine Schwester die ganze Geburtstagsgesellschaft ins Esszimmer. Was wird jetzt geboten? Ein Gedicht von Morgenstern? Eine Gesangesdarbietung? Meine Schwester setzt sich an den Platz von Tante Sonia und faltet mit gütigem

Lächeln die Hände. Sie senkt den Kopf auf die exakt gleiche Weise und kneift Augen und Mund genauso zusammen wie die Tante. Kein einziges Wort fällt. Sie macht alles pantomimisch. Mit minimalsten Bewegungen. Alles stimmt.

Dann wechselt sie den Platz, und Onkel Eduard ist dran. Jeden Einzelnen karikiert sie so treffend, dass sogar die Karikierten selbst mitlachen müssen. Am nächsten Morgen muss meine Schwester auf Wunsch aller die Vorstellung wiederholen, und am Nachmittag wollen auch die nachgeahmt werden, die noch nicht dran waren. Ich bin sehr stolz auf meine große Schwester. Sie wird ganz sicher ein gefeierter Star werden.

Meine Schwester geht jetzt auf die Elsa-Brändström-Schule. Sie hat Tritt gefasst. Es ist, also ob alle Last von ihr abgefallen wäre. Der Anspruch meiner Eltern, vor allem der meines Vaters, der ganzen Umgebung. Auch wenn es sie verlegen macht, wenn jemand erfährt, dass es eine Realschule und kein Gymnasium ist. Das versucht sie zu verbergen. Ihre beste Freundin heißt Cordelia, »Zwitschervogel« nennt meine Schwester sie. Mit ihr teilt sie von nun an alle Geheimnisse. Und sie hat noch eine Freundin, Petra. Meine Schwester ist dort oft nach der Schule zum Mittagessen eingeladen. Das erzählt sie mir später im Detail. Die ganze Familie sitzt um den Tisch. Herr Metzmacher, Frau Metzmacher, Petra und meine Schwester. Der große rundliche Herr Metzmacher lädt meiner Schwester Kartoffeln, Bratwürstchen und Sauerkraut auf. Und meine Schwester ruft nach dem ersten Bissen jubelnd und überschwänglich: »Hmmmm! Ist das lecker!« Dann schaut die ganze Familie zufrieden auf den dankbaren Gast, und Herr Metzmacher sagt: »Schmecket?« Es ist dieses »Schmecket?«, was uns beide rührt, uns traurig und sehnsüchtig macht und uns gleichzeitig zum Lachen bringt.

Wir arbeiten jetzt manchmal am Wochenende in einem Krankenhaus, in dem Herr Metzmacher Hausmeister ist. Meine Schwester hat durch Petra den Job bekommen, wir erhalten sagenhafte 12 Mark die Stunde dafür, dass wir Nachttische und Waschbecken putzen und bei der Essenausgabe helfen. Wenn nur das frühe Aufstehen nicht wäre. Um 5.30 Uhr müssen wir los, denn um sechs ist Arbeitsbeginn. Manchmal fährt uns mein Vater zum Weyertal-Krankenhaus.

Wir ziehen uns in der Personalumkleide weiße Kittel über, und ab jetzt ist es ein großes Spiel. Wenn wir auf der gleichen Station eingesetzt werden, kennt unser Spaß keine Grenzen. Denn wir sehen uns inzwischen sehr ähnlich und werden von den älteren Patienten oft verwechselt. »Schwester«, sagt die Patientin von Zimmer 203, wenn ich die Tür öffne und zu ihr ans Bett trete, um das Mittagessentablett einzusammeln, »Schwester, Sie wollten mir doch eine Buttermilch bringen.« Auf den Moment habe ich gewartet. »Ich?«, frage ich überrascht und mache eine Pause, als würde ich nachdenken. »Ach so, Sie meinen meine Schwester. Ich bin die Schwester der Schwester.« Ich nehme das Tablett, und kurz darauf schauen meine Schwester und ich zusammen zur Tür rein, was mit einem kölschen »Ach du lev Töt« quittiert wird.

»Schwester«, sagt meine Schwester zu mir, als wir mittags mit der Straßenbahn nach Hause fahren. »Wo bleibt denn de Bottermilsch?« Sie trifft genau den Tonfall von Zimmer 203. Plötzlich wird sie ernst. »Hast du den Mann gesehen?« Ja, ich hatte ihn gesehen. Er lag allein in dem Zimmer daneben, auf der 204, wie die echten Krankenschwestern sagen. Schon beim Betreten des Zimmers hatte man es gespürt. Die gelben Vorhänge waren halb geschlossen. Ich hatte »Guten Morgen« gerufen und war zu seinem Nachttisch gegangen. Ich hatte den rosa Lappen in den Eimer mit dem Desinfektionsmittel getaucht und ihn über die saubere Oberfläche des grauweißen Tisches gezogen.

Es waren keine Kaffeeflecken oder Wasserränder darauf, wie bei den anderen Nachttischen. Der Tisch war ganz unbenutzt. Beim Abwischen hatte ich den Mann betrachtet. Den schmalen Kopf, der kerzengerade auf dem Kissen lag, das Krankenhaushemd mit den kleinen grünen Mustern auf weißem Grund. Es stand um seinen mageren Hals wie ein Wurfring, als hätte man ihn damit eingefangen. Ich hatte seinen rasselnden Atem gehört, seinen blau geäderten Handrücken betrachtet, auf dem ein weißer Schlauch klebte. Ich hatte sein eingefallenes Gesicht studiert. Er bekam kein Mittagessen.

»Hast du auch so eine Angst vor dem Tod?« Meine Schwester schaut aus dem Fenster. Darüber hatte ich noch nie nachgedacht. »Vor dem Sterben oder vor dem Tod?«, frage ich. »Vor dem Tod«, antwortet sie und hält sich die Arme vor den Bauch. »Ich bekomme Magenschmerzen, wenn ich daran denke.« Ich überlege. Draußen zieht die Stadt vorbei, es ist ruhig und menschenleer, es ist Sonntagmittag.

»Das Sterben bekommst du mit, aber wenn du tot bist, bist du tot. Das merkst du doch gar nicht.« »Das ist ja das Schlimme«, antwortet sie. »Man ist in der kalten Erde, ganz allein, und es ist nichts mehr da. Man liegt in einem Holzkasten, tief da unten, und die ganze Welt ist verschwunden. Du bist nicht mehr da, Mami und Papi sind nicht mehr da, man ist einfach nur noch allein.« Sie ist jetzt ganz blass und sieht tieftraurig aus. Ich sehe einen Sarg, tief unten in der Erde, darin liegt meine Schwester, und große Schaufeln von kalter, nasser Erde werden auf sie draufgeschaufelt, immer mehr, bis der Sarg verschwindet. Mein Herz pocht. »Aber Herr Metzmacher ist doch da«, sage ich rasch, »und der fragt dich: ›Schmecket?‹«.

Wenn ich mittags aus der Schule komme, schließe ich die Tür auf und mache die Kontrollrunde. Ich öffne die Küche, dann den Anrichteraum dahinter, laufe durch das Arbeitszimmer, durch das Fernsehzimmer, durch das Wohnzimmer meiner Mutter. Wenn die Räume alle leer sind, gehe ich die Treppe rauf, schaue auf die Bauernuhr, drei Minuten nach acht. Ich klappere auch hier alle Zimmer ab. Und schließlich rufe ich nach oben in den dritten Stock: »Mami, bist du da?«

Ich tue dies alles mit einer gespannten Aufmerksamkeit, systematisch und konzentriert, mit dem Schlimmsten rechnend und auf alles gefasst, wie ein Soldat, der das Gelände sichert. Und der nach dem Durchqueren eines jeden Raumes ein knappes »All clear« in sein Funkgerät schnarrt. Ich weiß nicht, womit ich rechne, ich weiß nur, dass die schwarzen Vögel wieder im Haus sind.

Nach meinem Rundgang gehe ich wieder in die Küche zurück. Manchmal hat meine Mutter für zwei Tage gekocht, manchmal schaue ich in den Kühlschrank und finde einen Joghurt. Manchmal mache ich mir ein Brot mit Bonne Maman Fraise.

Ich finde meine Mutter in der Küche oder in ihrem Wohnzimmer, zusammen mit den schwarzen Vögeln. Sie sind gekommen, wie sie immer kommen. Erst einer, dann zwei und dann der ganze Schwarm. Wenn man die Zeichen aufmerksam liest, kann man es beim ersten Vogel erkennen. Es beginnt damit, dass meine Mutter mich etwas zu lange ansieht. So als stünden wir auf dem Bahngleis, und ich ginge in zwei Minuten für ein Jahr auf Weltreise.

Man kann sich diesen ersten Vogel schönreden: Ach was, ein Rabenvogel macht noch keinen Winter. Aber das nutzt nichts. Kurze Zeit später ist der zweite da. Und dann der dritte. Mit jedem neuen Vogel wird meine Mutter langsamer, die Sätze brauchen länger, die Bewegungen auch. Als müsse sie durch immer tieferes, immer schlammigeres Wasser gehen. Irgendwann brechen die Sätze in der Mitte ab, als habe es keinen Sinn, sie zu Ende zu sprechen. Der Blick zerfällt auf dem halben Weg zum Ziel, als reichte die Kraft nicht mehr für den ganzen Weg.

Meine Mutter gibt dann keine Antworten mehr. Sie sagt: »Ich weiß nicht« oder zuckt nur mit den Schultern. Es fehlt ihr die Kraft, Entscheidungen zu treffen. In diesem Stadium zieht meine Mutter immer dasselbe an, denselben Pullover, dieselbe Hose, dieselben Schuhe. Eine Art Depressionsuniform. Dann kommt der Tiefpunkt: Sie hört auf, sich zu waschen, sie kämmt sich nicht mehr. Das ist der Moment, wo man denkt, jetzt gibt es kein Rauskommen mehr. Ein geschlossener Kreislauf, ein isoliertes System, das sich nur noch aus sich selbst speist. Dann verschwindet sie in der Vogelwolke, nichts dringt mehr hinein, nichts mehr heraus.

Ich habe meine Mutter und später auch meine Schwester gefragt: Wie ist das, was ist das für ein Gefühl, die Depression? Es ist ohne Farben, sagte meine Mutter; es ist ganz tief unten, es ist kalt, es ist wie in einem Grab, sagte meine Schwester. Es ist ein Ort, wo niemand sein möchte.

Wie lange es andauert, kann niemand vorhersagen. Es können zwei oder drei Monate sein. Es kann im Herbst oder im Frühjahr sein. Oft ist es im

Frühjahr. Wenn das Leben wieder losgeht. Meine Mutter versucht am Anfang, beim ersten Vogel, alles niederzukämpfen. Sie versucht, es zu vertuschen. Sie lächelt, und ich sehe unter dem Lächeln die Angst. Warum hält sie es nicht auf? Warum stoppt sie nicht, solange es noch geht?, denke ich.

Mein Vater hat, wenn er da ist, schon lange den Haushalt übernommen. Er organisiert die Putzfrau oder wischt die Böden selber. Manchmal sitzt er mit ihr in ihrem Wohnzimmer. Er sieht besorgt aus und nur fünf Minuten später schon wieder ganz unbeteiligt, so als wäre alles schon wieder an ihm abgeperlt. Ich sehe ihre Verzweiflung und denke dennoch: Kann sie sich nicht am Riemen reißen? Ich habe Mitleid mit ihr und bin gleichzeitig genervt von ihr.

Meine Schwester ist jetzt wieder die Verbündete meines Vaters, stärker denn je. Die beiden wachsen wieder enger zusammen. Mein Vater erzählt gerne, dass die Frau seines ehemaligen Chefs zu ihm gesagt hatte: »Sie lieben ja Ihre Tochter mehr als Ihre Frau.« Da war meine Schwester ein Jahr alt und lebte mit unseren Eltern ein ganzes Jahr am Bodensee. Der Chef meines Vaters war der Jurist und Bildungswissenschaftler Hellmut Becker. Er sollte später im Missbrauchsskandal um die Odenwaldschule eine Rolle spielen. Er hatte den Schulleiter Gerold

Becker als Schuldirektor geschützt, obwohl er da bereits über dessen pädophile Umtriebe im Bilde gewesen war.

Meine Schwester kneift meinem Vater in die Wangen, so wie sie es auch mit mir macht. Sie kämmt seine Haare und bindet ihm mit einem Gummiband einen Haarpinsel. Sie findet das »süß«. Sie sagt Hase zu ihm. Ich bin eifersüchtig und versuche, es ihr gleichzutun. Ich zwinge mich dazu, obwohl ich es nicht mag. Ich möchte weder mit ihm noch mit meiner Mutter zärtlich sein. Ich möchte Abstand halten. Aber ich möchte gleichzeitig auch teilhaben, dabei sein. Doch ich stehe immer mehr daneben. Ich stehe da nicht freiwillig. Aber ich richte mich da ein.

Meine Mutter geht erst nach ein paar Wochen zum Arzt und lässt sich Antidepressiva verschreiben. Ehe die Medikamente wirken, vergeht immer Zeit. Und auch die Dosierung muss getestet werden. Eingestellt, wie meine Mutter sagt, als sei sie ein Fiat 500 und fröhlich auf den Straßen unterwegs. Jedes Mal muss sie von Neuem eingestellt werden.

Dieses Mal ist das Gegenmittel offenbar zu stark. Als ich aus der Schule komme, brauche ich meinen Rundgang gar nicht erst zu beginnen. Denn ich entdecke meine Mutter schon in der Küche, singend mit einem Blumenstrauß, den sie in einer Vase ordnet.

Ein abrupter Wechsel von einem Tag auf den anderen. Auf dem Steinfußboden stehen vier Papiertüten mit dem großen Aufdruck eines teuren Modeladens, La Donna, darin Kleider, Blusen, Pullover.

»Geht es dir besser?«, frage ich. »Aber natürlich, mir geht es gut«, tiriliert meine Mutter. Sie lacht laut auf. Sie zieht die Kleidungsstücke, eins nach dem anderen, aus den Tüten. Sie hält sie sich vor den Körper und schaut mich erwartungsvoll an. »Was ist denn hier los?«, fragt meine Schwester, die in dem Moment nach Hause kommt. Sie stellt sich vor meine Mutter: »Hast du jetzt einen Vollknall?« Meine Mutter gackert wie ein Huhn. Singend und lachend tänzelt sie die Stufen hinauf. Als ich mich später in meinem Zimmer an den Schreibtisch setze, sehe ich, dass sie mir mit rotem Filzstift Bemerkungen ins Biologieheft geschrieben hat: »Ich bin so klein, mein Herz ist rein« und »Kikeriki«. Daneben hat sie mit Tesafilm Petersilie geklebt.

Am späten Nachmittag holt sie ihr Auto aus der Garage. Ich laufe zu ihr, sie kurbelt die Scheibe herunter. »Wo willst du hin?«, frage ich alarmiert. »Zu Jürgen«, sagt sie lächelnd und fährt los. Mein Vater ist in dieser Nacht nicht da, auf Dienstreise, in Hamburg. Meine Mutter kommt weder um 22 noch um 23 noch um 24 Uhr. Um eins stehe ich auf und öffne die Tür zum Zimmer meiner Schwester. »Sie ist immer noch nicht da«, flüstere ich durch die Dunkelheit. Meine Schwester ist sofort hellwach und setzt sich auf. »Mach dir keine Sorgen«, sagt sie, »sie wird bei Jürgen sein.« Was, wenn sie die Kontrolle über den Wagen verloren hat? Was, wenn sie jetzt in irgendeinem Krankenhaus liegt und niemand weiß, wer sie ist?

Um drei Uhr nachts höre ich den VW Käfer in die Garage fahren. Leise schließt sie die Haustür auf, wie ein Teenager, der keinen Ärger bekommen will. Ich stehe im Nachthemd auf der Treppe. Sie schaut mich an. Ruhig und klar. »Es tut mir leid, wenn du dir Sorgen gemacht hast«, sagt sie, als sei sie 15 und ich 41 Jahre alt. Und dann erzählt sie doch etwas, von dem sie annimmt, dass ich es vielleicht wissen sollte. Sie hatte auf der Fahrt nach Bonn vor sich auf der Straße Menschen gesehen, die sich aus dem Asphalt emporreckten. »Sie sind aus der Erde gekommen und haben ihre Arme nach oben gestreckt.« Ich beschließe, am nächsten Tag darüber nachzudenken, und gehe ins Bett.

Diese Zeit, in der meine Mutter zwischen normalen Phasen, Highphasen und Depressionsphasen hin und her schlittert, verbringe ich am Nachmittag überwiegend an der Heizung. Ich, die ich immer viel gelesen habe, kann in dieser Zeit kein Buch in die Hand nehmen. Es geht einfach nicht mehr. Ich stelle mich mit dem Bauch an den Heizkörper in der Küche, er hat genau meine Größe. Mein Kopf passt zwischen die Rippen, sodass die Wangen rechts und links auch warm werden. Ich warte. Vielleicht warte ich darauf, dass es vorübergeht. Vielleicht warte ich darauf, dass ich nicht mehr allein bin. Vielleicht warte ich darauf, dass es auf der Bauernuhr endlich vier Minuten nach acht wird. Mit dem ganzen Körper presse ich mich an die warme metallene Rippenfläche. Der Heizkörper ist da, immer an der gleichen Stelle.

Wenn ich zur Post gehe, schaue ich immer auf das kleine Plakat, das an der Eingangstüre klebt. Viele Schwarz-Weiß-Fotos mit Namen darunter, die ich schon auswendig kann, darüber eine Zahl mit vielen Nullen. Die gleichen Fotos und Namen werden abends links hinter dem Tagesschausprecher eingeblendet, direkt nachdem er »Guten Abend, meine Damen und Herren« gesagt hat. Die Fotos zeigen Frauen und Männer mit blassen Gesichtern und strähnigen Haaren. Mein Vater, meine Mutter, meine Schwester und ich sitzen abends vereint vor dem Fernseher und verfolgen die immer rasendere Entwicklung. Bombenattentate, Überfälle. Die Erhängten in den Zellen der JVA in Stuttgart-Stammheim. Die Ermordung von Generalbundesanwalt Buback. Die RAF.

Dann wird Hans Martin Schleyer entführt, auf einer Straße, nicht weit von meinem früheren Schulweg. Die Bilder vom Tatort mit den ineinander verkeilten Fahrzeugen, der gespenstische, altmodisch wirkende Kinderwagen auf dem Bürgersteig, die Glassplitter auf der Straße. Die Schaubilder mit Pfeilen und schematischen Autos, die immer wieder und wieder die Tat rekonstruierten, wann welcher Wagen sich wo in Bewegung setzte.

Schließlich das erste Video. Der kräftige Mann, den man vorher in Anzug und Krawatte gezeigt hatte. Hans Martin Schleyer sitzt nun in einem grauen Unterhemd vor einer weißen Wand und spricht zu uns. Wie musste das für die Familie, für die Frau, die Kinder sein? Mein Vater, meine Mutter, meine Schwester und ich sitzen gemeinsam vor dem Fernseher, die RAF macht uns für einige Monate wieder zu einer Familie.

*

Ich öffnete das große Atelierfenster und ließ die Frühlingsluft herein. Unsere Freundin aus Wien müsste gerade gelandet sein. Vielleicht sollten wir heute Abend an den Rhein gehen? Ich wählte erneut die Telefonnummer meiner Schwester. Während es klingelte, drückte ich auf Senden. Das Foto zischte ab. Das Foto von den beiden roten Fahnen, die ich auf dem Speicher einer Landwirtschaftlichen Genossenschaft entdeckt und fotografiert hatte. Eine Zeitung hatte es bestellt.

Ich hatte es vor ein paar Jahren gemacht. Damals, zu 25 Jahre Mauerfall, hatte ich einige Wochen in einem Dorf in Mecklenburg-Vorpommern verbracht, im »Sozialistischen Musterdorf Mestlin«. Anfang der 1950er-Jahre erbaut, lebten in diesem Dorf immer noch Menschen in den Kulissen eines vergangenen sozialistischen Traums. Ich wohnte am Marx-Engels-Platz und fotografierte die Gebäude und die Einwohner. Und fragte sie nach ihren Erinnerungen. Für die Älteren war die DDR ihre Geschichte, die Jungen wussten oft gar nichts mehr. Es ging nicht nur um Erinnerung, sondern auch um den Verlust von Erinnerung. Das hatte sich im Laufe der Arbeit herausgestellt.

Als die Fotos und Texte fertig waren, hatte ich zusammen mit dem Kulturverein eine Ausstellung in dem Ort organisiert. Am Tag der Eröffnung stand ich in dem zerfallenden Kulturhaus. Ich hatte nicht damit gerechnet, dass irgendjemand zu diesem entlegenen Ort käme, außer den Dorfbewohnern.

Plötzlich standen die beiden vor mir. Meine Schwester war zusammen mit meinem Vater aus Hamburg gekommen. Sie breitete die Arme aus und rief immer wieder: »Ist das eine Überraschung oder ist das eine Überraschung?« Sie lachte, und sie sah strahlend aus. Jedes Mal, wenn ich sie sah, hatte sie etwas an, was ich nicht kannte. Sie trug die Kleidung immer nur eine kurze Zeit, dann kaufte sie etwas Neues und warf die alte weg. In ihrem Kleiderschrank waren nie mehr als vier Stücke.

»Ist das eine Überraschung?«, sagte meine Schwester wieder. Ja, es war wirklich eine. Sie waren fast zwei Stunden gefahren. Und ich war gerührt. Meine Schwester kniff mich in die Wange. »Damit hast du nicht gerechnet, oder?«, rief sie. Ich zog sie zum Fenster, und wir schauten auf den Marx-Engels-Platz hinunter. Links war die Schule mit einer in die Fassade hineingefrästen Abbildung eines Lehrers, der drei Kindern einen Maiskolben erklärt. Darüber zwei Frauen mit Spaten in der Hand. Sie hingen wie in einer Comic-Denkblase über dem Kopf des Lehrers. Meine Schwester wurde langsam ruhiger.

Der Bäcker des Ortes war gekommen, und ich ging mit ihm zu seinem Foto. »Uihh«, sagte er, »das ist aber groß.« Ich stellte ihm »meine Familie« vor. Meine Familie. Das war wie ein Bild. Wie das Bild da draußen an der Wand, die Frauen, die pflanzen, und der Lehrer mit dem Maiskolben in der Hand.

Frau Nörenberg, die Leiterin der LPG, kam und auch Hans, der Traktorist. Meine Schwester und ich drehten uns um und schauten in den Raum hinein. »Der Traktorist«, sagte sie, »ist ein lieber Mensch. Aber er konnte sich noch nie in seinem Leben durchsetzen.« Ja, das war so. Das hatte er mir erzählt. Meine Schwester kannte keinen der Menschen. Aber sie hatte jeden mit einem Blick erfasst. Herrn Peters, den Lehrer, Rudolf, den Schlosser, Kevin, den Schüler. Über jeden sagte sie drei Sätze, die genau zutrafen. »Woher weißt du das?«, fragte ich. »Ich sehe ihre Bewegungen«, antwortete meine Schwester.

Die Eröffnung begann. Der Saal war bis zum letzten Platz besetzt. Der Redner war André Brie. Er sprach über Erinnerung. Darüber, wie ich als Fotografin die Erinnerung der Menschen an die DDR hervorgeholt habe. Er erzählte davon, dass sein Vater, ein überzeugter Kommunist, mit den Kindern oft übers Land gefahren sei und er ihnen das sozialistische Musterdorf gezeigt hätte. Das Kulturhaus, in dem wir gerade standen, die Schule da draußen, all diese Bauwerke und Bilder, in denen die Vision eines guten und starken Sozialismus realisiert schienen. Das Rednerpult stand in einer Ecke des riesigen Kulturpalastes. Ich wusste, dass hinter der verschlossenen Tür rechts ein zersplitterter und wieder zusammengeklebter Kopf von Karl Marx lag. Er war von den Dorfbewohnern 1990 aus dem Fenster geworfen worden. Die Vorsitzende des Kulturvereines hatte die Trümmer eingesammelt und Karl Marx wie ein Puzzle wieder zusammengesetzt. Auf dem Dachboden über uns stand ein Porträt von Erich Honecker.

Dann sprach ich. Ich sah meine Schwester und meinen Vater im Publikum sitzen. Meine Familie. Meine Schwester schaute stolz lächelnd zu mir hoch, mein Vater hatte die Arme verschränkt. Meine Mutter war seit 29 Jahren tot. Ich hatte die Erinnerung an sie weggeräumt und dachte nur noch selten an sie. Jetzt und hier tat ich es. Ich wusste nicht warum. Meine Mutter schwebte schräg über mir, wie die ausgedachten Pflanzerinnen in der Denkblase des Lehrers, draußen an der Wand. Ich musste mich auf die Rede konzentrieren. Unsere Familie hatte schon lange aufgehört zu existieren.

*

In meiner Klasse gibt es jetzt Marcel. Er ist zweimal sitzen geblieben und älter als wir anderen. Marcel hat dichte schwarze Locken und Sommersprossen, und ich finde, er sieht süß aus. Er kommt immer zu spät in den Unterricht. Er öffnet die Klassentür, geht zu seinem Platz, setzt sich und klappt seinen schwarzen Aktenkoffer auf. Der Koffer enthält nie irgendein Heft oder Buch, sondern immer nur ein sorgsam eingepacktes Butterbrot und eine Zeitung. Kaum hat sich Marcel gesetzt, faltet er langsam und umständlich die Zeitung auseinander, sodass wir alle den Titel sehen können: Die Rote Fahne. Und dann fängt er demonstrativ an zu lesen. In den Pausen spricht er von den Massen, die sich erheben müssen.

Marcel findet, dass die Rote Armee Fraktion recht hat. Marcel spricht von der BE ER DE und verteilt kleine Zettel, die eng bedruckt und schlecht lesbar sind. Er lädt zu Veranstaltungen der Kommunistischen Partei ein. Und manchmal reckt er überraschend die Faust nach oben. Im Geschichtsunterricht liefert sich Marcel mit unserem alten, kurz vor der Pensionierung stehenden Lehrer lange Rededuelle. Mit dem Musiklehrer versteht er sich dagegen sehr gut und singt das Lied vom Baggerführer Willibald schmetternd mit: »Der Boss steht meistens rum / Und redet laut und dumm / Sein Haus das soll sich lohnen! / Wer Geld hat, kann drin wohnen / Wer arm ist, darf nicht rein! / Gemein!«

Die Lehrer und Lehrerinnen kommen mir verwirrt vor. Einige wenige sind noch vom ganz alten Schlag. Sie sind autoritär, aber sie haben keine Autorität mehr. Wir lachen über sie. Die meisten aber scheinen die Orientierung verloren zu haben. Sie tanzen umher wie die Tischtennisbälle bei der Ziehung der Lottozahlen, die am Samstag vor der Tagesschau kommt. Unsere Lehrer wissen einfach nicht mehr, wo oben und unten ist. Sie wirbeln in dem Glasbehälter hin und her, zwischen der sorgsam frisierten Lottofee namens Karin Tietze-Ludwig und den blassen Menschen mit den strähnigen Haaren in der Tagesschau, die Jan-Carl Raspe oder Brigitte Mohnhaupt heißen.

Sie verlegen den Unterricht nach draußen. Dann setzen wir uns im Kreis auf die Wiese und müssen der Reihe nach sagen, worauf wir »jetzt so Bock« haben. Natürlich geht es dabei nicht um ehrliche Antworten. Es interessiert sie einen Scheißdreck, wie es uns geht. Es geht darum, dass sie sich selber da sitzen sehen. Sie schauen sich beim Lässigsein zu. Sie hebeln das System aus, sie schaffen die Hierarchien ab. Sie sitzen mit uns zusammen im Kreis und sagen auch, worauf sie jetzt »selber gerade Bock« haben. Es ist alles ganz locker. Am Ende bekommen wir Noten von ihnen.

Meine Italienisch-Lehrerin hat Probleme. Das sehe ich schon, als sie das erste Mal das Klassenzimmer betritt. Sie gibt das Thema für den Aufsatz bekannt: »Was tue ich, wenn mich mein Freund hintergeht?« Ich habe doch zu Hause schon genug zu tun, denke ich. Muss ich mich jetzt auch noch um die Lehrerin kümmern? Die Einzige, die da nicht mitmacht, ist unsere Klassenlehrerin. Sie sagt »So nicht« und hält uns ab und zu eine Standpauke. Das finden wir gut. Sie heißt Frau Loch, und man könnte viel mit ihrem Namen anfangen. Aber das tun wir nicht, wir respektieren sie.

Unser Sportlehrer ist nicht nur Lehrer bei uns, sondern auch Sportausbilder bei der Bundeswehr. Er hat einen zackigen Ton. Er hat seine Haare auf der einen Seite länger, damit er sie über die Glatze kämmen kann. Wenn er auf dem Reck etwas vorturnt, fliegt die längere Seite weg und hängt über dem linken Ohr nach unten. Dann hat man ein unangenehmes Gefühl, als hätte man etwas gesehen, was man nicht hätte sehen sollen.

Überhaupt hat man bei ihm ein unangenehmes Gefühl. Und jedes Mädchen in jeder Klasse weiß warum. Denn wenn man als Mädchen nicht schnell genug über den Bock springt, dann hilft er nach. Dann fasst er die Mädchen unter ihre Hintern und hebt sie über den Bock. Für mich ist er zu langsam. Ich nehme Anlauf, rase auf den Bock zu und fliege über die lederne Hürde. Der Sportlehrer kommt zu nichts. Anschließend, in der Umkleide, sprechen wir Mädchen nicht wirklich darüber. Nur in Andeutungen. Es ist da. Nicht sichtbar, aber doch spürbar. Und eine nicht sichtbare, aber spürbare Wand schiebt sich zwischen die, denen es passiert ist, und die, die davongekommen sind.

Die meisten in meiner Klasse sympathisieren mit den Ureinwohnern Amerikas und sitzen in den Freistunden auf der Wiese neben der Schule, spielen Gitarre, »Heart of Gold« oder »Blowing in the Wind«, und stecken sich Federn ins Haar. Sie rauchen die dicken Zigaretten, die ich schon aus New York kenne und von denen ich inzwischen weiß, dass es Haschisch ist. Die ganz Coolen sitzen nicht nur in den Freistunden, sondern auch während des Unterrichts bei Jussi in der Kneipe. Da spielen sie Karten und trinken Persico, ein klebriges Getränk, das in kleinen Gläsern serviert wird.

Ich gehöre nirgendwo dazu, weder zu den RAF-Sympathisanten noch zu den indianischen Ureinwohnern noch zu den Coolen. Ich bin nur bemüht, nicht die Kontrolle zu verlieren.

Bei einer Klassenkameradin steigt eine Gartenparty. Und ich bin überraschend auch dazu eingeladen. Marion ist erst seit ein paar Monaten in unserer Klasse. Sie ist das zweite Mal sitzen geblieben und viel älter als wir. Sie hat eine seltsame Ausstrahlung. Man hat den Eindruck, als lebe sie hinter einer nebligen Wand, einer Wand, die Marions Umrisse unscharf macht. Und so sitzt Marion zwei Tische hinter mir, unscharf und in sich versunken. Wenn Marion aufgerufen wird, kneift sie die Augen zusammen, als bräuchte sie eine Brille. Aber das ist es nicht, es ist etwas anders. Marion kneift die Augen zusammen, weil sie versucht, durch den Nebel die Welt zu erkennen. Die Welt scharf zu stellen. Mit den Augen und Ohren den dichten Nebel zu durchdringen, der immer um sie ist. »Wieder nicht aufgepasst?«, ruft der Pädagogiklehrer, Herr Dieball, kopfschüttelnd, doch ehe die Worte Marion erreicht haben, hat er schon jemand anderes drangenommen.

Die Eltern von Marion, heißt es, sind okay. Sie sind locker drauf, und es stört nicht, wenn sie bei der Fete dabei sind. Und ja, es geht locker zu bei ihnen. Ich brauche gar nicht erst auf die Klingel drücken, die Tür des schicken, modernen Hauses steht auf. Ich kann einfach reingehen, durch den Flur und das Wohnzimmer mit den schicken, modernen Möbeln, hinaus in den Garten. Alle sitzen in kleinen Kreisen auf dem Rasen, jeder hat irgendetwas mitgebracht, und die großen bauchigen Rotweinflaschen stehen dazwischen.

Die Eltern von Marion sind auch da. Sie sind Freunde meiner Eltern, ich habe sie schon oft bei Einladungen gesehen. Der Vater ist ein erfolgreicher Künstler, die Mutter arbeitet nicht, aber ist vielfältig sozial engagiert. Sie macht auch ein Kindertheater mit Kindern aus sozial benachteiligten Familien. Marions Mutter hat hennarotes Haar und trägt ein langes Sommerkleid. Sie schaut, dass alle einen Pappbecher für den Wein in der Hand haben. Sie wirkt immer im Hintergrund. Anders der Vater. Er sitzt in einem der Jugendkreise und lächelt.

Marions Vater hat einen wilden Lockenkopf und spricht ein weiches Wienerisch. Er schaut immer ein bisschen verträumt in die Gegend, und alle mögen ihn. Er kann gut mit Jugendlichen, heißt es. Immer wenn ich ihm bei der einen oder anderen Gelegenheit über den Weg gelaufen bin, hat er mir interessierte Fragen gestellt und aufmerksam zugehört. Ich setze mich dazu.

Marion ist nirgendwo zu sehen. Sie scheint abgetaucht zu sein, auf ihrer eigenen Party. »Wo ist denn Marion?«, frage ich. »Ach, du kennst sie doch«, antwortet der Vater in seinem weichen Wienerisch, »sie kommt sicher später.« Aber Marion taucht nicht auf. Sie ist auch am nächsten Tag nicht in der

Schule. Sie kommt erst ein paar Tage später wieder in den Unterricht. Das macht sie oft so. Dann setzt sie sich mit langsamen Bewegungen an den Tisch hinter mir und versinkt hinter dem Nebel.

Ein paar Jahre später ist Marion tot. Sie stirbt mit Anfang 20 an einer unheilbaren Krankheit. Und ich erfahre von ihrem ehemaligen Freund etwas, dass ich nie für möglich gehalten hätte. Marion war jahrelang von ihrem netten Vater missbraucht worden. Die Mutter, die immer alles im Blick hatte, die auf der Party dafür gesorgt hatte, dass alle genug Wein aus den bauchigen Flaschen bekamen, hatte es gewusst. Sie hatte weggeschaut.

Meine Schwester hat die Schule gewechselt und ist jetzt auf dem Gymnasium. Sie möchte unbedingt Abitur machen. Nicht weil sie studieren will oder es für eine bestimmte Berufsausbildung braucht. Sie möchte das Abitur machen, weil sie in dieser Familie mit den vielen Doktorinnen und Professoren nicht die Blöde sein will. Sie will nicht der Prolet der Familie sein. Ihre beste Freundin Zwitschervogel ist mitgegangen. Mit ihrer ehemaligen Klassenlehrerin bleiben die beiden befreundet. Sie sind oft bei ihr zum Essen eingeladen. Bei einem dieser Essen muss sie ihn kennengelernt haben, ihren neuen Freund.

Der neue Freund bleibt mysteriös. Ich bekomme ihn nie zu Gesicht, auch unsere Eltern nicht. Eines Samstags sagt sie plötzlich: »Ich werde gleich abgeholt, wir fahren über das Wochenende nach Holland.« Ein Auto fährt vor, ich kann nicht sehen, wer am Steuer sitzt. Meine Schwester steigt mit ihrer gepackten Tasche ein. Eine Stunde später ist sie wieder da. Er hätte doch nicht fahren können, sagt sie mir. Warum nicht? Er hätte in letzter Sekunde absagen müssen. Wer ist er? Sie gibt keine Antwort. Sie sagt nur: »Ich bin so unglücklich!« Viel später erfahre ich, wer dieser Freund war: der Ehemann ihrer alten Klassenlehrerin.

Die Alben mit unseren Kinderfotos liegen in der untersten Schublade des Sekretärs unserer Mutter. Die Bücher sind in Florentiner Papier eingeschlagen, das unsere Eltern, zusammen mit der Agave, von ihrer Hochzeitsreise nach Italien mitgebracht haben. Ich sehe eines Tages meine Schwester vor dem Schreibtisch sitzen. Sie hat ihr Kinderbuch aus dem Sekretär geholt und die Fotos aus ihren Fotoecken genommen. Sie hat die meisten ihrer Kinderfotos zerrissen.

Ich muss es meinem Vater gesagt haben. Denn

der hat mit Großmutter gesprochen. Sie schreibt einen Alarm-Brief. Das Kind ist in Not, sagt sie, es muss etwas getan werden. Also fragt mein Vater meine Schwester: »Was hast du dir dabei gedacht?« Sein Ton ist vorwurfsvoll. Meine Schwester antwortet nicht. Und mein Vater räumt das lädierte Kinderalbum wieder in den Schreibtisch zurück.

Meine Mutter ist in letzter Zeit ausgeglichener. Sie hat wieder jemanden kennengelernt, und den will sie jetzt meiner Schwester und mir vorstellen. Hermann. Er war eines Tages im Freundeskreis meiner Eltern aufgetaucht. Hermann ist verheiratet. »Seine Frau hat Depressionen, er will sich von ihr trennen«, sagt unsere Mutter.

Es scheint etwas Ernstes zu sein. Hermann wird zum gemeinsamen Abendessen eingeladen. Meine Mutter kocht und stellt Blumen auf den Tisch. Sie schminkt sich und zieht sich ein Kostüm an, legt Biedermeierohrringe an und eine Perlenkette um. Meine Schwester und ich ziehen uns ebenfalls um. Dann stehen wir beide in dieser rasch zusammengezimmerten Familienkulisse wie ausgeliehene Statisten und erwarten ihn. Die Blumen, der Tisch. Wut steigt in mir auf. Wann haben wir das letzte Mal gemeinsam an einem Tisch gesessen? Fängt auch diese Beziehung gleich mit einer Lüge an?

Ein großer Mann steht mit einem kleinen Blumenstrauß vor der Tür. Waren es Nelken? Meine Mutter küsst ihn zur Begrüßung und reicht mir die Blumen weiter, damit ich sie gleich ins Wasser stelle. Wenig später sitzen wir dann um den runden Esstisch mit einem dunklen Mann, der wenig sagt und immer leicht an meinem Blick vorbeischaut. Er scheint das genaue Gegenteil von meinem Vater zu sein.

Meine Mutter sitzt jetzt immer in ihrem Wohnzimmer und häkelt. Ja, sie häkelt. Das hat sie noch nie getan. Weder gestrickt noch genäht noch gehäkelt. Jetzt häkelt sie. An einer Patchworkdecke. »Seit wann häkelst du?«, fragt meine Schwester. »Seit heute«, antwortet meine Mutter. Von nun an häkelt sie jeden Tag. Sie häkelt ein beiges Viereck an ein braunes. Und ein braunes Viereck an ein beiges. »Warum nimmst du diese hässlichen Farben?«, fragt meine Schwester. »Die finde ich beruhigend«, sagt meine Mutter.

Ihr Wohnzimmer verändert sich. Es ist, als habe man den Stöpsel herausgezogen. Irgendwie wird es weniger, auch wenn dieses Weniger nicht greifbar ist. Es ist ganz einfach so, dass die Füllhöhe des Raumes sinkt. Ich sehe das blasse Rechteck an der Wand, da wo einmal der Stich hing, das Mädchen mit dem Krug am Wasser. Ich sehe die leere Stelle auf ihrem Biedermeierschreibtisch, da wo einmal das alte verzierte Glas stand. »Wo ist denn das Glas?«, frage ich, und meine Mutter antwortet: »Welches Glas?« – »Und das Bild?«, frage ich. »Welches Bild?«, antwortet meine Mutter. Und da, die leere Stelle im Bücherregal, hing da nicht ein Plakat mit zwei Liebenden, die eng umschlungen von einem Felsen in den Abgrund stürzen? »Wo ist das Plakat?«, fragen wir. »Welches Plakat?«, antwortet meine Mutter. Ich bin auf einmal nicht mehr so sicher, dass da ein Bild mit einem Mädchen am Wasser, ein Glas mit Verzierungen und ein Plakat war, auf dem sich zwei Liebende in den Tod stürzen.

Aber auch die Bücher werden weniger, die Gedichtsammlung fehlt, zwischen deren Seiten meine Mutter immer einen blauen Hundertmarkschein versteckt. »Wo ist denn ›Der ewige Brunnen?‹, fragen wir. »Oh«, sagt meine Mutter, »der muss in meinem Zimmer sein.« Allein die Patchworkdecke lässt den Raumpegel wieder ansteigen, sie wird größer und größer und füllt mittlerweile das ganze Sofa aus. Täglich häkelt meine Mutter ein beiges oder braunes Viereck dazu.

Eines Tages komme ich von der Schule nach

Hause und gehe die Treppe nach oben. Ich schaue auf den Zeiger, drei Minuten …

Ich laufe wieder hinunter. Außer Atem stehe ich vor meiner Mutter. »Wo ist die Bauernuhr?«, frage ich. »Welche Bauernuhr?«, fragt sie zurück. »Wo ist die verdammte Uhr, die immer an der Treppe hing?«, schreie ich. Meine Mutter schaut von den beige-braunen Vierecken hoch und blickt mich erstaunt an. »Sie hing bis gestern da«, sage ich fest. »Nein«, antwortet sie ganz ruhig, »du musst dich irren, die ist schon lange weg.«

Ein paar Tage später ist auch die Patchworkdecke nicht mehr da. Das Sofa ist leer, die Häkelnadeln sind weg. »Wo ist denn die Decke?«, fragt meine Schwester. »Ach«, sagt meine Mutter, »die ist nichts geworden.«

Wenige Wochen später nimmt mich meine Schwester beiseite. Eine Klassenkameradin hatte sie gefragt, ob wir jetzt auf der anderen Rheinseite wohnen. Sie sähe immer unsere Mutter nebenan ins Haus gehen.

Warum haben wir meine Mutter nicht direkt gefragt? Vielleicht waren wir erschöpft von den immer gleichen unglaubwürdigen Antworten. Vielleicht waren wir verwirrt. Vielleicht wussten wir nicht mehr, ob wir uns das alles nur einbildeten.

Meine Schwester und ich steigen auf unsere Fahrräder und fahren los. Mein Fahrrad hat jetzt keinen Bierdeckel mehr zwischen den Speichen, und so gleiten wir lautlos zu der angegebenen Adresse. »Hier muss es sein«, sagt meine Schwester, und wir halten vor einem zweistöckigen Mietshaus. Wir steigen vom Rad und schauen auf die vier Klingeln. Auf der zweiten steht »G. F.« ... die Initialen meiner Mutter.

Ich schaue zur Fassade hoch. Es muss die Wohnung im zweiten Stock links sein, mit Blick auf den Rhein. Dort also steht das fein geschliffene Glas, an der Wand hängt das Bild mit einem Mädchen, das einen Krug trägt, im Regal steht ein blassblaues Buch, in dem auf Seite 236 ein Hundertmarkschein steckt, auf dem Sofa liegt eine beige-braune Patchworkdecke, im Flur hängt eine Bauernuhr, die jetzt exakt die Zeit anzeigt, die wir in diesem Moment haben: Viertel vor vier. Und dann ist da noch ein Liebespaar, das von einem Felsen in den Abgrund stürzt.

Abends fragen wir meine Mutter: »Warum hast du uns nichts von der Wohnung gesagt?« Sie schweigt. »Warum hast du die Gegenstände aus dem Haus geschafft?« Sie schweigt. »Seit wann gibt es die Wohnung?« Sie schaut uns an. »Seit zwei Monaten«, sagt sie. Seit zwei Monaten öffnet meine Mutter auf der anderen Seite des Flusses eine Eingangstür aus Glas, grüßt einen Nachbarn, schließt ein Wohnungsschloss auf. Sie stellt in einer Küche ihre Einkäufe ab, öffnet ein Fenster zum Rhein, macht eine Musik an, deckt einen Tisch und erwartet Hermann zum Essen.

Mein Vater hatte inzwischen eine Stelle in Hamburg angenommen. Er ist jetzt Kanzler der Hamburger Universität. Er kommt nur am Wochenende nach Köln. Von seinem Leben bekommen wir nicht viel mit. Er ist nicht zu greifen, flutscht bei jeder Frage durch die Finger. Flüchtet sich in Scherze. Würde er häkeln, würden bunte Vierecke durch die Luft fliegen. Es wäre ein lustiges buntes Schauspiel, aber niemals bekäme man die Vierecke zu fassen. Man bekäme nicht mal zwei von ihnen aneinandergefügt.

Einmal kommt mein Vater erst am Sonntagnachmittag von einer Wochenendreise mit einer Geliebten aus London zurück. Meine Mutter ist überraschend da, und ich warte oben im meinem Zimmer am Fenster, um ihn abzupassen und schon an der Haustür zu warnen. Denn ich bin nun seine Komplizin und versuche den absehbaren Streit zu verhindern. Seltsam. Noch sollte es dieses merkwürdige Gebilde geben, das sich Familie nennt.

*

Jetzt war es schon früher Abend, und ich hatte immer noch nichts von meiner Schwester gehört. Sie müsste auf ihrem Display sehen, dass ich angerufen hatte. Und eigentlich rief sie dann immer sofort zurück. Ich rief ein letztes Mal auf ihrem Handy an. Die Stimme meiner Schwester. In ihrem überbordend freundlichen Ton, dem sie, seit sie im Verkauf arbeitete, noch einen zusätzlich professionellen Schliff gegeben hatte. Der Ton, mit dem sie auch Lederjacken mit Strasssteinen für 1.200 Euro verkaufte. »Wenn Sie eine kleine Nachricht hinterlassen, rufe ich Sie sehr gerne zurück.«

Meine Schwester hatte noch ein altes Nokia Handy, ich musste immer lachen, wenn ich es sah. Es war so 90er. Meine Schwester lachte dann auch. Manchmal schickte ich ihr Smileys, die sie aber nie erhielt, weil das Nokia die Smileys nicht lesen konnte. Meine Schwester wollte sich einfach nicht mit Technik beschäftigen. »Ich komme gut klar«, sagte sie, »ich brauche das alles nicht.«

Einmal hat mir meine Schwester ein Foto geschickt. Das einzige Foto, das sie jemals per SMS verschickt hat. Das war heute vor sieben Jahren gewesen, fast auf den Tag genau. Am 23. März 2010, dem 26. Todestag unserer Mutter. Meine Schwester war an diesem Tag nach Celle gefahren und hatte für jeden von uns, für meinen Vater, für mich und für sich selbst eine Rose gekauft. Sie hatte die drei Rosen auf den Grabstein gelegt und mit dem Nokia ein Foto davon gemacht. Und plötzlich war das Grab mit dem Namen meiner Mutter bei mir auf dem Display erschienen. »Das ist ja lieb«, hatte ich geantwortet. »Ich werde das Foto speichern.« Aber das hatte ich nicht getan, ich hatte es einfach im Chatverlauf stecken gelassen. Ein Foto vom Grab, was sollte das? Ich hatte den Todestag vergessen, es war ja nun auch schon so lange her.

Meine Schwester hatte den Faden wieder aufgenommen. Und ich hatte ihn durchschnitten. Unsere Mutter war einfach gegangen, von einem Tag auf den anderen. Sie hatte kein Wort hinterlassen. »Wenn Sie eine kleine Nachricht hinterlassen, rufe ich Sie sehr gerne zurück«, sagte die aufgeräumte Stimme meiner Schwester. Ich hinterließ keine Nachricht. Ich legte auf.

*

Im Frühjahr sind wir beide in den Abiturprüfungen. Als ich nach unten in die Küche komme, ist meine Mutter schon auf. Sie steht in einem weißen Bademantel neben dem Herd. Kocht sie wirklich Tee? Ich bin beunruhigt. Sie hat uns in diesen letzten Jahren nie Frühstück gemacht. Was ist hier los?

Meine Schwester kommt herunter, auch sie wirft mir einen schnellen klammen Blick zu. Ganz langsam, wie unter Wasser, bewegt sich unsere Mutter durch den Raum. Sie stellt uns Frühstückseier hin und setzt sich zu uns. »Was ist los?«, frage ich. »Nichts«, sagt sie und lächelt angestrengt.

Ich muss eine aufkommende Gereiztheit unterdrücken. Spielt sie oder spielt sie nicht? Sie schlägt ihr Ei auf, führt den Löffel zum Mund, aber verpasst den Eingang. Das Gelbei tropft auf ihren Bademantel. Wie in Zeitlupe tropft auch das Ei, so als würde die Unterwasseraura meiner Mutter auf die Gegenstände übergreifen, die sie berührt. »Was hast du genommen?«, frage ich. »Nichts«, sagt meine Mutter. Sie steht auf und taumelt gegen den großen Heizkörper. Meine Schwester sitzt starr am Tisch. »Okay«, sage ich, während ich auf die Uhr schaue, in 20 Minuten müssen wir das Haus verlassen, um rechtzeitig zur zweiten Prüfung zu kommen. »Sag sofort, was du genommen hast.« Meine Mutter schaut mich mit glasigen Augen an. »Vielleicht zu viel Schlafmittel«, sagt sie endlich.

Ich springe vom Tisch auf und laufe die Treppe hoch. Auch ich bewege mich wie in Zeitlupe. Der erste Stock, der zweite. Die Stufen dehnen sich ins Unendliche. Endlich bin ich ganz oben und öffne die Tür zu ihrem Raum. Ich war lange nicht hier. Den Raum hat meine Mutter in den letzten Jahren immer abgeschlossen, wenn sie aus dem Haus ging. Das Bett ist zerwühlt, auf den beiden Stühlen liegen Unmengen von Kleidung, die Vorhänge sind zugezogen. Auf dem Tisch steht eine Kanne, die Flüssigkeit darin ist braun und riecht bitter. Neben der Kanne liegen zwei leere Medikamentenschachteln, auf dem Tisch zwei Häufchen Schmuck, sorgsam getrennt auf zwei weißen Blättern. Auf dem einen Blatt steht mein Name, auf dem anderen der meiner Schwester. Zwei Häufchen Schmuck und zwei Inschriften. Wie in einer ägyptischen Grabkammer.

Ich nehme eine der leeren Tablettenschachteln und laufe wieder nach unten. Erst den Krankenwagen anrufen, dann meinen Vater in Hamburg. Meine Schwester kommt ins Wohnzimmer und steht neben mir, während ich die Adresse durchgebe. Meine Mutter sitzt in der Küche am Tisch. Fünf Minuten später liegt sie auf der Bahre, in ihrem weißen Bademantel mit einer zarten Eigelbspur auf dem Kragen. Ich fahre mit im Krankenwagen, meine Schwester übernimmt das Telefon.

Die Fahrt dauert ewig, obwohl das Sankt Antonius Krankenhaus nur drei Minuten entfernt ist. Ich sitze neben meiner Mutter, sie hat die Augen halb geschlossen. Sie greift nach meiner Hand. Sie sieht jetzt ganz entspannt aus.

Wenn meine Mutter früher etwas verloren hatte, dann faltete sie die Hände und sagte halb im Spaß, halb im Ernst: »Heiliger Sankt Antonius, hilf«. Sie bat den einzigen Heiligen, den sie kannte, um Hilfe, und meistens fand sie kurze Zeit später den Gegenstand wieder. In besonders vertrackten Fällen ging sie in den Dom. Sie durchquerte das Hauptschiff zielgerade, bis sie vor der Nische mit der gütig blickenden Holzfigur im langen braunen Gewand stand. Der Heilige Sankt Antonius mit dem Jesuskind auf dem Arm. Meine Mutter zündete eine Kerze an, die sie nie bezahlte. Wenn ich versuchte, 50 Pfennige in die Blechbüchse zu werfen, hinderte sie mich immer daran mit den Worten »Die katholische Kirche hat genug Geld«. Der Schutzheilige der verlorenen Dinge lieferte trotzdem. »Es funktioniert immer«, sagte sie.

Der Krankenwagen biegt endlich ein, und meine Mutter wird in der Notaufnahme des dunklen Backsteinbaus ausgeladen, dem Sankt Antonius Krankenhauses in Bayenthal. Den katholischen Schwestern, die sie entgegennehmen, ist anzusehen, dass eine Selbstmord-Kandidatin nicht zu ihren Lieblingskundinnen gehört. Die Statue des heiligen Antonius in der düsteren Eingangshalle schaut missbilligend auf meine vorbeirollende Mutter hinunter, die heute Nacht beinahe ihr Leben verloren hätte.

Meine Schwester und ich fahren in unsere Schulen, zur Abiturprüfung. Ich in die Montessori-Schule, meine Schwester ins Schiller-Gymnasium. Meine Schwester erzählt alles dem Zwitschervogel. Ich erzähle niemandem davon.

Wenig später ist meine Mutter wieder zu Hause. Sie packt ihre Sachen und zieht aus. Sie und Hermann haben nun eine gemeinsame Wohnung in Bonn. Ganz offiziell kommt ein Möbelwagen und packt den dritten Stock ein. Auch das halbe Erdgeschoss geht mit, ihr Wohnzimmer und der Herd aus der Küche auch. Aber das ist jetzt eh schon egal. Für die eingeschweißten Hühnerbeine brauchen meine Schwester und ich keinen Ofen. Und der Mietvertrag läuft nur noch ein paar Wochen. Unsere Familie löst sich endgültig auf.

Nach dem Abitur geht meine Schwester für ein paar Monate in einen Kibbuz in Israel. Und ich zu einem Sprachstudium nach Perugia. Wir beide wollen nur noch weg. Ich lerne Italienisch, vor allem aber lerne ich in meiner Clique, die aus zehn verschiedenen

Nationen besteht, die Unbefangenheit des Lebens und das gute Essen in der Kantine des Partito Comunista kennen: drei Gänge plus Wein für 2.000 Lire, 2 Mark.

Von meiner Schwester höre ich in der Zeit wenig. Wir schreiben uns selten. Ich verlängere meinen Aufenthalt in Italien um drei Monate und bekomme ermahnende Briefe von meinem Vater und auch von Großmutter. Ich soll jetzt keine wertvolle Zeit vertrödeln. Nach einem halben Jahr bin ich wieder in Deutschland, zu Weihnachten. Auch meine Schwester kommt zurück, wir treffen uns bei meinem Vater in Hamburg. Es ist kalt.

Meine Schwester hat Rhoda kennengelernt. »Er ist verheiratet«, sagt sie, »aber er liebt seine Frau nicht mehr.« Sie zeigt mir ein Foto. Darauf ist ein Mann mit bloßem Oberkörper in einem Bildhauer-Atelier zu sehen, hinter ihm Skulpturen aus Stein. Er ist Mitte sechzig.

Ich habe in der Zeit meinen ersten Freund, den ich kurz vor dem Abitur kennengelernt hatte. Er war mir in der Theatergruppe aufgefallen, er hatte dicke dunkle Locken, war schüchtern und charmant zugleich. Er gefiel mir.

Meine Schwester geht zurück, in den Kibbuz, zurück zu Rhoda. Ich besuche sie im Frühjahr, kurz bevor ich eine Ausbildung zur Cutterin in Köln beginne. Ich wohne in einem kleinen Häuschen auf dem Gelände, meine Schwester lebt im Atelier von Rhoda, der abends zu seiner Frau und seinen Kindern nach Hause geht. Und ich schwärme gerade auch für jemanden, der verheiratet ist. Es ist eine Frau. Ich erzähle es meiner Schwester. Wir sitzen im Kibbuz auf einer Hollywoodschaukel, die Sonne ist untergangen, es ist warm. »Verheiratet«, sagt meine Schwester, »das ist nicht einfach. Man ist die Nummer 1, aber auch die Nummer 2.« Irgendwann steht sie auf und geht in das Atelier von Rhoda, und ich bleibe alleine auf der Schaukel zurück.

Meine Schwester ist in einen verheirateten Mann verliebt, ich in eine verheiratete Frau. Ich sitze an diesem warmen Abend auf der Hollywood-Schaukel und schaue in den Sternenhimmel. Und plötzlich sehe ich alles glasklar. Ich sehe uns zwei Schwestern, wie wir auf einem Karnevalsfest bei Freunden meiner Eltern auf die Tanzfläche gehen und abklatschen. Ich sehe uns zu, wie wir die Männer von ihren Frauen trennen. Wie wir tanzen und mit ihnen flirten und uns dabei gegenseitig zuzwinkern. Wir bestimmen jetzt das Spiel. Wir sind ihm nicht mehr ausgeliefert. Denn jetzt haben wir es in der Hand. Ich sehe auf einmal deutlich, dass wir das quälende Spiel unserer Eltern weiterführen. Wir, die Töchter unserer Eltern, haben uns darin verfangen, ohne es zu merken.

Ich sehe die erstarrte Sofia im Garten von Riccardo stehen. Ich sehe den dunklen Mann am Ende des Gartens seinen Pfeilblick auf meinen Vater schießen. Ich sehe meine Mutter in die Küche wanken. Ich sitze in Israel und schaue in den Sternenhimmel. Was für ein Scheißspiel, denke ich. Und ich beschließe, das Spiel zu beenden.

Meine Schwester und ich verreisen am nächsten Morgen nach Eilat. Ganz in den Süden, ans Meer. Wir fahren per Anhalter, alle machen das so. Auch die Soldaten mit den Maschinengewehren stehen am Straßenrand und halten den Daumen raus. In Eilat wohnen wir zwei Nächte in einer Bambushütte auf Stelzen. »Rhoda ist verheiratet«, sage ich am ersten Abend zu meiner Schwester, als wir den Strand entlanggehen. Wir schauen auf die blinkenden Hotels, auf die grellen Strandbuden, auf die Hunderte Tonnen Beton, die an diesem Meer verbaut worden sind. Und ich füge hinzu: »Er ist schon nett, aber doch auch schon ziemlich alt.«

Meine Schwester schweigt. Ich spüre den Raum zwischen uns. Ich bin nicht mehr diejenige, mit der sie ihre Geheimnisse teilt. Die Einzelheiten schreibt sie an meinen Vater, das werde ich nach ihrem Tod entdecken. Ihn hält sie mit blauen Luftpostbriefen über alles auf dem Laufenden. Er ist jetzt ihr Vertrauter. Sie schreibt ihm, dass sie Liebeskummer hat. Und sie schreibt ihm auch, in welche Ausstellungen sie geht und welches Buch sie gerade liest. Auch wenn sie manchmal gar nicht in der Ausstellung war oder gar kein Buch gelesen hat. Sie will vor den Augen meines Vaters bestehen. Auch sie bekommt – wie ich – von ihm Mahnungen, endlich nach Deutschland zurückzukommen und eine Berufsausbildung zu beginnen.

Es wird früh dunkel, und als wir am zweiten Abend zum Essen von unseren Bambushäusern nach unten steigen, entlädt sich die Anspannung zwischen uns. Ich gehe hinter ihr die Stufen hinunter und sehe plötzlich Schatten auf der roten Erde. Die will ich unbedingt fotografieren. Ich bleibe auf halber Treppe stehen. Meine Schwester wartet schon unten und schaut ärgerlich zu mir hoch. Sie steht mitten in dem Schatten, sie versaut mir das ganze Foto. »Geh da weg«, rufe ich von oben, »du stehst mitten im Bild.« Sie geht widerwillig zwei Schritte zur Seite. »Weiter«, schreie ich, »du bist immer noch drin.« Meine Schwester funkelt mich an, ich kann es in der Dunkelheit sehen. »Du bist wie alle Emanzen, egozentrisch und herrschsüchtig«, brüllt sie. »Und du mit deinen Großvätern hast auch einen Knall«, brülle ich zurück.

In Eilat, auf dieser roten staubigen Erde, trennen sich unsere Wege. Wir wissen es beide. Ich kann ihr nicht mehr folgen. Und sie ist mir noch nie gefolgt. Je weiter wir uns voneinander entfernen, desto weniger kann ich meine Schwester sehen.

Bevor wir uns ganz aus den Augen verlieren, mache ich ein Foto von uns. Im Badezimmerspiegel im Haus unseres Vaters in Hamburg.

Da treffen wir uns drei Monate nach Eilat wieder. Ich bin 21, meine Schwester ist 24 Jahre alt. Sie hat Israel ganz den Rücken gekehrt, Rhoda hat sie verlassen. Sie ist angeschlagen und muss sich neu orientieren. Ich habe inzwischen eine Ausbildung zur Filmcutterin in Köln begonnen. Meine Schwester schwankt zwischen Bewegungstherapie, Schneiderlehre und Ergotherapie. Sie hatte eine Ausbildung zur Gymnastiklehrerin in Essen begonnen. Aber dann kamen die Rückenschmerzen.

An diesem Wochenende treffen wir uns mit unserem Vater. Ich erinnere mich noch sehr genau. An den Moment, in dem ich meine erste Kamera, eine Nikon, nehme und sage: Ich möchte uns beide fotografieren. Zusammen. Dafür brauchen wir einen Spiegel. Wir gehen ins Badezimmer, hier hängt der alte Spiegelschrank, der ihr einst eine so günstige und mir eine so ungünstige Prognose gestellt hatte. Und jetzt stehen wir da, in dem großen Bad mit den blau-weißen Kacheln, dicht nebeneinander. Es ist nicht sehr hell hier, und ich stütze die Kamera auf ihrer Schulter ab, damit die Aufnahme nicht verwackelt. Hier ist meine Schwester. Und dahinter bin ich. Wir spiegeln uns im Glas. Ich sehe sie an und sie mich. Das Spiegelbild der anderen. Die Kamera ist auf uns gerichtet. Ich drücke auf den Auslöser. Die Blende öffnet sich. Eine 30stel Sekunde lang. Eine Ewigkeit.

Vier Jahre später. Meine Mutter wohnt jetzt mit Hermann in Hamburg. Sofort nach dem Umzug hatte sie eine Stelle als Leiterin eines Kindergartens gefunden. Doch eines Tages ruft mein Vater an. »Ihr ist gekündigt worden«, sagt er. »Geh doch mal vorbei, wenn du da bist.« Ich weiß es bereits, meine Mutter hatte es mir gesagt. Sie ruft mich oft an, und die Telefonate dauern lange. Die schwarzen Raben sind wieder da. Meine Mutter ist jetzt 47 Jahre alt.

Ein paar Wochen später bin ich in Hamburg. Ich steige am Jungfernstieg aus der U-Bahn. Von hier sind es nur zehn Minuten zu ihrer Wohnung. Ich steuere auf den Ausgang zu. Ich weiß, dass sie sich seit Wochen ihre Haare nicht gewaschen hat. Ich weiß, dass sie seit Wochen die gleiche Kleidung trägt. Ich weiß genau, dass ihre Bewegungen so langsam sind, als gehe sie durch schweres, schlammiges Wasser. Dann sehe ich eine Telefonzelle. Ich öffne die Tür, nehme den Hörer ab und stecke 20 Pfennige in den Schlitz. Ich rufe meine Mutter an. Sie meldet sich mit einer schwachen, leisen Stimme.

Ich stehe in dem kleinen, einmal ein Meter Raum und schaue auf die schmutzigen Kacheln der U-Bahn-Station. Meine Mutter hat kaum die Kraft zu sprechen. »Du findest doch ganz schnell eine neue Stelle«, sage ich hilflos. »Ich habe dich lieb«, sagt meine Mutter. Die Zehnpfennigstücke rutschen nach 20 Minuten klappernd in den Kasten, an dem der schwarze Hörer hängt. Ich muss nachwerfen, sonst werden wir getrennt. Ich bin nur zehn Minuten entfernt. Ich bleibe fast zwei Stunden in dem gelben Kasten stehen.

Es ist der 23. März 1984, acht Uhr abends. Meine Freundin hatte darauf gedrungen, am Abend bei mir zu bleiben. Ich wäre lieber in meine improvisierte Dunkelkammer gegangen, die ich in meinem Badezimmer eingerichtet hatte. Ich hätte lieber in der Dunkelheit gestanden und dabei zugesehen, wie die Dinge, die ich gestern gesehen und fotografiert hatte, heute als Bilder aus dem Entwickler hochtauchen. Aber meine Freundin hatte insistiert. Also gingen wir in meine Einzimmerwohnung mit der großen Dachterrasse, im Schatten des Kölner Doms.

Da klingelt das Telefon. Mein Vater ist dran. »Tina«, sagt er. Meine Freundin fängt an zu weinen. Seltsam, wie sich in diesen Momenten immer wieder die Zeit ausdehnt. Als hätte sich Harald Lloyd mit seinem ganzen Gewicht an einen Zeiger der Wolkenkratzeruhr gehängt. Noch bevor mein Vater weiterspricht, weiß ich, was in den letzten Stunden passiert ist. Er hatte meine Freundin vorher angerufen und sie gebeten, bei mir zu bleiben. Er hatte ihr gesagt, dass er mich um acht Uhr anrufen würde. Er wird mir sagen, dass sich meine Mutter umgebracht hat. »Dann hat sie es also getan«, denke ich. Das alles passt in eine Sekunde. Dann sagt mein Vater: »Sie hat sich das Leben genommen.«

Am Abend zuvor hatte ich zum ersten Mal jemandem davon erzählt, von dem ersten Selbstmordversuch meiner Mutter. Ich hatte mit einer Freundin auf meiner Matratze gesessen, und auf einmal war die ganze Geschichte aus mir herausgeflossen. Wie ich die Treppe hochgelaufen war, wie ich die

Schmuckhaufen gefunden hatte. Wie der Krankenwagen vor der Tür stand, wie sich das blaue Licht auf dem Dach des Wagens drehte. Wie zwei Männer meine Mutter auf der Krankenbahre aus dem Haus trugen. Wie ich mit ihr im Wagen saß, wie sie da lag, in ihrem weißen Bademantel, mit einer Spur Ei auf dem Kragen. Wie sie im St. Antonius Krankenhaus in die Notaufnahme rollte.

Jetzt hatte sie es also getan. Sie war 47 Jahre alt. Hermann hatte sie am Abend gefunden. Sie hatte sich am Morgen im Badezimmer erhängt. Mein Vater war sofort hingefahren. Als er ankam, trugen zwei Männer gerade den Zinksarg in das Haus.

Ich rufe meine Schwester an. Wir schweigen beide ins Telefon. Es gibt einfach nichts zu sagen. Ich lege auf. »Dann können wir ja jetzt essen gehen«, sage ich zu meiner Freundin. Wir gehen wirklich essen, sitzen in einem asiatischen Restaurant und bestellen gebackenes Hühnchen. Ich bin wie erstarrt, ich will und kann nicht trauern.

Ihre Beerdigung findet eine Woche später in Celle auf dem Waldfriedhof statt. Sie kommt in das Familiengrab, zu Ami und Mamazel. Meine Schwester und ich sitzen in der ersten Reihe, zusammen mit unserem Vater. Ihre Schwester Gudrun, die Ärztin, hatte sich unsere Mutter noch mal angesehen. »Sie sah ganz friedlich aus«, sagt sie. Ich glaube ihr nicht.

Die Orgel spielt, und die Türen werden geöffnet. Meine Schwester, mein Vater und ich stehen auf und gehen als Erste hinter dem Sarg her, gefolgt von Api und Großmutter. Ich höre, wie er zu Großmutter sagt: »Sie hat nie etwas getaugt.« Als meine Schwester und ich später an ihm vorbeigehen, sie mit blonden Locken und in einem luftigen Sommerkleid, ich mit rappelkurz geschnittenen Haaren und in Jeans und Cowboystiefeln, höre ich ihn murmeln: »Ich weiß auch nicht, was in der Familie passiert ist. Eine Barbie und ein Kerl.«

Hermann heiratete sechs Wochen nach dem Tod meiner Mutter eine neue Frau.

*

Bevor ich den Laptop zuklappte, mailte ich vier Worte an meine Schwester: »Melde dich doch mal.« Es sollte nicht zu besorgt klingen. Einfach wie eine lockere Nachfrage. Nichts Großes. Nichts Ernstes. Ich drückte auf Senden. Die E-Mail zischte weg. Und kam eine Sekunde später mit einem »Ping« in ihrer Wohnung in Hamburg an. Meine Schwester und ihr Mann hatten seit ein paar Jahren einen gemeinsamen Laptop und eine gemeinsame E-Mail-Adresse, ich rechnete immer damit, dass er die Mails mitlas, die ich an sie schrieb. Aber er war ja jetzt nicht da. Sie war allein zu Hause. Sie meldete sich nicht. Vielleicht war sie jetzt auch einfach nur auf dem Rückweg vom Jobcenter. Sie würde die Mail später lesen. Und dann würde sie mich anrufen.

An meiner Pinnwand neben dem Schreibtisch hängt ein Kontaktbogen. Meine Schwester und ich sitzen nebeneinander auf weißen Plastikstühlen im Garten der von Alice und mir gemieteten Ferienwohnung auf Sylt. Überraschend hatte sich meine Schwester für einen Besuch angemeldet, für einen Tag, aus Hamburg, zu meinem 28sten Geburtstag. Wir sitzen nebeneinander auf den weißen Gartenstühlen. Alice fotografiert uns, ein ganzer Schwarz-Weiß-Film. Die Schwestern. Wir lachen, wir schauen ernst in die Kamera, wir umarmen uns. Wir haben beide kurze Haare, tragen beide Lederjacken und beide Jeans. Meine Schwester und ich sehen aus wie die beiden Hälften eines Ganzen. Die eine Hälfte sieht verbindlicher, die andere entschlossener aus.

Und ja, ich bin entschlossen. Einen Tag zuvor hatte ich eine Entscheidung getroffen. Eine Entscheidung, die sich gegen alles richtete, was mein Vater für mich vorgesehen hatte. Ich war allein in dem kleinen Wäldchen hinter den Dünen spazieren gegangen und hatte inmitten der alten knorrigen Bäume ein Grundsatzgespräch mit mir selber geführt. Morgen wirst du 28 Jahre alt. Was willst du wirklich im Leben? Mein Vater hatte seit unserer Schulzeit klare Berufspläne für meine Schwester und mich gemacht. Ich sollte immer das tun, was eigentlich er gerne gemacht hätte: Opernregisseurin werden oder zumindest Theaterdramaturgin. Also hatte ich ein dreimonatiges Praktikum beim Thalia Theater in Hamburg gemacht. Oder vielleicht Filmregisseurin? Also hatte ich eine Cutterin-Ausbildung beim WDR gemacht und danach an der Deutschen Film- und Fernsehakademie in Berlin Regie studiert. Und gerade hatte ich auch noch Erfolg mit meinem Abschlussfilm, bekam erste Preise.

Meine Schwester sollte Tänzerin werden, bei Pina Bausch. Oder zumindest doch im Ensemble von John Neumeier. Fand unser Vater. Der Anspruch lähmte sie. Sie versuchte es mit Gymnastiklehrerin. Die Kluft zwischen Anspruch und Wirklichkeit war groß. Das hatte sie noch mehr entmutigt. Gerade hatte sie nach jahrelanger Suche nach der richtigen Arbeit eine Stelle gefunden, als Rückentrainerin in einem Fitnesscenter. Sie blieb 15 Jahre dort. Bis zu ihrer ersten Kündigung.

Ich hatte endgültig die Entscheidung getroffen, die mein Vater bisher vehement bekämpft hatte:

Ich werde Fotografin! Fotografin, hatte mein Vater immer wieder erklärt, sei ein brotloser Beruf. »Da musst du dich aber von deiner Freundin aushalten lassen.« Er konnte wirklich ätzend sein. Der Konflikt zwischen uns schwelte nun schon länger und hatte sich in der letzten Zeit zugespitzt. Ich wappnete mich innerlich für eine weitere Auseinandersetzung. Aber jetzt war einfach Schluss! Es war mein Leben.

Als meine Schwester angekommen war, war ich überrascht gewesen. Mit kurzen statt langen Haaren und in einer Motorradlederjacke. Ich hatte sie noch nie in einer Lederjacke gesehen. Wow, dachte ich. Auch sie hat eine Entscheidung getroffen. Auch sie lässt sich nicht länger in die Familienrolle einsperren.

Wir gingen am Meer entlang. Ein menschenleerer Strand im Oktober. Ich erzählte ihr von meinem Entschluss. »Es wird schwer werden, aber ich werde das durchziehen«, bekräftigte ich. Meine Schwester sah mich erstaunt an. »Ich kann nicht verstehen, dass du noch immer diese Probleme mit Papi hast«, sagte sie. »Ich habe mich schon längst von ihm frei gemacht.« Sie schritt mit den frisch abgeschnittenen Haaren und in der coolen Lederjacke neben mir her. Sie lächelte mich mit einer Spur Überlegenheit an. Ach so, dachte ich, sie hat sich frei von ihm gemacht. Ich glaubte ihr. Und ich glaubte ihr nicht.

Einen Tag nach ihrem Besuch rief sie mich an. Sie hatte unserem Vater sofort von meinem Entschluss berichtet. Und mein Vater begann bereits, scharf zu schießen. »Das ist doch gar nicht ihr eigener Entschluss, da steckt bestimmt Alice dahinter«, hatte er gesagt und noch einen draufgesetzt. Zu meiner Schwester hatte er gesagt: »Dich haben die beiden sicher fertiggemacht, weil du noch keine Berufspläne hast?« Auch das erzählte mir meine Schwester. Mir wurde allmählich klar, dass er das wohl immer schon so gemacht hatte. Teile und herrsche. Jetzt also wieder. Er versuchte Keile zu treiben, zwischen meine Schwester und mich, zwischen Alice und mich.

Ich fasste einen weiteren Entschluss. Um mein Eigenes zu machen, musste ich den Kontakt zu ihm abbrechen. Noch an dem Abend schrieb ich ihm einen Brief. »Du intrigierst wieder mal in meinem engsten Lebensumfeld. Du willst mich nicht verlieren, aber tust alles dazu, dass genau das passieren wird.«

Und meine Schwester? »Ich habe mich schon längst frei gemacht von ihm«, hatte sie mir am Meer gesagt. Die kurzen Haaren und die Lederjacke. Es war ein Bild. Sie stellte es dar, aber konnte sie dieses Bild auch ausfüllen? Es musste anstrengend für sie sein. Sie hielt es einen Tag lang durch.

Der Kontaktbogen bewegte sich leicht, als ich das Atelierfenster schloss. Vielleicht hatte sie ja doch schon geantwortet? Ich klappte den Laptop doch noch mal auf. Nein, hatte sie nicht. Ich hatte mich schon eine Woche nicht mehr gemeldet. Vielleicht wollte sie, dass ich mir Sorgen um sie mache? Vielleicht fand sie, dass ich mich nicht genug um sie kümmerte?

*

2017. Wenige Monate vor ihrem Tod. »Die werden mich aus der Krankenkasse werfen, jetzt wo ich arbeitslos bin«, hatte meine Schwester am Telefon gesagt. Wir telefonierten oft in dieser letzten Zeit. »Dann kann ich mich nicht mehr untersuchen lassen.«

Meine Schwester ließ immer alles machen: fast jeden Monat irgendeine Untersuchung. Magenspiegelungen, Darmuntersuchungen, MRTs. Ich konnte sie nicht davon überzeugen, dass eine Krankenkasse einen arbeitslosen Menschen nicht hinauswerfen kann. Oder war es doch so? Ich recherchierte im Internet.

»Natürlich bist du weiter versichert«, sagte ich ein Telefonat später. Ich stand am Fenster meines Ateliers. Gegenüber, vor dem Kindergarten, sammelten sich die Kinder mit ihren Laternen. Von hier startete jedes Jahr der Sankt-Martins-Zug. Meine Schwester und ich hatten immer selbst gebastelte Papierlaternen gehabt. Pappe mit einem Sichtfenster aus Transparentpapier, auf dem Sonne, Mond und Sterne klebten. Die Kinder da draußen hatten kleine Glühbirnen in ihre Laternen gehängt. Bei uns steckte ein gelber Kerzenstummel, der den Ballon in schöner Regelmäßigkeit in Flammen aufgehen ließ. Unsere tagelang in der Waldorfschule gebastelte Laterne verwandelte sich in Sekunden zu einer brennenden Fackel, die mein Vater mit raschen Tritten ausstampfte.

Immer zogen meine Schwester und ich nach dem offiziellen Zug zusammen mit anderen Kindern weiter. Wir klingelten an den Haustüren, stimmten einen unschuldigen Gesang an und hielten dann unsere Plastiktüten auf. Der Jahresbedarf an Süßigkeiten musste an diesem einen Tag gedeckt werden. Haribo, Kinderschokolade und Bounty rieselten hinein. Kinder, die bei uns an der Tür klingelten, zogen mit langen Gesichtern wieder ab, denn mein Vater verteilte mit mildtätigem Lächeln Äpfel, Mandarinen und Walnüsse.

»Da draußen ist ein Sankt-Martins-Zug«, murmelte ich, aber meine Schwester war nicht erreichbar. Sie las mir hintereinander viele Paragrafen vor, die sie aus dem Netz gefischt hatte. Danach war sie jetzt nicht mehr krankenversichert. »Aber du musst doch jetzt gar nicht zum Arzt«, sagte ich irgendwann hilflos. »Du bist doch gar nicht krank.« Falscher konnte ich gar nicht liegen.

Das Telefon klingelte. Meine Schwester war dran. »Ich habe einen neuen Job«, sagte sie. Sie klang unglücklich. Ich legte gerade im Atelier meine Fotoausrüstung auf dem Boden aus. Ich bereitete eine Reportagereise in ein weit entferntes Land vor, es sollte nach Papua-Neuguinea gehen. Eine Reportage über Frauen, die der Hexerei bezichtigt und ermordet werden. »Das gibt es wirklich noch?«, hatte ich meinen Kollegen gefragt, der mir das Thema vorgeschlagen hatte. Ja, das gab es noch. Und wir sollten die Reportage für ein katholisches Hilfswerk machen. Ich war aufgeregt und überprüfte zum x-ten Mal das Equipment. Brauchte ich mehr Licht? Brauchte ich wirklich die dritte Kamera?

»Ein neuer Job? Das ist ja fantastisch«, sagte ich und hielt kurz inne. Wieso klang sie denn wieder unglücklich? »Der Laden ist schrecklich«, sagte sie, »mit einer furchtbaren Chefin.« Ich hörte, wie sie versuchte, ihre Angst niederzukämpfen. »Es ist Schimmel an der Decke, der wird krank machen, und die Kolleginnen sind auch schrecklich.«

Sie hatte einen neuen Job, das war doch gut. Ich klemmte den Hörer mit der Schulter ans Ohr und überprüfte die Blendenkorrektur der Kamera.

»Ich kann das nicht schaffen«, sagte meine Schwester. Wieso sollte sie das denn jetzt wieder nicht schaffen? Ich drehte weiter an dem Rad für die Korrektur, irgendwie hakte es. Musste ich die Kamera noch schnell nach Düsseldorf zur Überprüfung schicken? »Aber man muss sich keine Sorgen machen«, sagte sie. Gut, dachte ich erleichtert, dann muss ich mir keine Sorgen machen. Das würde nicht mehr klappen mit Düsseldorf, aber ich hatte ja noch zwei Ersatzkameras dabei. Ich legte auf.

Warum nur war ich nicht aufmerksamer gewesen, warum hatte ich nicht genauer gehört, was sie mir eigentlich sagen wollte?

»Wir sind in Hongkong gestrandet, der Weiterflug ist auf morgen verschoben worden«, mailte ich meiner Schwester ein paar Tage später. »Einen Tag Bummeln in Hongkong, dann geht's weiter nach Papua.« Sie antwortete umgehend: »Verlauft euch nicht in der Megacity.« Es hörte sich fröhlich an. Als wir nach der dreitägigen Reise im südlichen Hochland von Papua-Neuguinea ankamen, schickte ich ihr die gewohnte SMS: »Bin gut angekommen.«

Gleich am nächsten Tag ging es für meinen Kollegen und mich richtig los. Wir gerieten mitten hinein in einen laufenden Hexenprozess und befreiten zusammen mit einer Schweizer Ordensschwester eine als »Hexe« gefolterte Frau, Teno, die in ihrer Hütte eingesperrt worden war. Wir brachten sie in die Krankenstation der nächstgelegenen Stadt. Und dachten, wir haben sie gerettet. Aber Teno starb noch in der Nacht an ihren schweren Verbrennungen. In den kommenden zehn Tagen trafen wir traumatisierte Opfer von Hexenjagden, wir sprachen mit den Tätern, die der festen Auffassung waren, das Richtige getan zu haben. Und wir fuhren durch eine atemberaubend schöne Landschaft. Erst am letzten Tag schrieb ich meiner Schwester: »Alles gut gegangen, morgen geht's zurück.« Sie antwortete nur knapp.

Als ich in Frankfurt landete, schickte ich ihr die Bin-gut-angekommen-Nachricht. Sie meldete sich mit drei Worten: »Schlaf dich aus.« Zwei Tage später rief ich sie an. Ich hörte gleich, dass sie unter Strom stand. Sie stellte mir keine Frage, sondern redete sofort los. »Da wo ich jetzt bin, da kann ich nicht bleiben, es ist schrecklich«, sagte sie. Sie klang gehetzt. Sie hatte weitere Bewerbungen geschrieben, aber war nie zu einem Vorstellungsgespräch eingeladen worden.

»Ich finde in meinem Alter doch keinen Job mehr«, sagte sie. »Aber die müssen dich doch nur einmal einladen. Wenn sie dich sehen, dann wirst du sie überzeugen«, erwiderte ich. Ich merkte, wie ich mechanisch weitersprach. Ich dachte an Teno. Sie war vor den Augen des ganzen Dorfes ausgezogen und gefoltert worden. Sie war an ihren Verbrennungen gestorben. Meiner Schwester drohte doch gar keine echte Gefahr, sie war doch in Sicherheit. Ich wog das eine Leid gegen das andere auf. Ich wurde ungeduldig. »Willst du mich nicht fragen, was ich gerade erlebt habe?«, sagte ich. Meine Schwester sprach weiter, als hätte ich nichts gesagt. Am Ende des Gespräches legte ich genervt auf.

»Ihr ist wieder gekündigt worden«, sagte mein Vater zu mir am Telefon. »Schon vor einer Woche. Hat sie dir das nicht gesagt?« Nein, meine Schwester hatte mir nichts davon gesagt. Aber wir hatten auch zwei Wochen nicht mehr miteinander telefoniert. Ich hatte mich nach dem letzten Telefonat einfach nicht mehr gemeldet.

Ich war mit zwei Freundinnen und einem Freund zu dem jährlichen Skiurlaub in der Schweiz verabredet. Vorher hatte ich noch einen Vortrag in

München und saß gerade auf den Stufen vor der Eingangshalle des hippen Veranstaltungsortes in der warmen Märzsonne. Viele Wollmützen, coole Sonnenbrillen und Macs waren um mich herum. »Was ist passiert?«, fragte ich. »Ruf sie mal an«, sagte mein Vater.

Ich rief meine Schwester an. »Ich hätte das nicht sagen sollen«, sagte sie. »Was denn?«, fragte ich. »Dass der Laden renoviert werden muss. Dass Schimmel an der Decke ist und die Wände heruntergekommen sind.« Sie war an einem Freitag zur Geschäftsführung in ein Büro im Hamburger Industriegebiet gebeten worden. Mein Vater hatte sie hingefahren. Es hatte geregnet, und mein Vater war im Auto sitzen geblieben. Nach zehn Minuten war sie schon wieder draußen. Sie hatte ihre Kündigung in der Hand. »Der Laden war wirklich schrecklich, aber ich hätte das nicht sagen dürfen«, wiederholte sie. Wieder mal gab sie sich allein die Schuld. Für alles.

Es erklang ein Gong, und ich ging vom Sonnenlicht in den dunklen Vortragsraum. »Ich rufe dich wieder an«, sagte ich und legte auf. Auf der Bühne schritt ein Mann mit einem Headset hin und her. Während er redete und mit den Händen gestikulierte, ging er von einer Seite der Bühne auf die andere. Er trug Jeans, ein schwarzes T-Shirt und Sneakers. Er sprach Englisch, obwohl alle Menschen um mich herum Deutsch sprachen.

Ich war für den »Photographers Talk« angekündigt, der kam nach dem »Designer Panel«. Ein Mann mit Holzfällerbart kam von vorne durch den Gang und beugte sich zu mir herüber. Er flüsterte »Ihr seid gleich dran«, ich und meine drei Kollegen. Er hätte leider kein Headset mehr für mich. Das macht nichts, sagte ich, ich nehme das Handmikro.

Der Talk dauerte 20 Minuten, ich hätte danach gleich wieder abreisen können. Aber ich hatte schon das Zimmer in dem Design-Hotel mit Bio-Frühstück bezogen und ging von der Bühne wieder hinunter in den dunklen Raum. Jetzt standen da drei Frauen von einer Zeitschrift, die gerade einen Design-Preis gewonnen hatte. Sie trugen Etuikleider und hatten sehr hohe Schuhe an. Auch ihre Stimmen waren sehr hoch. »Was wollte ich sagen?«, sagten sie, »Genau, ich wollte sagen ...!« Sie leiteten jeden Satz mit »genau« ein. So als wollten sie sich selber vorab bestätigen, so als wollten sie sich selber schon mal recht geben. Falls es sonst niemand tat.

Mein Handy vibrierte. Das Foto meiner lachenden Schwester an Giorgios Ecktisch leuchtete auf. Ich flüsterte ins Telefon und ging in den Flur. »Sein neuer Chef ist verrückt«, sagte sie. Ihr Mann Thomas hatte ebenfalls gerade eine neue Stelle begonnen, als Fahrer und Mädchen für alles eines Immobilienhais, der in seinem Alter war. »Er muss rund um die Uhr zur Verfügung stehen. Dieser Typ ruft morgens um vier Uhr an, und dann muss Thomas aufstehen und ihn besoffen aus dem Puff holen. Wir sind beide in einer ausweglosen Situation.«

Eine der Frauen im Etuikleid öffnete die Tür des Vortragssaales und schlüpfte heraus. Mit ihr schwappte Applaus in den Flur. »Er kann da nicht kündigen«, sagte meine Schwester, »sonst stehen wir beide auf der Straße. Aber er kann da auch nicht bleiben.« Ich spürte, wie sich die Angst in ihr breitmachte. Was von dem, was sie sagte, ist realistisch?, fragte ich mich. Aber das war die falsche Frage. Alles war realistisch für sie.

Ich ging mit ihr am Ohr in den »Chillroom«, da waren Sofas und Sitzsäcke und Kekse und grüner Tee. Ich ließ mich auf einen der grünen Stoffsäcke fallen. Außer mir war niemand da. »Aber Papi wird euch doch immer aushelfen, wenn nötig«, sagte ich und dachte: so war es doch immer. Er hat doch immer ausgeholfen.

Zwei Tage später. Ich war schon mit meinen Freunden in der Schweiz. Meine Schwester rief mich an.

Ich stand in meiner Ski-Kleidung im Flur. Wir waren gerade im Aufbruch. »Der Arbeitsberater will, dass ich eine Umschulung mache und ein computergesteuertes Kassensystem lerne«, sagte sie. »Ich muss lernen, mit einer Kasse umzugehen, die am Abend sagt, dass die Abrechnung nicht stimmt.« Die Kasse spricht? Ja, sagt meine Schwester. Ich fing an zu lachen. »Eine Kasse, die spricht. Darüber lachen wir beide doch, spätestens in ein paar Monaten, wenn du einen neuen Job hast.« Ich ahmte die Stimme der sprechenden Kasse nach. »Sie. Haben. Sich. Verrechnet. Over.« Meine Schwester lachte nicht.

Am Abend rief sie mich noch mal an. »Thomas und ich können nicht mehr. Wir klammern uns nachts aneinander und haben Angst.« Am Schluss des Telefonats sagte sie: »Ich habe dich lieb.« Das alarmierte mich. Ich saß nachts mit dem Laptop im Bett und schrieb einen Brief. An Thomas, ihren Mann. Ich bat ihn, ihr die Angst zu nehmen. Ihr Sicherheit zu geben. Ihr, die über Jahrzehnte für beider Grundeinkommen zuständig gewesen war, Luft und Zeit zu geben. Ihr keinen Druck zu machen. Er antwortete, dass wir telefonieren sollten, für »einen vernünftigen Gedankenaustausch«.

Meine Schweizer Ski-Freundin ist Arbeitsberaterin. »Sie ist genau das, wovor du dich so fürchtest. Möchtest du mal mir ihr sprechen?«, fragte ich meine Schwester am nächsten Tag. Die beiden sprachen anderthalb Stunden miteinander, meine Freundin gab mir dann das Telefon zurück. »Sie dreht sich im Kreis«, sagte sie. Was kann ich nur tun?

Mein Vater rief überraschend bei Alice an, ich war noch in der Schweiz. Er hatte sich therapeutische Hilfe geholt, er war erschöpft. Er fragte Alice, was er tun solle. Sie rief bei meiner Schwester an und telefonierte mit ihr, über eine Stunde. Will sie sich nicht auch Hilfe holen? »Das hatte ich schon mal«, sagte meine Schwester, »das hilft überhaupt nicht.« Alice rief mich an. Sie, die doch fast immer irgendeinen Rat weiß, war ratlos. »Sie dreht sich im Kreis«, sagte sie. Ich schrieb meiner Schwester. Dass ich mich um eine Therapeutin kümmere, sobald sie mir grünes Licht dafür gibt. Sie schrieb zurück, dass sie darüber nachdenkt.

Das letzte Mal. Vier Monate zuvor hatte ich meine Schwester zum letzten Mal gesehen. Sie hatte mich in Köln besucht, zusammen mit meinem Vater. Sie war noch im Mantel und klebte einen gelben Zettel an die Atelierwand. Ich setzte mir die Brille auf und beugte mich vor. Auf dem Zettel hatte sie mit Tesafilm einen Bananensticker befestigt, er sah genauso aus wie die, die ich in New York gesammelt hatte. »Wo hast du den denn her?«, rief ich erstaunt. Sie lächelte nur. Neben den Sticker hatte sie geschrieben: »Weißt du noch?« Dann stellte sie mir einen kleinen roten Puppenkoffer mit weißen Punkten auf den Tisch. Er sah aus, als käme er direkt aus dem knarrenden Schrank von Ami und Api in Celle. »Da sind wir beide drin«, sagte sie.

Wir gingen ins Museum. Liefen zu dritt durch die leeren Räume. Da stand noch eine Besucherin. Sie schaute reglos auf die Kunst. Sie trug einen gestreiften Pullover und eine Stoffhose. Und eine Handtasche über der Schulter. Sie stand seit Jahren an wechselnden Orten. Es war eine der hyperrealistischen Silikonfiguren des amerikanischen Künstlers Duane Hanson. Die Frau mit der Handtasche schaute nicht in die Welt. Sie stand an der Wand und hatte einen Blick, der nicht nach außen und nicht nach innen ging. Er ging ins Nichts.

»Stell dich doch mal daneben«, sagte mein Vater zu mir. Und er machte ein Foto, auf dem ich neben der Frau mit der Handtasche stand, in genau der gleichen Haltung. Dann sagte er zu meiner Schwester: »Und jetzt du.« Aber sie schüttelte den Kopf. Da machte mein Vater ein zweites Foto. Es zeigt meine

Schwester, wie sie zu mir herübersah. Sie scheint zu lächeln. Aber das Lächeln ist auf halbem Wege stecken geblieben.

Wir gingen zum Café Fassbender, dem Celler Café Kiess von Köln. Reinste 50er-Jahre, das Publikum ist mitgealtert. Wir bestellten Königin-Pastete und Kakao mit Sahne. »Und dann habe ich mir ein Motorradtaxi vom Markt in Kampala genommen, da setzt man sich einfach hintendrauf …«, erzählte ich gerade meinem Vater. Ich brach mitten im Satz ab, denn in dem Moment kam meine Schwester von der Toilette wieder. Sie sollte diese waghalsige Fahrt nicht mitkriegen. »Na?«, sagte sie drohend und grinste mich an, sie hatte es sofort verstanden. Wir lachten beide. Die kleine und die große Schwester.

Später gingen wir in mein Atelier. Ich hatte gerade einen neuen Vorsatz für eine Blitzlampe gekauft, einen »Beauty Dish«. Den fand ich passend für unser Vorhaben. Wir wollten Bewerbungsfotos von meiner Schwester machen, sie suchte schließlich Arbeit. Sie stellte sich vor den weißen Hintergrund, und ich richtete den Beauty Dish auf sie. Ihre kurzen, vollen Locken umrahmten ein junges, frohes, völlig faltenloses Gesicht. Sie strahlte in die Kamera.

Ich schaute durch den Sucher. Dieser Moment ist für mich beim Porträtieren der spannendste. Vorher kommuniziert man mit den zu porträtierenden

Menschen, man lockert sie auf. Das Warming-up sozusagen, bei dem man bereits einiges sieht von dem zu Porträtierenden, aber diese Wahrnehmung ist noch durch die ganze Umgebung und das eigene Handeln verwässert. Der Blick durch den Sucher aber fokussiert alles auf den Menschen, es ist wie der Blick durch ein Brennglas.

Meine Schwester stand unter dem Beauty Dish. Ich sah ihre Unsicherheit. Ihre Angst. Ihr Nicht-dasein. Sie schien halb durchsichtig zu sein. Sie wollte es mir nicht zeigen. Ich wollte es nicht sehen.

*

Am Abend dieses langen Tages verließ ich das Atelier. Ich hatte meine Schwester den ganzen Tag über nicht erreicht. Und sie hatte sich auf meine E-Mail nicht gemeldet. Wo war sie? Morgen rufe ich sie an, dachte ich, als ich die Tür abschloss.

Ich traf mich mit Alice und unserer Freundin aus Wien in einem Restaurant auf dem Rhein. Ein Schiff, auf dem wir an diesem Abend die einzigen Gäste waren. Auch drinnen, hinter den großen Scheiben, war es noch kühl, und wir ließen uns rote Decken geben, die knisterten, wenn man sie anfasste.

Flussaufwärts ging die Sonne unter, ein feuerroter Ball, der ganz langsam hinter den Wolken versank. Vor vier Monaten war ich für eine Reportage in Kairo gewesen und an einem freien Nachmittag ins Ägyptische Museum gegangen. Ich war fast allein durch die riesigen Hallen gewandert. Im ersten Stock standen die Sarkophage, einer neben dem anderen, groß und stumm, daneben die verwitterten Grabbeigaben, all die Dinge, mit denen die Ägypter die Reise ins ewige Leben antraten.

Ich war in eine Grabkammer hineingegangen. Die Wände waren von oben bis unten mit Beschwörungsformeln und Zaubersprüchen bedeckt gewesen. Da war Re, der ägyptische Sonnengott mit dem Falkenkopf, und da waren die Reisenden, die aufrecht auf ihren Stühlen saßen.

Der feuerrote Sonnenball war jetzt im Rhein versunken. Re war auch hier am Tage mit seiner Barke über den Himmel gefahren. Und gerade stieg er in Sürth in die Nachtbarke um. In den nächsten zwölf Stunden würde er durch das Totenreich unter uns gleiten, um morgen früh bei Sonnenaufgang auf der anderen Seite des Flusses wiedergeboren zu werden, in Porz.

Wir bestellten Lachs mit Gemüse und Weißwein. Die Bedienung stellte uns eine Kerze hin. Die Reise über den Fluss, vom Reich der Lebenden hin zum Reich der Toten, sie war mit vielen Prüfungen verbunden. Ganz am Ende stand eine große Waage.

Auf die eine Waagschale wurde das Herz gelegt und auf die andere eine Feder. Nur wenn die Waage in der Balance blieb, wenn das Herz so leicht war wie die Feder, wurden die Reisenden von Osiris, dem Totengott, durchgewunken. Erst dann konnten sie wiedergeboren werden und eintreten in das ewige Leben.

Das schwere und das leichte Herz.

Als wir gegen zehn Uhr abends zu Hause ankamen, ging unsere Freundin ins Gästezimmer. Sie kam mit einer Tüte zurück. »Das habe ich bei einer befreundeten Modemacherin für euch bestellt«, sagte sie und überreichte uns zwei Päckchen. Wir öffneten die Schleifen, und jede hielt ihr Oberteil mit ausgesteckten Armen vor sich, um es zu begutachten. Ich zog meins sofort über, ein hauchdünner moosgrüner Hoodie. Genau meine Farbe, extra für mich angefertigt. »Sie ist Fotografin«, hatte die Freundin der Designerin gesagt und etwas »schickes Sportliches« bestellt. Unsere Freundin setzte sich auf das Sofa und betrachtete zufrieden mich und Alice, die etwas »elegantes Schwarzes« bekommen hatte, wie wir uns in der großen Wohnzimmerscheibe spiegelten. Während wir uns noch hin- und herdrehten – Wie fällt es? Was zieht man drunter? –, klingelte das Telefon.

April 2017. Vor zwei Wochen, fast am gleichen Tag wie meine Mutter vor 33 Jahren, hat sich meine Schwester das Leben genommen.

Dann kam die Beerdigung. Ich hatte einen Sarg für meine Schwester ausgesucht. Es fühlte sich surreal an. Ich war die Abbildungen auf der Seite des Beerdigungsunternehmens durchgegangen, schwarz, nein, braun, nein, keine Eiche, keine Verzierungen. Schließlich hatte ich einen hellen jüdischen Ritualsarg gewählt, der oben nicht vernagelt wird, mit Seilen statt metallenen Griffen.

Zur Beerdigung waren viele Menschen gekommen, Verwandte und Freunde. Der Sarg stand mit Sonnenblumen geschmückt in der Mitte. Ich hatte mich gezwungen, eine Rede zu halten. Ich brachte sie fast nicht zu Ende. Wir saßen in der ersten Reihe, mein Vater, Thomas, Alice und ich. Während der Pfarrer sprach, hörte ich den Freund meines Vaters in der letzte Reihe laut reden, der, den meine Schwester immer gefürchtet hatte. Warum redete er in diesem Moment? Ich drehte mich um, ich musste ihn ermahnen, ruhig zu sein.

Die Türen der Kapelle öffneten sich, und wir gingen als Erste hinter dem mit Sonnenblumen geschmückten Sarg her. Bis zum Grab. Da lagen schon Großvater und Großmutter. Und Tante Anne. Wir ließen den Sarg hinunter, es fühlte sich anhaltend surreal an. Wir traten nacheinander an das Grab und warfen Erde und Blumen auf den Sarg. Da unten lag sie, allein, in einem Holzkasten. Und die ganze Welt war verschwunden. Gleich wird das Grab mit großen Schaufeln kalter, nasser Erde zugeschaufelt werden, immer mehr, bis der Sarg unter der Erde verschwinden wird. Und dann werden wir weggehen und sie da allein liegen lassen.

Anschließend saßen wir mit den vielen Menschen, die gekommen waren, zusammen. »Wenn sie jetzt hier wäre, würde sie uns alle nachahmen«, sagte meine Cousine Gabriele, und wir lachten. Genauso wäre es gewesen. »Tina, weißt du noch – Capri?«, sagte meine Cousine Ursula. Wir lachten wieder. »Eigentlich war sie ein trauriger Clown«, sagte mein Cousin Martin. Ich hatte Fotos ausgedruckt, jeder konnte ein Bild meiner Schwester mitnehmen. Danach gingen wir in das Haus meines Vaters. Die Osterdecke lag auf dem Tisch.

Am nächsten Tag klingelte ich an der Wohnungstür meiner Schwester. Thomas öffnete mir. Ich zog die Schuhe aus und betrat die Wohnung. Es war, wie immer, alles penibel aufgeräumt. Im Wohnzimmer standen die beiden Fotos nebeneinander auf dem Regal. Das Hutzi-Bild von ihr und mir, wo mich meine große vierjährige Schwester bis zur Atemlosigkeit quetscht. Und das Foto aus New York, mit unserer Mutter, in ihrem schwarz-weiß gezackten Mantel. Daneben hatte Thomas ihre Kalender gelegt. 2016 und 2017. Ich blätterte darin. Die einzigen Termine darin waren Arzttermine. Und die Geburtstage von fünf Menschen. Von Thomas, meinem Vater, von mir, Alice und Raffi.

Thomas ging mit mir zum Kleiderschrank, ich sollte mir etwas aussuchen. Im Schrank hingen vier Kleidungsstücke. Ich kannte sie nicht, ich sah sie zum ersten Mal. Ich ließ sie im Schrank hängen.

Thomas kam aus dem Wohnzimmer und hielt mir einen kleinen gelben Zettel hin. Ich erkannte die Handschrift meiner Schwester. »Ich habe ihn unter der Schreibtischunterlage gefunden«, sagte er. Also doch, schoss es mir in den Kopf. Sie hat mir eine Nachricht hinterlassen. Ich nahm den Zettel in die Hand und las: Badewanne mit Ata putzen, dann nachwischen. »Sie hat sich notiert, wie das mit dem Putzen geht«, sagte Thomas und lachte. Sie hatte sich wirklich notiert, wie sie putzen soll. Und den Zettel vor ihm versteckt. Sie musste Angst gehabt haben. Vor allem.

»Ich habe lange sauber gemacht«, sagte Thomas und öffnete die Tür zum Badezimmer. Rechts stand die Waschmaschine, auf die meine Schwester ein großes Küchenmesser gelegt hatte. Hier lag die Badematte, auf der sie gestanden hatte. Hatte sie, so wie ich an dem Morgen, in den Spiegel gesehen? Auf der Ablage standen ordentlich aufgereiht verschiedene Cremes. Gegen trockene Haut, gegen Falten, gegen raue Lippen. Meine Schwester hatte genau hier vor der Badewanne gestanden. Sie hatte ihr Gymnastikband genommen, es um den Hals gelegt und zugezogen.

»Such dir etwas aus«, sagte Thomas noch einmal. Ich zögerte. Ich spürte, dass er sich an jeden einzelnen dieser wenigen Gegenstände klammerte. So als würde meine Schwester mit jedem der Dinge, die die Wohnung verließen, noch ein bisschen mehr verschwinden. »Vielleicht die Cremedose«, sagte ich schließlich. Sie stand auf der Ablage vor dem Badezimmerspiegel und war vielleicht der letzte Gegenstand, den meine Schwester gesehen hatte. »Die kann ich noch gut gebrauchen«, sagte Thomas. Dann griff er zu dem schwarzen Lederrucksack, den er schon bereitgestellt hatte. »Ich habe gedacht, dass du den hier nehmen kannst.« Ich nickte. Ich tat noch die Wimperntusche und einen Stift für die

Lippenpflege hinein. Als ich schon an der Tür war, blieb ich stehen. Ich drehte mich um und ging noch mal zurück. Ich nahm die beiden in Silber gerahmten Bilder, das Hutzi-Foto und das Foto von meiner Mutter, meiner Schwester und mir, auf der Straße in Chinatown. Dann verabschiedete ich mich.

Thomas sollte noch drei Monate leben. Er kam eine Woche nach der Beerdigung zu Alice und mir, über Ostern. Wir kochten für ihn. Nach dem Essen sagte er: »Ich komme jetzt jedes Ostern zu euch.«

Er kam in den Sommerferien in Südfrankreich in unserem Ferienhaus vorbei. Er lag auf dem Handtuch neben mir am Meer. Ich sah seinen Körper an. Thomas hatte sein Leben lang trainiert. Er war schlank und muskulös, dennoch sah er kraftlos aus, müde, seine Füße lagen im Sand, als wollten sie nicht mehr weiterlaufen. Ihn, dachte ich, hat meine Schwester geliebt. Er ist noch da, aber ihren Blick auf ihn, den gibt es nicht mehr. Thomas schaute mich an. Darf ich dich mal umarmen?, fragte er. Vielleicht fühlst du dich ein bisschen wie sie an.

Im Juli kam Thomas aus Frankreich zurück in die leere Wohnung in Hamburg. Am nächsten Morgen erhängte er sich.

Das war 2017. Ein Jahr, das ich gerne aus meinem Gedächtnis gestrichen hätte. Aber es ließ sich nicht streichen. Es war alles geschehen und gehörte ab jetzt zu meinem Leben. Drei Wochen nach der Beerdigung fuhren Alice und ich nach Algerien. Alice schrieb ein Buch über ihre »algerische Familie«, und ich sollte die Fotos dazu machen. Das Projekt war schon lange geplant und ließ sich nicht verschieben.

Ich wusste nicht, wie ich das schaffen sollte. Und dann war es das Beste, was mir passieren konnte. Ich kam in eine Großfamilie, eine Familie, die so ganz anders war als meine. In der großen Wohndiele ging es zu wie im Taubenschlag. Sie war der Treffpunkt von Großeltern, Eltern, Enkeln, von Cousins, Cousinen, Tanten und Onkeln, von Freundinnen und Freunden. Sie alle waren behutsam, liebenswürdig und lustig. Nur einmal in diesen Wochen, eines Morgens, wusste ich plötzlich nicht, wie ich es schaffen sollte, aufzustehen. Ich lag da, und meine Glieder waren schwer wie Blei.

In den Monaten nach dem Tod meiner Schwester nahm ich alle Hilfe in Anspruch, die ich nur bekommen konnte. Ich ging zur Gesprächstherapie, ich lernte zu meditieren. Meine Therapeutin sagte: »Dies war vielleicht ein letzter Akt der Autonomie für Ihre Schwester.«

»Ab dem neunten Monat wird es besser«, hatte eine Freundin gesagt, deren Bruder sich das Leben genommen hatte. So war es. Im Dezember ließ der Schmerz nach. Alice war da, immer. Meine Freundinnen und Freunde waren da. Ich arbeitete weiter. Und dennoch. Das Gefühl des Ausgeliefertseins blieb. Der Macht- und Hilflosigkeit. Das Gefühl, das jederzeit alles über mich hereinbrechen kann.

Und dann kam Corona. Eine plötzliche Bedrohung, nicht vorhersehbar, nicht sichtbar, nicht greifbar. Vieles, was gerade noch wichtig war, wurde unwichtig. Die Bilder aus Italien schwappten ins Wohnzimmer, Särge, die bei Nacht von der Armee abtransportiert wurden. Dann folgte die Stille. Der Lockdown. Am 22. März 2020 wurde alles geschlossen. Die Läden, die Restaurants, die Fabriken, die Grenzen. Der Himmel wurde klar und von einem unwirklichen Blau. In London standen Rehe auf der Straße. Die Webcams zeigten eine menschenleere Piazza Navona, einen ausgestorbenen Times Square, einen verlassenen Ostseestrand. Die ganze Welt stand still.

Es jährte sich der Todestag meiner Schwester.

Zum dritten Mal. Ich setzte mich an den Schreibtisch mit der Absicht, meine Website neu zu gestalten. Ich klappte meinen Laptop auf, öffnete eine neue Schreibdatei und begann mit dem ersten Satz dieser Aufzeichnungen. Es war einfach der richtige Moment.

Meine Fragen habe ich nicht beantwortet bekommen. Im Gegenteil. Es sind noch mehr Fragen hinzugekommen. Aber vielleicht ist es ja so, dass die Fragen wichtiger sind als die Antworten. Eins aber hat sich grundlegend verändert. Schon als ich schrieb, habe ich es gemerkt. Das Gefühl des Ausgeliefertseins wich. Es wurde leichter, immer leichter. Ich tauchte zurück und holte Stück für Stück hoch. Alles, was seit Jahren in Kommode und Keller gelegen hatte. Ich fand Briefe und Fotos und ein Tagebuch. Ich musste lachen. Ich musste weinen. Ich wurde wütend.

Seit ein paar Monaten steht das Hutzi-Foto von meiner Schwester und mir auf dem Sideboard in meinem Atelier. Das Bild von meiner Mutter in ihrem schwarz-weiß gezackten Mantel und uns beiden, auf einer Straße in Chinatown, es ist noch in meiner Laptoptasche. Es wird noch ein bisschen dauern, bis es den Platz neben dem Hutzi-Foto einnehmen kann. Aber irgendwann wird es so weit sein.

Ich träume fast nie von meiner Schwester. Und wenn, dann waren es immer flüchtige, zufällige Begegnungen. Ich traf sie in der sonnenüberfluteten Lobby eines Hotels an der Nordsee. Ganz kurz standen wir uns gegenüber. Dann ging sie durch die Drehtür nach draußen. Noch bevor ich ihr die eine Frage stellen konnte, die mich seitdem beschäftigte, war sie weg. Verschwunden in dem gleißenden Sonnenlicht jenseits der Tür.

Neulich Nacht konnte ich sie dann endlich fragen. Ich sah sie im Gewühl der Fußgängerzone, der Straße, die ich am Morgen ihres Todes entlanggegangen war. Da war sie, nur wenige Meter von mir entfernt. Ganz schnell rief ich ihr zu: »Warum hast du es getan?« Sie blieb stehen. Ich ging auf sie zu. Wir standen im Einkaufsgetümmel voreinander und schauten uns an. An uns vorbei drängten sich die mit Tüten und Paketen beladenen Menschen. Sie schwieg und schaute an mir vorbei, auf einen Punkt hinter mir. Sie sagte: »Ich weiß es nicht.« Dann drehte sie sich um und verschwand.

»Darin sind wir beide«, hatte meine Schwester gesagt, als sie mir vier Monate vor ihrem Tod den Koffer überreicht hatte. Sie hatte noch den Mantel an und hatte mich erwartungsvoll angesehen. Ein nagelneuer kleiner roter Puppenkoffer mit weißen Punkten. Ich stellte ihn auf den Tisch und ließ das glänzende Schloss aufschnappen.

Heute öffne ich ihn wieder, zum ersten Mal nach fast vier Jahren. Es stehen ein Paar Kinderlackschuhe darin, Größe 25. Daneben liegen goldene Ohrringe in Herzform. Die Schuhe sind innen mit Gold ausgeschlagen. Sie kommen mir viel eleganter vor als die Schuhe von unseren katholischen Freundinnen in der Waldorfschule. Auch die Herzohrringe scheinen mir größer und glänzender als früher.

Die Ohrringe stecken auf einem roten Zettel, der mit »Tina & Sanne« überschrieben ist. »Wenn ich einmal groß bin, schenke ich dir Herzchenohrringe und Lackschuhe! ...«, hat meine Schwester daraufgeschrieben. Das Versprechen, das sie mir hinter dem Rücken von Herrn Timm auf dem Schulhof gegeben hatte. Eine Schachtel Sobranie liegt auch drin, die dünnen goldenen Zigaretten, die wir heimlich mit unseren Cousinen Ursula und Gabriele geraucht hatten.

Daneben liegt ein Pez-Spender in Donald-Duck-Form und eine Tüte Ahoj-Brause mit Waldmeistergeschmack. Der achte Geburtstag vom Jesuskind. Man musste die ganze Tüte mit einem Mal in den

Mund schütten und mit der Zunge fest unter den Gaumen drücken. Dann war man die Waschmaschine, die überläuft.

Auf dem Kofferboden liegen vier Fotografien, Ausdrucke aus dem Internet. Es sind Orte, an denen wir gemeinsam waren: Das Café Kiess am Großen Plan in Celle, die Dächer von Jerusalem. Die beiden letzten Fotos sind mir ein Rätsel. Ich kann mich nicht erinnern. Sie zeigen einen Supermarkt und ein Spielwarengeschäft.

Ich recherchiere im Internet. Der Supermarkt ist bei Oma und Opa Babkowski um die Ecke, an der Stelle, an der früher die Reinigung war. Hier standen wir in den Benzindämpfen, während unsere Mutter in ihrer Handtasche kramte, weil sie den verdammten Abholzettel wieder mal nicht finden konnte. Dies war der Ort, den wir uns vorstellten, wenn Isabelle mit der Stimme meiner Schwester bei Kundinnen wie meiner Mutter anrief, um nachzuhören, ob man die Flecken aus den Kleidern lieber rausbrennen oder lieber rausschneiden solle. »Reinigung Stichweh«, ja, so hieß sie.

Der Spielwarenladen. Auch den finde ich bei Google. Er ist nicht weit weg, gleich um die Ecke von der Reinigung. Es gibt ihn immer noch. Ich hatte ihn vergessen, wie konnte ich nur. Unser Lieblingsladen, vollgestopft mit Spielzeug bis unter die

Decke. Das Schaufenster sieht aus wie früher. Links eine Laterne aus Papier, ein großer gelber Papiermond. Ich hatte früher genau den gleichen. Auch von ihm blieben damals nur Drahtgestell und Kerzenhalter übrig, denn auch er ging im Laufe des Martinszuges in Flammen auf. Neben dem Papiermond hängt die helle Leuchtreklame der Hörzu, bei der das ö aus einem roten, einem grünen und einem blauen Punkt besteht. Die Zeitschrift verlor nie ganz ihren Müllgeruch, und manchmal mussten wir sie vor dem Lesen auf der Heizung trocknen.

Meine Schwester hatte alles in den kleinen Koffer getan. Den Puppenkoffer, rot mit weißen Punkten. Dann hatte sie ihn verschlossen.

Sie gibt ihn mir vier Monate vor ihrem Tod. Sie hat schon den Mantel an. Sie sagt: »Damit du dich erinnerst.«

Ich danke:
Meinem Vater Hugbert für sein Verständnis und sein Mitdenken. Helge Malchow für seine Einfühlsamkeit und seine so genauen Ratschläge. Und Alice für alles.

Aus Verantwortung für die Umwelt hat sich der *Verlag Kiepenheuer & Witsch* zu einer nachhaltigen Buchproduktion verpflichtet. Der bewusste Umgang mit unseren Ressourcen, der Schutz unseres Klimas und der Natur gehören zu unseren obersten Unternehmenszielen.

Gemeinsam mit unseren Partnern und Lieferanten setzen wir uns für eine klimaneutrale Buchproduktion ein, die den Erwerb von Klimazertifikaten zur Kompensation des CO_2-Ausstoßes einschließt.

Weitere Informationen finden Sie unter:
www.klimaneutralerverlag.de

FSC
www.fsc.org
MIX
Papier aus verantwortungsvollen Quellen
FSC® C083411

Verlag Kiepenheuer & Witsch, FSC® N001512

1. Auflage 2022

Covergestaltung: Barbara Thoben, Köln
Covermotiv: © Bettina Flitner
Gesetzt aus der Scala Pro
Satz: Buch-Werkstatt GmbH, Bad Aibling
Druck und Bindung: CPI books GmbH, Leck
ISBN 978-3-462-00237-9